Jakob Lorber

Saturnus

Jakob Lorber

Saturnus

Originaltext in neuer Rechtschreibung

Project True-blue Jakob Lorber

Bibliografische Information der Deutschen Nationalbibliothek

Die Deutsche Nationalbibliothek verzeichnet diese Publikation

in der Deutschen Nationalbibliografie, detaillierte bibliografische

Daten sind im Internet über http://dnb.dnb.de abrufbar

Herstellung und Verlag

BoD – Books on Demand, Norderstedt

2020

ISBN 9-783750-471634

Inhalt

Vorwort

Die an Jakob Lorber in den Jahren 1841/42 vom Herrn diktierten Beschreibungen des Planeten Saturnus gehören zu den außergewöhnlichsten Durchgaben der an sich schon außergewöhnlichen Neuoffenbarung. Dem göttlichen Diktatgeber ist dies völlig bewusst, sagt Er doch schon anfangs zu Seinem damals noch sehr kleinen Zuhörerkreis: „Denn habt ihr bei der Enthüllung des Mondes schon große Augen gemacht und einen großen Gemütslärm geschlagen, wie wird es euch erst gehen, wenn ihr diesen Weltkörper an Meiner Hand ein wenig bereisen werdet!? Ja, Ich sage euch, macht euch nur auf sehr Großes gefasst und bereitet euer Gemüt wohl; denn ihr werdet es kaum ertragen!" Um diese Durchgaben verstehen und annehmen zu können, bedarf es mehr noch als bei anderen Werken der Neuoffenbarung eines kultivierten Herzensverständnisses, welches die Folge eines geweckteren Geistes ist, nämlich eines von der Gottesliebe erleuchteten Geistes. Wie leider üblich hörten viele nicht auf den Herrn und so kam es zu allerlei Missverständnissen unter den noch zu wenig gereiften Gläubigen und daher natürlich zu umso mehr Spott vonseiten der Ungläubigen. Um dieses Werk annehmen zu können, sollte man vor allem eines verstehen: Was auch immer der Herr gibt oder enthüllt, so unfassbar es auch sein mag – es macht den ewig lebendig und überaus selig, der es aufnimmt in aller Liebe, Dankbarkeit, Demut und lebendigem Glauben. Diese richtige Annahme besteht weder in Schwärmerei, noch in Fanatismus oder Fundamentalismus, und auch nicht in einem dogmatischen Buchstabenglauben. Es braucht Reife. Um herauszufinden, ob man die erforderliche Reife hat, kann man sich bei der Lektüre des Werkes selbst beobachten: Wenn man sich stößt an dem, was der Herr gibt, wenn sich Zweifel melden, wenn man alles nur für ein Märchen hält, dann ist es vielleicht besser, sich erst anderen Werken zu widmen, die einem eher zugänglich sind.

Die Saturnuswelt besteht auf eine Weise, die unserem gegenwärtigen kurzsichtigen naturwissenschaftlichen Erkenntnisvermögen nicht zugänglich ist. Das macht aber nichts, denn für uns existiert sie allein schon deswegen, weil sie der Herr offenbart hat, da Sein Wort das reine göttliche Wahre ist und die Schöpfung birgt. *Saturnus* ermöglicht es seinen Lesern, in eine archaische Welt einzutauchen, eine Zeit der Ur- und Naturgeister, mit einem geheimnisvollen Himmel über einem, wo Planeten und Monde keine öden Gesteinsbrocken und Gaskugeln sind, sondern belebt und voller Wunder. Eine Welt, die den Durst des Herzens stillen kann, die eine Wohnung bietet, in der man gerne lebt, weil sie freundlich und wunderschön ist, wo es vielerlei Geheimnisse gibt, die sich ergründen lassen. Das Buch *Saturnus* ist eine Insel des Wunderbaren, nunmehr befreit vom Aberglauben früherer Jahrhunderte, eine monumentale Rückkehr der Schönheit in eine finstere und kalte Welt der bloßen Messung und Berechnung, wo neben den Naturschätzen auch die Schätze des Geistes vernichtet wurden. Das Buch ist außerdem eine Demonstration der unvergleichlichen schöpferischen Phantasie des Herrn und ein Aufschreckmittel für all jene, die noch zu stark im sinnlichen Denken verankert sind. Die Beschreibung der Saturnusmenschen dient auch als vorbildliche Gesellschaft, wie die Menschheit auf einem Planeten in Übereinstimmung mit Gott und der Natur leben kann, d. h., ohne sich zu bekriegen und den Planeten zu ruinieren. Es ist eine Welt, in der Landesgrenzen und Justiz weitgehend unnötig werden, wo man den alleinigen Willen Gottes im Fokus hat, die Erreichung der geistigen Wiedergeburt.

Saturnus gehört zu jenen Büchern Jakob Lorbers, die von den Editoren des Lorber-Verlags stark beschädigt wurden. Da ist nichts mehr zu entdecken von der rührenden Demut des Johannes Busch, dem Herausgeber der Erstausgabe, die noch zu Lorbers Lebzeiten erschien. Nicht einmal der Titel wurde verschont. Der Herr spricht nämlich durchwegs vom Saturnus und nicht vom Saturn, wobei Er die Silbe „nus" im Vers 7.18 auslegt, was dann in den umbenannten Editionen („Der Saturn"), wie vieles andere, kurzerhand zensiert und verändert wurde. Der Text dieser Ausgabe wurde anhand der Erstausgabe aus dem Jahr 1855 sorgfältig überprüft, originalgetreu restauriert und in die neue Rechtschreibung übertragen. Im Anhang und im Internet unter www.jakoblorber.at finden Sie weitere Details dazu.

Der Herausgeber

Kapitel 1

Eigentlicher Name des Saturnus. Angaben zum Planeten,
seinen Ringen und Monden. Herrlichkeit der göttlichen
Offenbarung

1. Um sich von diesem Weltkörper, den ihr Saturnus nennt – während sein eigener Name so viel besagt als: Erdruhe, Weltnichtstum –, einen deutlichen Begriff zu machen, ist vor allem nötig, seine natürliche Sphäre, Entfernung von der Sonne, seine eigene Größe wie auch die seiner Monde so genau als nur immer eurer Fassungskraft möglich zu erkennen. Ist dieses bekannt, so können desto leichter dessen großmächtige Beschaffenheit, dessen Einwohner – sowohl auf dem Planeten selbst wie auch auf den Ringen und Monden – erkannt werden und so dessen allseitige Vegetation nach dem Verhältnis seiner höchst verschiedenen klimatischen Zustände und ebenso auch all das Getier auf diesem Planeten, dessen Ringen und dessen Monden.

2. Und wenn dieses alles erkannt wird, dann erst kann zuerst die Geschichte dieses Planeten, dessen innere Einrichtung, dessen polarischen Verhältnisse zu anderen Planeten und endlich erst seine geistige Sphäre durchleuchtet werden.

3. Was somit seine Entfernung von der Sonne betrifft, so können drei verschiedene Standpunkte angenommen werden, und das zwar aus dem Grund, da, wie euch schon mehr und mehr bekannt, kein Planet um die Sonne eine völlig kreisförmige Bahn läuft, sondern eine eiförmige Bewegung macht, da dann die Sonne gerade so gegen die Bahn eines Planeten zu stehen kommt, als wenn ihr ein Ei nehmt und stellt es auf der stumpferen Seite nach unten und mit der spitzigeren nach oben, wodurch dann der Eidotter nicht in der Mitte des ganzen Eis, sondern bei weitem mehr in der Nähe des unteren Endteiles sich befindet. Das Zentrum des Dotters sei die Sonne und die Linie der weißen Schale die Bahn des Planeten. Wenn ihr nun die Entfernungen dieser Bahnlinie bis zum Sonnenzentrum im Dotter messt, so wird sich ja Folgendes ergeben: dass der unterste Teil der Bahnlinie dem Sonnenzentrum zunächst, der Bauchgürtel in einer Mittelentfernung und die obere Spitze sicher

in der größten Entfernung zu stehen kommt. Seht, so ist es auch mit der weiten Bahnlinie unseres bevorstehenden Planeten. So er zuunterst sich befindet, so ist er in der größten Sonnennähe; alsdann da nach eurer Berechnung seine Entfernung nur 187.719.120 geographische Meilen beträgt. Wenn er sich im Gürtel seiner Bahn befindet, alsdann beträgt seine Entfernung 198.984.136 geographische Meilen. Und wenn er sich zuoberst befindet, alsdann beträgt seine Entfernung von der Sonnenmitte 210.249.152 geographische Meilen, welche Entfernung dann auch die größte ist.

4. Diese Entfernungen müsst ihr aber nicht von eurer Erde aus betrachten, sondern nur von der Sonne; denn es kann die Entfernung der Erde gegen diesen Planeten sehr verschieden sein, und so zwar, dass sich diese zwei Weltkörper oft bis auf eine Million geographische Meilen mehr nähern und ebenso auch wieder entfernen können. Denn wenn es sich trifft, dass beide Planeten von der Sonne aus auf einer und derselben Seite zu stehen kommen, und zwar beide in der Sonnennähe, alsdann sind sie sich bei weitem näher als in gewisser Opposition, wo es geschehen kann, dass der Saturnus in seiner größten Sonnenferne sich befindet und die Erde aber entgegengesetzt in der Sonnennähe, wo dann der Unterschied nicht nur eine Million, sondern oft zwei bis drei Millionen Meilen ausmachen. Die unbestimmt ausgedrückte Zahl der Entfernung ist hier darum gegeben, weil kein Planet immer auf ein Haar in derselben Entfernung von der Sonne kreist, sondern in einem Jahr sich oft mehr entfernt, in einem anderen Jahr sich dafür der Sonne wieder mehr nähert, von welcher größeren oder geringeren Annäherung dann auch die Temperaturverschiedenheit abhängt. Und ihr könnt sicher annehmen, dass unter siebenundsiebzig Umläufen in der Entfernung sich nicht zwei vollends gleichen.

5. Da wir nun mit den Entfernungen fertig sind, so wollen wir noch den Durchmesser dieses Planeten, wie dessen Umfang, dessen Oberfläche nach Quadratmeilen und dessen kubischen Inhalt nach Kubikmeilen bestimmen.

6. Was den Durchmesser betrifft, so beträgt derselbe 17.263 geographische Meilen. So die Erde nur 1.719 geographische Meilen im Durchmesser hat, so könnt ihr daraus sehr leicht ersehen, um wie viel

dieser Planet größer ist als die Erde. Sein Umfang aber beträgt 54.517 geographische Meilen. Was seine Oberfläche betrifft, so beträgt diese 936.530.820 Quadratmeilen. Was den kubischen Inhalt betrifft, so beträgt derselbe 2.757.547.946.775 geographische Kubikmeilen. Nach alledem ist somit dieser Planet ungefähr, der Genauheit fast annähernd mit runden Zahlen ausgedrückt, um 1.037 Mal größer als die Erde. Zu seiner Umlaufzeit um die Sonne braucht er 29 Jahre, 164 bis 166 Tage, 2 Stunden, keine Minute, und 2 Sekunden der Erde.

7. So ist nun in alleiniger Hinsicht auf den Planeten selbst alles Numerische bestimmt. Da aber dieser Planet noch einen Doppelring um sich gegeben hat, so müssen wir auch diesen numerisch näher bestimmen.

8. Der Durchmesser des ganzen Ringes beträgt 40.006 geographische Meilen. Da der Ring eigentlich aus zwei Ringen besteht, so beträgt die Entfernung von der Oberfläche des inneren Ringes bis zum äußeren, oder eigentlich bis zur inneren Fläche des äußeren Ringes 545 geographische Meilen. Der Durchmesser von außen bis nach innen beträgt 1.350 geographische Meilen; und der Durchmesser ebenso bemessen des inneren Ringes beträgt 3.850 geographische Meilen. Da dieser Ring (sowohl der äußere als der innere) eiförmig ist, d. h. nicht seinem vollen Umfang um den Planeten, sondern seinem Stabe nach, da, so man ihn durchschneiden möchte, die durchschnittene Fläche sodann einem Ei gliche – so beträgt der Durchmesser nach dem Eigürtel im Ausdruck der Dicke des Ringes, und zwar des äußeren, 130 geographische Meilen und des inneren 380 geographische Meilen. Der innere Ring hat aber in sich noch drei Halbspalten, davon jede 20 bis 30 geographische Meilen beträgt, welche Spalten darum Halbspalten heißen, weil sie nicht durch den ganzen zweiten Ring gehen und selben somit ebenso gänzlich trennen, als wie der äußere von dem inneren getrennt ist; sondern diese drei Halbspalten sind angefüllt mit lauter so viel im Durchmesser haltenden eiförmigen Kugeln, dass vermöge dieser dazwischen liegenden Kugeln die drei inneren Ringe im Grunde nur einen Ring machen. Aber da die Spalten sind, geht ein freier Raum gleich einer nach innen eingebogenen Pyramide, sowohl von unten nach oben wie von oben nach unten, den ganzen Ring hindurch. Diese aneinandergereihten Kugeln in

diesen drei Spalten haben dann auch schon manchen scharfsehenden Astronomen auf die irrige Idee gebracht, als wäre dieser Ring zusammengesetzt aus lauter und sehr vielen Monden, weil er durch starke Fernrohre so aussieht als wie ein sogenannter Rosenkranz, der eben auch nicht aus Rosen, sondern nur aus lauter kleinen Kugeln besteht.

9. Was die weitere Beschaffenheit des Ringes betrifft, wird, wie schon gesagt, erst später auseinandergesetzt werden, und somit wollen wir noch einen numerischen Blick auf die Monde dieses Planeten werfen.

10. Um diesen Planeten kreisen noch sieben Monde von verschiedener Größe und in verschiedener Entfernung von dem Planeten. Der erste, der nächste und zugleich der kleinste Mond hat nur 120 Meilen im Durchmesser und ist 29.840 geographische Meilen von selbem entfernt; versteht sich die Entfernung nur im Mittelzustand. Der zweite Mond hat einen Durchmesser von 240 geographischen Meilen und ist 40.516 Meilen vom Planeten entfernt. Der dritte Mond hat 666 geographische Meilen im Durchmesser und ist 60.500 geographische Meilen vom Planeten entfernt. Der vierte Mond hat 699 geographische Meilen im Durchmesser und ist 87.920 geographische Meilen vom Planeten entfernt. Der fünfte Mond hat 764 geographische Meilen im Durchmesser und ist 190.000 Meilen vom Planeten entfernt. Der sechste Mond hat 900 geographische Meilen im Durchmesser und ist 277.880 Meilen vom Planeten entfernt; und der siebente Mond 1.120 geographische Meilen im Durchmesser und ist 360.920 geographische Meilen vom Planeten entfernt.

11. Aus diesen numerischen Angaben könnt ihr nun schon so ziemlich leicht zu schließen anfangen, dass dieser Weltkörper vermöge seiner Größe, seiner verschiedenartigen Konstruktur und auch vermöge seiner sieben Monde keine geringe Bestimmung im Schöpfungsraum hat.

12. Denn je künstlicher irgendein Mechaniker ein Werk eingerichtet hat, desto mannigfaltiger muss ja auch der Zweck eines solchen Werkes sein. Und so wie ein Mechaniker in ein künstlicheres Werk eine umso mannigfaltigere Bestimmung zur Erreichung mehrartiger Zwecke hineingelegt hat, also werde wohl auch Ich als der allergrößte

Weltmechaniker einen solchen Weltkörper nicht ohne eine bedeutend große Bestimmung so künstlich in den weiten Weltraum hinausgestellt haben. Da Ich schon sogar mit Sonnenstäubchen nicht zu spielen pflege, um wie viel weniger wird erst ein solcher Weltkörper, als eben der benannte Planet, von Mir als pures eitles Spielzeug erschaffen worden sein.

13. Die Folge dieser Offenbarung über diesen Weltkörper wird euch seine Bestimmung von einer so großartigen Seite kennenlernen [lehren], dass ihr euch darüber kaum werdet zu atmen getrauen. Denn habt ihr bei der Enthüllung des Mondes schon große Augen gemacht und einen großen Gemütslärm geschlagen, wie wird es euch erst gehen, wenn ihr diesen Weltkörper an Meiner Hand ein wenig bereisen werdet!? Ja, Ich sage euch, macht euch nur auf sehr Großes gefasst und bereitet euer Gemüt wohl; denn ihr werdet es kaum ertragen! Denn wo so große Dinge von Mir enthüllend geoffenbart werden, da gehören auch große Gemüter dazu, um das Große zu fassen und zu ertragen, und wenn ihr erst das Ganze von diesem Weltkörper, insoweit es euch zu ertragen möglich ist, werdet empfangen haben, alsdann werdet ihr erst ein wenig einzusehen anfangen, was die Stelle im Evangelium besagt, die da also heißt: „Keines Menschen Auge hat es gesehen, keines Menschen Ohr gehört, und noch nie ist es in eines Menschen Herz und Sinn gekommen, was Gott denen bereitet hat, die Ihn lieben!"

14. Denn was jemand von Mir empfängt, ist allzeit die höchste Gabe des Himmels, da Ich das Allerhöchste des Himmels wie aller Welten selbst es bin. Und ob Ich euch enthüllen möchte den Himmel oder die Hölle, so wird euch dieses allzeit das eine wie das andere zur höchsten Seligkeit gereichen. Denn besage Mein Wort, was es wolle, so ist es durchaus lebendig und macht den, der es empfängt und selbes aufnimmt in aller Liebe, Dankbarkeit, Demut und lebendigem Glauben selbst ewig lebendig und somit in Mir schon hier wie vorzugsweise jenseits überaus selig.

Kapitel 2

Geographie und Klimazonen des Saturnus.
Lichtverhältnisse bei Tag und Nacht. Der Ring als
Regulator und Reflektor

1. Da wir nun dieses notwendig als Vorleitung gestellt haben, so können wir schon einen Blick auf diesen Planeten wagen. 2. Seht, so ist seine Oberfläche: Der größte Teil ist Wasser. Es gibt auf diesem Weltkörper kein eigentliches Festland, sondern zumeist unter dem Äquator abgesonderte bedeutende Inseln, welche an und für sich freilich wohl größer sind als euer Europa, Asien, Afrika, Amerika und Australien. Aber wegen der Größe dieses Planeten sind sie alldort nicht als Kontinent, sondern nur als pure Inseln zu betrachten, die alle voneinander viel weiter entfernt sind als Asien und Amerika in der Gegend des Äquators der Erde; dazwischen es freilich auch eine Menge kleiner Inseln gibt, die sich zu den größeren Inseln geradeso verhalten wie die kleinen Inseln der Erde zu den anderen Festlanden.

3. Gegen die Pole hin ist dieser Weltkörper mit ewigem Schnee und Eis bedeckt, welches dort schon um vierzig Grade früher beginnt als auf der Erde. Und was bei euch die sogenannte gemäßigte Zone betrifft, [diese] ist im Saturnus das Reich des Schnees. Was bei euch die kalte Zone betrifft, so ist dort das Reich des ewigen Eises. Und was bei euch die heiße Zone ist, ist dort eigentlich nur die gemäßigte, auch die reine Zone, über welche sehr selten Wolken oder Nebel sich erheben, wogegen die beiden anderen Zonen unter ewigen Nebeln und Wolken stehen.

4. So rau also auch sowohl nördlich als südlich die Schnee- und Eiszonen sind, ebenso heiter und mild und rein ist die Mittelzone, die allein nur bewohnbar ist. In dieser Zone befinden sich hernach 77 große Eilande, wovon das mittlere größer ist als euer Amerika. Und eine jede Insel aber ist von der anderen dessen ungeachtet sowohl in der Formation und in den Produkten bei weitem mehr verschieden als euer Lappland von den südlichsten Tropenländern.

5. Ihr werdet euch freilich denken, bei dieser großen Entfernung von der Sonne wird's alldort wohl schon ziemlich dunkel sein und selbst am Äquator eben gar nicht zu warm. Allein da würdet ihr euch sehr irren. Denn fürs Erste hat dieser Planet in dem Grad, dass er größer ist als die Erde, auch ein ebenso stärkeres Eigenlicht. Fürs Zweite aber umgibt diesen Planeten eine ums tausendfach größere und weiter vom Planeten hinausreichende Atmosphäre, die einen Durchmesser von beiläufig 100.000 Meilen hat, während die Atmosphäre eurer Erde nicht einmal 2.000 Meilen [beträgt]. Ihr könnt euch bei diesem außerordentlich großen Durchmesser der Atmosphäre des Saturnus vorstellen, wie viel Sonnenstrahlen diese große Luftkugel aufzunehmen imstande ist, um sie dann in einer gebrochenen Linie immer konzentrierter und konzentrierter zu führen auf die Oberfläche dieses Planeten, aus welchem Grund dann die Bewohner dieses Planeten die Sonne auch um vieles größer sehen als ihr. Und die Wärme würde eben dadurch auf dem Äquator dieses Planeten unerträglich sein, wenn sie nicht durch den Ring also gemildert würde, indem derselbe die am meisten konzentrierten Sonnenstrahlen aufnimmt, sie zum Teil selbst verbraucht, zum Teil aber auch wieder in alle Weltgegenden zurücksendet, wodurch er auch mehr glänzend als der Planet selbst durch die Fernrohre erschaut wird; während sein Schatten nach dem Planeten selbst hin höchst wohltätig wirkt und die heiße Zone dadurch zu der gemäßigten macht.

6. Zufolge dieses Ringes ist auf diesem Weltkörper auch nie Nacht wie bei euch, denn da ist fortwährend auf der einen Seite Tag von der Sonne aus – auf der entgegengesetzten Seite aber, da der Ring von der Sonne auf der inneren Seite beleuchtet wird, eben von dem starken Licht dieses Ringes und dazu oft auch noch von den verschiedenartig kreisenden Monden [aus].

7. Zu diesem eigentlichen Nachtlicht oder, so ihr es besser versteht, Nachttag kommt noch ein drittes Licht, und das ist das Licht der Fixsterne, welche, von diesem Planeten aus betrachtet, vermöge seiner reinen und weitgedehnten Atmosphäre ums Zehnfache größer erscheinen und eben einen umso vielfach stärkeren Glanz von sich geben als bei euch die Venus oder der Abendstern im hellsten Licht.

8. Nun versetzt euch in eurem Geist auf was immer für ein Land der Mittelzone dieses Planeten und betrachtet von da aus die großartige Herrlichkeit des gestirnten Himmels! Fürwahr, ihr mögt euch noch so erhöhen in eurer Phantasie, so könnt ihr euch doch nicht von dem millionsten Teil der großen Pracht, die da herrscht, einen Begriff machen. Denn hier ist die Nacht heller als bei euch der Tag. Und am Tag selbst vermisst man dort unter dem wohltätigen Schatten des Ringes den Anblick der schönen Sterne nie. Besonders wenn man sich auf die Berge begibt und von da eine unermessliche Aussicht genießt, ist die Wirkung des Sternenlichtes unter dem Ring so mannigfaltig in der Farbenpracht, dass ihr euch davon durchaus nicht auch nur die leiseste Vorstellung machen könnt.

9. Was die fernere Beschaffenheit der Länder dieser Mittelzone betrifft – die Berge und die Flüsse, die Vegetation, das Tierreich und die Menschen – wird euch bei der nächsten Mitteilung bekanntgegeben werden. Für heute aber begnügt euch mit dem und überdenkt das Gegebene, so werdet ihr selbst in diesem schon eine große Portion finden, an der euer Geist eine gute Mahlzeit haben kann und auch eine haben soll. Alles Übrige aber wird, wie gesagt, in den nächsten Zeiträumen, insoweit es für euch nur immer fasslich ist, in der größten überschwänglichen Reichhaltigkeit gegeben werden. Aber ihr müsst euch recht befleißen, denn es wird des Gegebenen da ziemlich viel werden. Darum, wie gesagt, seid fleißig! Für heute Amen.

Kapitel 3

Das Land Herrifa und der Heilsberg Girp. Der Sonnenbaum, der Regenbaum, der Haarbaum, der Breitbaum und der Strahlenbaum

1. Was also die Länder und ihre Beschaffenheit betrifft, so sind diese untereinander so verschieden, wie man anfänglich gesagt, sowohl an Form, innerer Bildung und selbst in den Gewächsen und Tieren, Gewässern, Metallen und Steinen, dass nicht irgendein Land dem anderen in irgendetwas gleichkommt. Das Gleiche in allen Ländern dieses Planeten sind allein die dortigen menschlichen Bewohner und die den Planeten umgebende Luft; alles andere ist den größten Verschiedenheiten untergeordnet.

2. Und so wollen wir uns sogleich über ein Land hermachen, welches alldort Herrifa genannt wird.

3. Dieses Land ist seiner Umfassung nach größer denn ganz Asien, Europa und Afrika zusammengenommen, und also zwar, als wäre zwischen diesen drei Erdteilen das sogenannte Mittelländische Meer gleich auch trockenes Land. Dieses Land liegt etwas schief über dem Äquator dieses Planeten und hat ungefähr, nach der äußeren Umfassung betrachtet, die Gestalt eines etwas länglichen Eies.

4. Dieses Land ist fürs Erste dasjenige, in welchem die höchsten Gebirge vorkommen und ist im Ganzen mehr gebirgig als alle übrigen. Sein höchster Berg wird von den dortigen Bewohnern Girp genannt und ist nach eurer Berechnung 243.150 Fuß hoch; dessen ungeachtet aber ist er allenthalben mit Gras und allerwohlriechendsten Kräutern selbst bis in die höchste Spitze bewachsen. Er hat durchgehend keine steilen, sondern nur sanftere Abdachungen und kann daher von den dortigen Bewohnern ohne alle Mühe so leicht erstiegen werden, als wenn ihr bei euch auf eure sogenannte Hochplatte ginget. Dieser Berg ist zugleich die Apotheke der Bewohner und auch der Tiere dieses Landes. Denn, wie schon gesagt, da findet man die wohlriechendsten Kräuter, und somit findet auch jeder für was immer für eine mit der Zeit folgende Krankheit sein heilendes Kräutel. Und aus diesem Grund ist dieser Berg

und die umliegenden Gegenden, welche zusammen einen Flächenraum von über 100.000 Quadratmeilen ausmachen, der allerbewohnteste Teil dieses Landes.

5. Was die Bäume anbelangt, so sind hier nur zehn Gattungen. Aber jede Gattung ist so beschaffen, dass sie nicht so wie bei euch nur alle Jahre ein- oder zweimal eine Frucht zum Vorschein brächte; sondern es ist da stets Blüte und reife Frucht anzutreffen.

6. Unter den Bäumen zeichnet sich besonders der sogenannte Sonnenbaum, alldort Gliuba genannt, aus. Dieser Baum erreicht eine Höhe von oft mehr als hundert Klaftern. Sein Stamm ist oft so dick, dass ihn hundert Menschen von euch nicht umfassen würden. Und seine Äste breiten sich nach eurer Rechnung und Messerei nicht selten eine Viertelstunde weit hinaus vom Stamm, und damit sie aber nicht vermöge ihrer Schwere vom Stamm abbrechen, so treiben sie auf ihrer unteren Seite, auf eine ähnliche Art, wie der sogenannte Bahahania-Baum auf der Erde, senkrechte Stützzweige hinab zur Erde, welche, wenn sie ausgewachsen sind, der schönsten Kolonnade gleichen. Solche Stützzweige gehen sogar von den obersten Ästen hinab, dass da ein solcher Baum, wenn er vollkommen ausgewachsen ist, aussieht als wie bei euch auf der Erde ein kleiner Basalt-Berg, nur mit dem Unterschied, dass zwischen den senkrecht hinabgehenden Stützzweigen noch immer so viel Raum übrigbleibt, dass man allenthalben sehr bequem zum Stamm gelangen kann.

7. Ein Blatt dieses Baumes ist so groß, dass hier auf der Erde ein Fuhrmann seinen schweren Wagen ganz überdecken könnte. Seine Farbe ist so blau wie die Feder eines Pfaues, und ist mit den schönsten Zeichnungen verziert, und behält seine Frische und den ganzen Farbenschmelz selbst im trocknen Zustand, der dem auf der Erde gleicht, so ein reifes Blatt vom Baum fällt, was eben auch dort der Fall ist, nur mit dem Unterschied, dass ein solcher Baum nie entblättert wird; sondern sobald irgendein oder das andere Blatt reif vom Baum fällt, wächst demselben oder für dasselbe auf einem anderen Ort schon wieder ein anderes nach. Die Bewohner dieser Gegend sammeln diese Blätter. Und da diese Blätter sehr zäh und nicht leicht zerreißbar sind, so werden aus ihnen eine Art Oberkleider auf eine recht geschmackvolle Art bereitet, welche

die Stelle eurer Mäntel vertreten. Sie können auch gar wohl auf dem bloßen Leib getragen werden, weil sie sehr sanft und weich sind; denn die Oberfläche dieser Blätter ist also nicht so glasglatt wie bei manchen Blättern eurer Bäume, sondern sieht so aus wie euer Sammet [Samt]. Besonders ein wunderschönes Farbenspiel geben diese Blätter im Sonnenlicht, fast so wie die Schweiffedern eines Pfaues bei euch; nur dass sie mehr noch und brillanter glänzen als die benannten Federn. So ist das Blatt dieses Baumes; wenn es noch jung ist, sieht es aus wie poliertes Gold, wenn es mit einer leichten blauen Farbe überstrichen ist.

8. Wie sieht denn die Blüte dieses Baumes aus? Bei der Blüte könnte man wohl auch mit dem größten Recht behaupten: Salomon in aller seiner Königspracht war nicht so gekleidet, wie diese Blüte an und für sich ist. Am meisten gleicht die Blüte dieses Baumes euren Rosen, nur mit dem Unterschied, dass die Rose nicht gefüllt ist, sondern einen weiten Kelch bildet, ungefähr so, wie die Dornrosen in den Hecken. Die Blätter sind ganz hellrot und deren dreißig in einer einzigen Blüte, ein jedes von der Größe ungefähr eines großen Bogens Papier bei euch. Der Rand eines jeden Blattes ist mit einem vergoldeten Saum versehen und wird immer dunkler rot gegen das Innere des Kelches. Aus der Mitte des Kelches laufen zwei armdicke und klafterlange Staubfäden, welche ganz durchsichtig sind und aussehen wie bei euch die Eiszapfen im Winter. An der Stelle jedoch, wo eure Blumen gewöhnlich in die sogenannten Staubbündel auslaufen, laufen diese zwei Staubfäden in zwei eigentümliche Blumen aus, welche so glänzen, als wenn da eine Flamme brennen möchte, und zwar die eine grünlich leuchtend und die andere rot; jedoch viel leichter rot als die Blume selbst. Die Blume oder die Blüte verbreitet einen ungemein herrlichen Wohlgeruch. Und ihre Blätter wie auch ihre Staubfäden werden von den Bewohnern sorgfältig gesammelt. Und die Blätter werden dann gebraucht als stärkende Medizin, die Staubfäden aber werden von den Bewohnern als eine besondere Lieblingsspeise genossen.

9. So sieht die Blüte aus. Was bringt sie denn für Frucht zum Vorschein? Hier dürfte es ein wenig schwerfallen, euch einen vollständigen Begriff davon zu schaffen, dieweil auf der Erde nichts Ähnliches vorkommt. Damit ihr euch aber jedoch irgendeine Vorstellung davon

machen könnt, so denkt euch einen langen, sechseckigen, feuerroten, mannsarmdicken Stiel, welcher am Ende in viele Stiele ausläuft. Da er aber mit dem Zweig verbunden ist, läuft er in einen großen Knoten aus, welcher sich erst zwei Spannen lang vom Stamm in den benannten Stiel ausbildet. An diesem Stiel hängt eine knorrige Frucht von der Größe, dass vier starke Menschen auf eurer Erde daran hinreichend zu tragen hätten. Innerhalb dieser Knorrfrucht ist ein unansehnlicher, kleiner Fruchtkern, ungefähr von der Größe einer Nuss bei euch, von grüner Farbe und steinfest. Das Fleisch dieser Frucht schmeckt gerade so, als wenn ihr Brot und Mandelfrüchte ein wenig gezuckert essen möchtet. Aber jede der vielfach in einer knorrigen Frucht vorkommenden Knorre ist hohl, und diese Höhlung ist zur Hälfte angefüllt mit einem Saft, der so schmeckt wie der allerbeste Met bei euch. Was die Farbe des Saftes anbelangt, so sieht sie gelb aus, also wie bei euch ein guter alter Wein. Das Fleisch der Frucht sieht weißlich aus; die äußere Rinde der Frucht aber hat ein graues Aussehen, und mitunter so, als wäre sie matt versilbert.

10. Die Menschen, die unter einem solchen Baum leben, sind für alle ihre Bedürfnisse gedeckt, und haben keinen Grund oder ein Stück abgegrenzten Landes; sondern ihr Anteil ist ein solcher Baum, der nicht zugrunde geht, sondern fort und fort wächst, und zwar mehr in die Breite als in die Höhe. Aber es fragt sich hier, da dieser Baum zu einer solchen Höhe hinanwächst, wie kann er denn überall erstiegen werden, und die Frucht vom selben genommen? Seht, auch dafür ist gesorgt! Denn sowohl der Stamm als ein jeder Ast haben links und rechts gewisse Dornaustriebe, da sie dadurch fast aussehen, als bei euch eine soge-nannte Taubenleiter, wodurch er [der Baum] denn auch ohne die ge-ringste Gefahr selbst bis in seinen höchsten Gipfel, wie auch in dessen äußerste Zweige bestiegen werden kann. Und so auch alldort wirklich jemand ausglitte und fallen möchte, so würde er sich dadurch nicht im Geringsten beschädigen, weil sowohl Menschen als Tiere auf diesem Planeten für die größte Not sich eine Zeit lang frei in der Luft erhalten können, und können daher zu ihrer Belustigung sogar von den höchsten Gipfeln solcher Bäume freiwillig herabspringen, welches Experiment be-sonders die Jungen nicht selten ausführen. Dass solches hier möglich ist,

werdet ihr dadurch ziemlich leicht ersehen, so ihr bedenkt, dass der einige tausend Meilen abstehende Ring die Anziehungskraft zwischen ihm und dem Planeten so teilt, dass sie sich so verhält wie 1 zu 3/5. Wenn zu diesem erleuchtenden Verhältnis noch eine organische zweckdienliche Beschaffenheit dazukommt, so wird dieser Unterschied gar leicht aufgehoben und der Mensch in die Fähigkeit gesetzt, sich eine bedeutende Zeit lang frei in der Luft zu erhalten.

11. Und somit hätten wir einen Baum kennengelernt, und bleiben uns noch neun Gattungen übrig, welche an und für sich nicht so ansehnlich und den Menschen nützlich sind, wohl aber den Tieren, welche alldort vorkommen, und namentlich jenen, die euren Vögeln gleichkommen.

12. Vorzüglich bemerkenswert und auch zum Mitgebrauch für die Menschen bestimmt ist der sogenannte Regenbaum, alldort Briura genannt. Dieser Baum hat nur, so wie eure Fichten, einen Stamm, der nicht selten eine Höhe von vierzig Klaftern erreicht und oft eine Dicke hat wie ein mittlerer Kirchturm bei euch. Seine Zweige breitet er eben sehr weit aus und beinahe in derselben Ordnung wie bei euch die Fichte. Seine Blätter jedoch sind nichts als lauter weißgrüne Röhrchen, die immerwährend das reinste Wasser von sich traufen lassen. Aus diesem Grund machen die Menschen um einen jeden solchen Baum eine Art Bassin im Durchmesser von hundert Klaftern, aus welchem Grund denn ein jeder solcher Baum in der Mitte eines bedeutenden Teichs zu stehen scheint. Diese Bassins aber machen sie darum, um dadurch das Wasser, das sehr reichlich von einem solchen Baum kommt, zu sammeln und es sowohl für sich als auch für ihre wenigen Haustiere zu gebrauchen.

13. Ihr werdet fragen: Gibt es denn alldort, und namentlich in dieser Gebirgsgegend keine Quellen, so wie auf unseren Bergen? Und ich sage: Es gibt derselben auch dort in großer Menge; davon einige nicht selten auf einmal so viel Wasser von sich geben, dass sich eure Mur dagegen verbergen müsste. Allein dieses Quellwasser wird als zu roh von den dortigen Menschen nicht gebraucht. Dieses Baumwasser dagegen aber ist für sie so viel wie gereinigt und wie gekocht; daher es von ihnen auch zu allem, wozu sie Wasser benötigen, gebraucht wird. Denn sie sagen: „Das Quellwasser ist nur gemacht für die Tiere im Wasser und zu

tränken das Erdreich; aber für die Menschen und edleren Tiere hat der große Gott den Baum erschaffen, dass er da von sich gebe ein wohlzubereitetes Wasser."

14. Seht, das ist also eine zweite Gattung des Baumes, welche Gattung freilich in einem viel unvollkommeneren Zustand wohl auch auf der Erde hie und da, besonders in den tropischen Ländern vorkommt.

15. Nachdem wäre zu bemerken der weiße Haarbaum, alldort Kiup genannt. Dieser Baum hat ebenfalls einen geraden Stamm, welcher nicht selten eine Höhe von dreißig Klaftern erreicht und eine verhältnismäßig vollkommen runde Dicke. Er hat keine Zweige, sondern der Gipfel dieses Baumes treibt eine Art silberweißer Fäden so von sich, dass diese ihrer Reichhaltigkeit wegen ein großes Bündel bilden. Das Haar oder die Fäden hängen oft bis zur Hälfte des Stammes herab und umgeben den Stamm in einer Dicke von mehreren Klaftern. Wenn da irgendein Wind geht, so machen diese Bäume, wie auch im ruhigen Zustand, eine wunderschöne Figur, und ein Wald von solchen Bäumen sieht dann aus, als wenn die Bäume ganz mit Schnee überdeckt wären. Die herabfallenden Haare werden von den Menschen sorgfältig gesammelt und daraus eine Art Leinwand verfertigt, welche sehr elastisch, weich und haltbar ist. Das ist ungefähr die ganze Nutzanwendung, welche die dortigen Menschen von diesem Baum machen.

16. Nach diesem ist zu bemerken der sogenannte Breitbaum, alldort Brak genannt. Dieser Baum hat nichts Ähnliches auf dieser Erde; denn er wächst alldort wie eine goldrote Wand aus der Erde, und zwar anfangs in lauter in einer Linie gestellten, runden Stämmen, welche aber nach und nach bald so fest sich aneinanderschließen, dass sie nur eine Wand ausmachen. Eine solche Wand hat nicht selten eine Länge von mehreren hundert Klaftern und erreicht manchmal auch eine Höhe von zwanzig bis fünfundzwanzig Klaftern. Die Wand hat weder Äste, Zweige noch Blätter; aber der oberste Rand dieses Baumes sieht so aus wie ein blaugrünes, dichtes Spalier, dessen Blätter nicht unähnlich sind den Blättern des Platanenbaumes auf eurer Erde. Aus der Mitte dieses Spaliers laufen oft ziemlich hoch spitzige Stämmchen empor, welche Blüten und die eigentliche Frucht bringen. Die Frucht wird jedoch von den Menschen nicht genossen, sondern nur von den Vögeln, und besteht in

einer Art rötlicher und länglicher Beeren. Aber die herabfallende Blüte wird auch von den Menschen gesammelt, und werden damit Säcke ausgefüllt, auf denen die Menschen alldort auszuruhen pflegen, und das zwar ihres stärkenden und guten Geruches wegen. Ein Wald von solchen Bäumen gleicht oft einem großen Irrgarten. Und wenn die Menschen alldort die Blüten sammeln, so machen sie Zeichen, um sich darinnen nicht zu verirren und wieder in ihre Heimat gelangen zu können. Das ist alsdann das Ganze des sogenannten Breitbaums. Sehr schön sieht eine solche Baumgruppe von der Sonne beleuchtet aus, allda die Wand einen starken Widerschein gibt, so als wie bei euch eine vergoldete Fläche.

17. Noch ist zu bemerken der sogenannte Strahlenbaum, Bruda genannt. Dieser Baum ist von ganz gelber Farbe, hat einen geraden Stamm, der nur links und rechts Zweige und Äste in stets geraden Linien von sich treibt. Die unteren Teile der Äste treiben auch ein kurzes weißes Haar; die oberen Teile aber sind blank. Laub hat dieser Baum durchaus keines; sondern die äußersten Spitzen der Äste haben eine Art Sterne, welche graulich aussehen und so ziemlich regelmäßig in sechs Spitzen auslaufen. Jede Spitze hat eine kleine Blume, nicht unähnlich der Glockenblume auf eurer Erde – auf welche Blume dann eine rötliche Frucht folgt, nicht unähnlich derjenigen bei euch, die ihr unter dem Namen Hethschepetsch [Hagebutte] kennt.

18. Wenn ihr euch von diesem Baum einen ziemlichen Begriff machen wollt, so seht eine sogenannte Monstranz an, nur mit dem Unterschied, dass er eine riesenmäßig große Monstranz bildet. Von diesem Baum wird von menschlicher Seite beinahe gar nichts gebraucht, sondern auch sie legen mit diesem Baum, wie ihr auf der Erde, bloß zierliche Alleen an.

19. Was die anderen Bäume anbelangt, wie auch einige Pflanzen von besonders merkwürdiger Art, wird euch bei der nächsten Mitteilung, wie bisher, alles umständlich mitgeteilt werden. Und daher für jetzt Amen.

Kapitel 4

Der Trichterbaum, der Pyramidenbaum und der Spiegelbaum

1. In der sechsten Ordnung dieser Bäume ist zu bemerken der sogenannte Trichterbaum, Kibra genannt. Dieser Baum hat einen bei drei Klafter im Durchmesser dicken Stamm mit einer ebenfalls sehr glatten Rinde, die von bläulicher Farbe ist. Am Ende des bei zwanzig Klafter hohen und durchaus gleich dicken Stammes breiten sich nach allen Seiten, nach eurer Rechnung in einem Winkel zu 45 Graden, bei zehn Klafter lange, gerade Äste aus. Diese Äste haben nach links und rechts in paralleler Richtung, gleich den Fichtenzweiglein bei euch, parallele Ausläufer, die, je weiter sie vom Stamm entfernt sind, auch desto länger und breiter werden. Diese Ausläufer sind eigentlich nichts als Zweige und Blätter dieses Baumes zugleich. Am Ende der Äste sitzt die Blüte und hernach auch die Frucht. Und da hat ein solcher Baum nicht mehr Früchte als gerade so viel, als er solche Äste hat.

2. Das Merkwürdige bei diesem Baum ist seine Blütezeit. Denn bevor er die Blüte getrieben hat, wird er am Ende eines jeden Astes aus sich selbst brennend, jedoch nur mit einem kalten Feuer, welches dem der Leuchtwürmer und dem des faulen Holzes gleicht, nur mit dem Unterschied, dass dieses Vorblütefeuer bei weitem heller leuchtet denn das auf eurer Erde erwähnte vorkommende. Vorzugsweise ein herrliches Lichtschauspiel gewährt ein ganzer Wald von diesen Trichterbäumen, und zwar besonders dadurch, weil auch alldort die Bäume nicht in einer und derselben Stunde zu blühen anfangen, also auch das Vorblütefeuer bei einigen früher, bei einigen später vorkommt. Da dieses Feuer allzeit sieben Tage lang vor der Blüte zum Vorschein kommt und von da an auch immer mit stetem Farbenwechsel brennt, [so geschieht es,] dass es durch die sieben Tage auch alle sieben Hauptfarben nebst allen ihren Übergängen durchgemacht hat.

3. Nun denkt euch nur einen solchen blühenden Baum, da nicht einmal auf einem Baum all die Äste an einem Tag zu blühen anfangen und somit hernach auch das Vorblütefeuer schon an einem und demselben

Baum mehrfarbig ist. Wenn dann auf diese Art ein ganzer Wald von diesen Trichterbäumen so zu blühen anfängt, so könnt ihr euch auch schon mit einem Quintel Phantasie einen so ziemlichen Begriff machen, wie herrlich sich von irgendeiner Höhe ein solcher blühender oder eigentlich vorblühender Wald, der manchmal eine Ausdehnung von mehreren hundert Quadratmeilen hat, ausnehmen mag.

4. Nach diesem Vorblütenbrand dieses Trichterbaumes kommt dessen merkwürdige Blüte zum Vorschein. Wahrlich, bei euch würde sie nicht in allen Staaten geduldet sein! Denn so sieht sie aus: Auf einem zwei bis drei Klafter langen, goldgelben und über Mannsarm dicken Stiel wird also ein bei zwei Klafter breites dreifarbiges Band bis zu einer sechs Klafter langen Weite hinausgetrieben. Und dieses Band hat drei regelmäßige Farben, als hellrot, hellblau und schneeweiß. Und so viele Blüten ein solcher Baum da hat, ebenso viele Bänderfarben [Bänderfahnen] flattern da um ihn.

5. Nun könnt ihr euch wieder einen kleinen Begriff von der Pracht der Blüte dieses Baumes machen. Wenn die Blütezeit vorüber ist, alsdann fallen Fahne und Stiel von dem Baum und werden da die schönsten Exemplare von den Menschen auch gesammelt. Ihr Gebrauch ist weiter kein anderer, da sie im trockenen Zustand sehr viel von ihrer Pracht verlieren, als dass die dortigen Menschen sie zusammenrollen, auf einen Haufen dann zusammentragen und, solange sie noch frisch und weich sind, zur Stärkung ihrer Glieder darauf liegen. Wenn sie aber dann trockener und fester geworden sind, werden sie angezündet, allwann sie dann einen sehr lieblich riechenden Rauch von sich geben und das Erdreich durch ihre silberweiße Asche ungemein düngen. Was aber die unansehnlichen Exemplare dieser Blüten betrifft, so werden sie unter dem Baum liegen gelassen, allwo sie dann verfaulen und dadurch ebenfalls die Erde düngen.

6. Das Prachtvollste bei diesem Baum aber ist die bald nach der Blüte zum Vorschein kommende Frucht. Diese gleicht der Figur nach ungefähr euren Zug- oder Flaschenkürbissen, nur mit dem Unterschied, dass das eigentliche Rohr nicht selten eine Länge von vier bis fünf Klaftern erreicht und einen Durchmesser von zwei Schuhen hat. Der Kopf an diesem Rohr aber bildet allzeit eine vollkommene Kugel, im

Durchmesser von eineinhalb, oft zwei Klaftern. Die äußere Rinde dieser Frucht hat, strenggenommen, das Aussehen wie gediegenes, poliertes Gold. Nun fragt wieder ein wenig eure Phantasie, wie sich ein Wald von solchen Bäumen beim Sonnenlicht ausnehmen dürfte?

7. Nun möchtet ihr wohl auch wissen, wozu alldort diese Frucht gebraucht wird? Die Antwort ist sehr leicht. Gerade auch dazu, als ihr eure Zug- und Flaschenkürbisse braucht: teils um Flüssigkeiten aus irgendeiner kleinen Tiefe zu heben, teils aber auch als Gefäße, um Säfte, aus verschiedenen Pflanzen gepresst, darin aufzubewahren. Diese Frucht wird auch auf diesem Planeten als ein Tauschhandelsartikel so viel als möglich sorgfältig gesammelt und für den Tauschhandel aufbewahrt.

8. Ihr möchtet vielleicht auch wissen, warum dieser Baum gerade auch eine solche Trichterform hat? Diese Trichterform ist diesem Baum darum eigen, damit er fürs Erste in diesen seinen Trichter das Licht von der Sonne um desto wirkender aufnehmen kann, und so auch das elektromagnetische Fluidum. In der Mitte des Trichters aber hat er eine Markröhre, welche besonders zur Nachtzeit einen förmlichen Nebel ausdünstet. Dieser Nebel aber ist für die andere Vegetation wie auch für die Menschen, wenn sie ihn einatmeten, von etwas giftiger und zerstörender Art, solange nicht das Licht der Sonne ihn zerteilt. Aber dieser Trichter ist so beschaffen, dass er diesen Nebel nicht anders durchsickern lässt und auch nicht mehr, als nur gerade zur Befruchtung des Baumes durch die Nacht nötig ist, und das zwar nur so lange, als die Frucht nicht zur halben Reife gelangt ist; alsdann sich diese Markröhre in dem Trichter verschließt und dieser Dunst dann hinausgetrieben wird zur regelmäßigen Aufblähung der Frucht, allwann dieser Trichter eine solche nährende Lebensluft enthält, dass da viele Menschen auf gewissen Leitern da hinaufsteigen und sich in diesen Trichtern ein Lager errichten und da längere Zeit übernachten.

9. Seht, das ist alsdann das ganze Denkwürdige dieses Trichterbaumes. Zum Genuss für den Leib hat er außer seiner Lebensluft nichts, und die Samenkörner, die da euren Kürbiskernen nicht unähnlich sind, werden nur von den Haustieren verzehrt.

10. Und somit gehen wir noch zu der siebenten Gattung über. Da ist zu bemerken der sogenannte Pyramidenbaum, Uhurba genannt.

11. Dieser Baum ist wohl der höchste auf diesem Weltkörper und ist ungefähr von der Eigenschaft eurer Edelfichten, die da haben einen weißen Stamm. Er wächst nicht selten zu einer Höhe, dass ihr auf eurer Erde kaum einen Berg habt, der sich mit diesem Baum messen könnte. Auch dieser Baum hat nur einen Stamm, welcher zuunterst, an der Wurzel, nicht selten einen Durchmesser von achtzig bis neunzig und einhundert Klaftern hat. Seine Äste gehen schon an der Erde vom Stamm nach allen möglichen Richtungen aus und die untersten haben bei einem vollkommen ausgewachsenen Pyramidenbaum nicht selten eine Länge von tausend Klaftern und werden gegen die Spitze regelmäßig immer länger [kürzer], alsozwar, dass ein solcher Baum dann eine förmliche große Pyramide in runder Kegelform bildet, gegen welche eure großen ägyptischen Pyramiden wahre Schneckenhäuser sind; denn so es möglich wäre, euch körperlich dahin zu versetzen, ihr glaubet würdet, die höchsten Berge vor euch zu erblicken.

12. Dieser Baum gehört zum Nadelholz, und seine Blätter gleichen, freilich in sehr vergrößertem Maßstab, so ziemlich den Nadelblättern eurer Fichten; nur die Farbe ist nicht grün, sondern blau. Die Nützlichkeit dieses Baumes ist in Hinsicht auf die Reinigung der Luft und Erfüllung derselben mit Lebensstoffen so außerordentlich, dass die heilende Kraft aus den Wipfeln und Zweigen dieses Baumes sogar bis auf eure Erde hinabreicht. Und vorzüglich beziehen eure balsamisch duftenden Nadelhölzer ihren ätherischen Stoff daher.

13. Diese Bäume werden auch sorgfältig allenthalben angepflanzt, und es braucht da nichts mehr, als nur einen Reiser von diesem Baum zu nehmen und selben irgendwo in gute Erde zu stecken, so wächst er alsbald fort und wird binnen wenigen Saturnjahren schon ein sehr ansehnlicher Baum, und wächst da fort und fort und kann ein Alter von mehreren hundert Saturnjahren erreichen. Wenn ein solcher Baum hernach aber abstirbt, da wird er an der Wurzel zuerst ganz morsch und zehrt sich von sich selbst bis auf den äußersten Wipfel zusammen. Allwo da irgendein solcher Baum also sich verzehrend abgestanden ist, wird von den Bewohnern sogleich magere Erde darübergestreut, woraus dann in wenigen Jahren der fruchtbarste Grund zum Anbau ihrer beliebten Saftkräuter bereitet wird. Auch hier könnt ihr eure Phantasie zu

Lehen nehmen und einige solche Bäume hintereinander betrachten, so wird euch eure Erdengröße wohl ein wenig abgekühlt werden.

14. Auch von diesem Baum wisst ihr bereits das Allerwesentlichste, und so können wir noch zu der achten Gattung eines für euch gewiss höchst merkwürdigen Baumes übergehen. Denn von desgleichen findet sich wieder auf eurer Erde nicht die allerleiseste Spur.

15. Und als solcher Baum ist für die achte Gattung bemerkenswert der sogenannte Glas- oder Spiegelbaum, alldort Ubra genannt. Dieser Baum hat einen ganz regelmäßig viereckigen Stamm, welcher so durchsichtig ist als wie bei euch ein etwas grünliches Glas. Der Stamm geht zugespitzt bis zu einer Höhe von zwanzig bis dreißig Klaftern empor, hat durchaus keine Äste, sondern über die Hälfte dieses Glas- oder Spiegelbaumstammes schießen wie bei eurem Kaktus große hängende Blumen hervor, welche ungefähr die Gestalt haben, nur in sehr vergrößertem Maßstab, als eure Lilien; nur mit dem Unterschied der Farbe, welche bei dieser Blüte so beschaffen ist, dass ein jedes Blatt, deren es zehn bei jeder Blume gibt, von einer anderen Farbe ist. Wenn dieser Baum nach einem halben Jahr abgeblüht hat, alsdann kommt auf einem kristallartig knorrigen Stiel eine für euch gewiss höchst merkwürdige Frucht zum Vorschein. Diese Frucht besteht im Anfang in nichts anderem als in einem sehr durchsichtigen Wasserbeutel, der nach und nach immer größer und größer wird und in seiner Reife einem Ballon in einem Durchmesser von ein bis eineinhalb Klaftern gleicht.

16. Wenn diese Frucht zu dieser ersten Reife gelangt ist, alsdann fängt an die Flüssigkeit in diesem Beutel sich so zu verdichten, dass dann der Beutel zusammenschrumpft und nach und nach von der verdichteten Flüssigkeit sich losschält. Diese verdichtete Flüssigkeit fällt dann oft samt dem Stiel auf den Boden herab. Alsdann kommen die Bewohner und klauben diesen harten Saft auf, und beschneiden denselben auf allen Seiten regelmäßig, und bilden dann daraus ganz eigene regelmäßig viereckige Tafeln und gebrauchen diese ungefähr dazu, als ihr auf eurer Erde eure Spiegel. Keinen weiteren Gebrauch machen sie gerade von diesem Baum nicht als bloß einen solchen, den ihr von gewissen Bäumen macht zur Zierde eurer Gärten. Denn wenn eine Reihe von solchen Bäumen angesetzt ist, so bildet das für die Bewohner dieses Planeten

eine Prachtallee. Und sie tun dieses mit diesem Baum auch darum sehr gerne, weil er sich ebenfalls, wie der Pyramidenbaum, sehr leicht verpflanzen lässt, nur nicht vermittelst der Reiser, da er durchaus keine Äste hat, sondern vermittelst des Samens, welchen er aber nicht in der Frucht, sondern in der Blüte trägt.

17. Die Durchsichtigkeit dieses Baumes rührt daher, weil sein Organismus, so wie er selbst, aus lauter viereckigen Röhrchen besteht, durch welche der ihm dienliche Saft emporsteigt. Denn sind die Organe rund, so kann da kein Strahl durchdringen, weil er in der runden Form so oft gebrochen wird; allein in dieser viereckigen Form erleidet der Strahl nur eine sehr geringe Brechung und kann daher fast auch ungehindert durchstrahlen. Und da all die Bäume dieses Planeten und vorzugsweise in diesem Land eine ganz glatt polierte Rinde haben, so glänzt die Fläche dieses für euch merkwürdigen Baumes so, als wie bei euch ein Spiegelglas; daher sich auch jeder Vorübergehende vom Kopfscheitel bis zur Sohlenspitze vollkommen besehen kann.

18. Das ist nun wieder alles von diesem Baum. Erweckt auch da ein wenig eure Phantasie, so werdet ihr nicht gar zu schwer einzusehen anfangen, wie Ich auch ohne Städte und Paläste aus Menschenhänden verfertigt, eine Welt gar wohl zu schmücken verstehe. Und somit lasst es für heute gut sein. Alles Übrige von den Bäumen für ein nächstes Mal! Amen.

Kapitel 5

Der Allerleibaum, der Feuerbaum und der Ölstrauch. Leibesgröße und Grundbesitz der Saturnusmenschen

1. Ahaharke, so heißt der Baum, den wir als Nummer neun aufführen wollen. Auf Deutsch oder vielmehr nach eurer euch eigentümlichen Erbsprache übersetzt oder verdolmetscht würde dieser Baum sehr schwer zu benennen sein, dieweil auf der ganzen Erde nicht ein Ähnliches sich leichtlich vorfindet, damit danach für diesen Baum möchte ein passender Name zusammengesetzt werden. Am besten noch würde man ihn also bestimmen, wenn man ihm den Namen Allerlei-Baum gäbe.

2. Dieser Baum wächst (zu einem) von der Erde ungefähr sechzehn Klafter im Umfang habenden Fundamental-Stamm. Nun aber breiten sich von da eine Menge nach allen Richtungen auslaufender Äste aus, von denen die längsten bei zehn Klafter weit vom Stamm hinausziehen. Von der Stelle, von da die Äste sich hier ausbreiten, erheben sich regelmäßig drei Stämme kerzengerade in die Höhe, welche Höhe nicht selten zwölf, dreizehn, vierzehn bis fünfzehn Klafter erreicht. Am Ende dieser Stämme breiten sich wieder nach allen Richtungen verhältnismäßig Äste und Zweige aus. Unter den vielen Ästen und Zweigen, welche von jeglichem dieser drei Stämme auslaufen, erheben sich von jeglichem wieder drei neue bis zu einer Höhe von zehn Klaftern, allda sie dann wieder sich in eine Menge Äste und Zweige im guten Verhältnis verteilen. Über diese dritte Krone erheben sich nun wieder gerade in die Höhe schießende Zweige, welche zuoberst sich in verhältnismäßig kleinere Äste und Zweige ausbreiten, und so macht dieser Baum, wenn er vollkommen ausgewachsen ist, auch sieben bis zehn solche Absätze, und zwar immer in der Ordnung, dass aus einem früheren Stamm immer drei neue in die Höhe gehen und ein solcher Baum dann in seiner letzten Abstufung einen förmlichen Wald von Bäumen darstellt.

3. Jetzt, warum heißt denn dieser Baum, euch zum Verständnis, ein Allerleibaum? Die Ursache ist sehr leicht anzugeben, aber eben auch nicht so leicht zu begreifen. Denn jede Abstufung bringt andere Früchte

zum Vorschein und natürlich somit auch anderes Laub und andere Blüten. Und was eigentlich aber das Merkwürdige und für euch zugleich Unglaublichste bei diesem Baum ist, dass dieser Baum nur in zehn Jahren wieder dieselben Früchte zum Vorschein bringt. Denn von einem Jahr zum anderen wechselt er beständig, und zwar so, dass von einem Jahr bis zum nächstfolgenden niemand schließen kann, welche Früchte er zum Vorschein bringen wird. Und wie aber die Früchte verschieden sind, so steht es auch mit dem Laub und mit der Blüte, und wenn mehrere solcher Bäume vorhanden sind, so gleicht keine Frucht der nächststehenden. Damit aber die Bewohner dessen ungeachtet im beständigen Besitz aller Produkte dieses Baumes sind, so pflanzen sie diesen Baum immer so zehnfach an, dass sie in jedem Jahr einen neuen setzen. Und wer da zehn solcher Bäume auf seinem Grund hat, der hat alle Produkte des Baumes. Denn ein jeder Baum trägt dann andere Früchte und wechselt so fort bis ins zehnte Jahr, und im elften erst kommt er wieder in seine frühere Ordnung.

4. Da aber ein jeder Baum ein Jahr von dem anderen verschieden ist, so geschieht es, dass der erste Baum im zweiten Jahr zwar ganz neue Früchte bringt, aber der ihm nachfolgende bringt dieselben zum Vorschein, welche der erste Baum im ersten Jahr [brachte], und wenn der erste Baum im dritten Jahr wieder neue Früchte zum Vorschein bringt, so bringt der zweite Baum im dritten Jahre dieselben Früchte zum Vorschein, welche der erste Baum im zweiten Jahr brachte, und der dritte Baum aber bringt dieselben Früchte, welche der erste Baum im ersten und der zweite Baum im zweiten Jahre trug, zum Vorschein. Und so geht diese Ordnung immer fort und fort. Stirbt irgendein solcher Baum inzwischen aus, da werden über die Quere an die Stelle des einen, oder vielmehr für den einen, zehn andere gesetzt, damit da nie eine Frucht mehrere Jahre gänzlich ausbleibe. Was aber die Früchte dieses Baumes anbelangt, so sind sie so geordnet, dass die größten und schwersten natürlicherweise immer in der untersten Abteilung zum Vorschein kommen und so nach und nach immer kleinere und leichtere.

5. Die Art und Weise, wie die Frucht dieses Baumes im Gesamtumfang beschaffen ist und wie sie von den dortigen Bewohnern gebraucht wird, kann hier aus dem Grund nicht ganz umständlich mitgeteilt

werden, weil eine umständliche Mitteilung alles dessen ihr auf hundert Bogen nicht niederschreiben möchte. Nur im Allgemeinen sei euch so viel darüber gesagt, dass dieser Baum gewisserart ein Repräsentant aller jener Baumfrüchte auf eurer Erde im edelsten Sinne ist, welche bei euch in eurem gemäßigten Klima vorkommen und in ihrer Mitte entweder einen oder mehrere wohlausgebildete Kerne besitzen. So wäre z. B. die unterste Stufe jene aller Äpfel in einem Jahr, im anderen aller Birnen, im dritten aller Pflaumen, im vierten aller Pfirsiche, im fünften aller Aprikosen und so fort. Was die anderen, höheren Stufen betrifft, so bringen diese ebenfalls ähnliche Früchte hervor, aber alles in einem viel veredelteren Maßstab, und auch unter einer ganz anderen Form und unter einem auch ganz feineren und besseren Geschmack, so dass die Früchte in der höchsten Etage eigentlich schon ganz ätherischer Art sind; daher auch ihre Gestalt und ihr Geschmack von einer unteren so ganz verschieden, als wie verschieden bei euch eine wohlreife Weintraube ist gegen einen gröberen Apfel, und im Geschmack aber also sich unterscheidet von einer unteren Frucht, wie sich unterscheidet der edelste Wein von dem neuen ungegorenen Saft, der da gepresst wird aus halbreifen Äpfeln.

6. Seht, so geht das fort und fort. Und so ihr eure Phantasie ein wenig erweckt, so mögt ihr euch das wohl ziemlich ergänzen, was hier der Zeit wegen nur berührt, aber nicht erschöpfend dargestellt werden kann. Und somit wollen wir von diesem Baum nur noch das sagen, dass seine Früchte von den Bewohnern dieses Planeten auch genossen werden, und zwar die von den höheren Stufen zumeist, während die untersten häufig zur Fütterung ihrer Haustiere verwendet werden. Es versteht sich aber von selbst, dass die Früchte alldort ums Zehnfache größer sind als die ähnlichen bei euch. Dieses Baumes Rinde gleicht am meisten der eines Apfelbaumes bei euch und ist ebenfalls rifflig. Nur die Farbe der Rinde ist nicht grau wie bei euch, sondern dunkelrot und in jeder höheren Stammabstufung lichter.

7. Und somit wollen wir uns von diesem Baum zu unserer letzten Ordnung wenden und allda gewisserart den merkwürdigsten Baum dieses Landes in den Augenschein nehmen.

8. Dieser Baum wird alldort Fehura genannt, was nach eurer Sprache so viel besagt als ein Feuerbaum. Dieser Baum hat in seinem Wachstum eine Ähnlichkeit mit der sogenannten bei euch vorkommenden Eisenblüte und ist gewisserart ganz mineralisch. Der Stamm gleicht einer bei sechs Klafter im Umfang habenden weißen Marmorsäule, welche sich bei fünfzehn bis zwanzig Klafter in gleicher Dicke vom Boden erhebt, von da weg aber sich dann teilt gleich einem Korallenbäumchen in verschiedene Äste und Zweige, welche an ihren Enden in lauter kleine Röhrchen auslaufen. Die Zweiglein biegen sich ebenso vielfach übereinander wie die schon so früher benannte Eisenblüte. Dieser Baum hat weder Blätter noch Blüte noch irgendeine Frucht; sondern seine Bestimmung ist rein nur die des Feuers. Das Feuer ist somit seine Frucht, welches er gewöhnlich zu jener Zeit, wenn irgendein Teil des Landes unter dem Schatten des Ringes sich befindet, von sich gibt. Denn auf diesem Planeten wird die Zeit nicht bestimmt wie bei euch, nach dem Sommer und nach dem Winter, sondern nach der Zeit des Schattens, dem Mangel des Sonnenlichtes; darum denn auch seine Wurzeln, die eigentlich lauter Röhrchen sind, das alleinige Vermögen haben, aus der Erde dieses Planeten das allerfeinste Erdölgas an sich zu ziehen und durch die Röhrchen in die äußersten Zweige zu treiben, allwo sich dann dasselbe, wenn es mit der dortigen atmosphärischen Luft in Berührung kommt, welche zu der Zeit des Schattens sehr viel Sauerstoff mit sich führt, alsbald entzündet und so lange fortbrennt, bis nicht wieder das Licht der Sonne kommt, die atmosphärische Luft mehr ausdehnt und den Sauerstoff niederschlägt, wodurch dann dieser Feuerbaum nach und nach erlischt und so lange wieder ruht, und auch nicht weiter wächst, als bis die Schattenzeit wieder eingetreten ist. Es dauert die Schattenzeit alldort aber auch ein halbes Jahr, wie bei euch der Winter, der Temperatur nach gerechnet.

9. Und so aber fängt dieser Baum an zu wachsen wie bei euch die Schwämme – ohne Samen; aber nicht wie diese, wo das Erdreich am magersten ist; sondern wo das Saturnus-Erdreich am naphtahaltigsten ist, da kommt dieser Baum am häufigsten vor. Die Einwohner pflegen ihn auch so zu verpflanzen, dass sie zur Schattenzeit ein Zweiglein vom Stamm herunterschlagen und es dann irgendwo in ein naphtafettes

Erdreich stecken, da dann dieses Zweiglein also fortbrennt und dadurch auch wächst, sowohl in der Erde wurzelnd als sich über derselben auszweigend.

10. Das Feuer dieses Baumes ist an und für sich nicht brennend, jedoch ist es durch die Wirkung seines sehr intensiv weißen Strahles in eine gewisse Ferne hin erwärmend oder vielmehr den Wärmestoff entbindend, aus welchem Grund dadurch auch für diesen Planeten in seiner Schattenzeit gesorgt ist, dass es alsdann nicht viel kälter wird als zur Zeit des eigentlichen Sonnenlichtes. Denn dergleichen Bäume sucht sich eine jede Familie in gehöriger Anzahl um ihre Wohnungen und ihre Gründe aufzupflanzen, aus welchem Grund sie dann zur Schattenzeit weder Kälte leidet noch irgendeinen Lichtmangel hat.

11. Auch bei diesem Baum ruft ein wenig eure Phantasie zu Hilfe, und ihr werdet es sicher finden, dass, abgerechnet der großen Pracht dieses Baumes, sein Licht eine größere Wirkung hat als alle eure Gasbeleuchtung, wenn ihr sie auch auf einen Platz zusammenbringen möchtet auf einem dazu eigens erbauten Leuchtturm. Fürwahr, wenn ihr einen solchen Baum auf einem der euch benachbarten Berge aufgepflanzt hättet, so würde er nicht nur eure Stadt so gut beleuchten wie zehn Vollmonde, sondern der ganze Landkreis würde davon noch einen hinreichenden Schimmer genießen. Nun denkt euch erst viele Tausende von solchen Bäumen in einem Land zerstreut, wie sich da deren Licht machen könnte. Wenn euch schon euer rotes, bösartiges Feuerlicht in der finsteren Nacht erquickt, um wie viel mehr müsste euch ein solch sanftes, weißes Licht erquicken! Allein für die Erde sind dergleichen Bäume nicht bestimmt, obschon im Morgenland, und zwar in manchen Gegenden des Kaukasus ähnliche Fälle vorkommen, da man auch nichts nötig hat, als ein Schilfrohr oder ein anderes sehr poröses Stück Holz in die Erde zu stecken und oben mit einem Licht anzuzünden, allwo es dann auch gleich einer Fackel fortbrennt, ohne dass darum das Holz oder das Rohr verzehrt wird – nur mit dem Unterschied, dass diese Flammen auch rötlich und äußerst hitzbrennend sind.

12. Und somit hätten wir für dieses Land die Baumschule durchgemacht und können daher noch einen allgemeinen Blick auf die Gesträuche machen.

13. Alle Gesträuche haben da das Eigentümliche, dass sie nicht wie bei euch so niedrig sind, sondern sie bilden nur eine kleinere, aber dafür in der Art und Gattung sehr verschiedene Baumgattung. Und bei allem dem ist das niedrigste Gesträuch noch höher und ansehnlicher wachsend als eure ansehnlichsten Bäume. Auf diesem Land gibt es allein über 12.000 Gattungen, welche alle voneinander wohl unterschieden sind. Jede Gattung hat ihre eigentümliche Frucht, welche jedoch außer von den vielen Bewohnern der Luft wenig benützt wird. Aus diesen sehr vielen Gesträuchen dürfte euch eines, welches am häufigsten vorkommt und von den dortigen Bewohnern auch sorgfältig gepflegt wird, darum zu bemerken nicht ohne Interesse sein, da es vollkommen eurem Ölbaum auf Erden gleicht, nur mit dem Unterschied, dass dieses Gesträuch auch hier um vieles größer ist in jeder Hinsicht als euer Ölbaum. Die Beeren sind im reifen Zustand so groß, dass eine jede nach eurem Maße eine gute Maß reinen Öles abgibt. Wenn dann ein solches Gesträuch nicht selten zwanzig- bis dreißigtausend Beeren auf seinen Zweigen zur Reife bringt, so könnt ihr euch schon einen Begriff von der reichlichen Ölernte dadurch machen, wenn ihr noch dazu bedenkt, dass auf dem Grund einer einzigen Familie nicht selten mehrere Tausend von solchen Ölsträuchern oder vielmehr Ölbäumlein vorkommen.

14. Freilich müsst ihr euch dabei einen Familiengrund nicht ebenso klein vorstellen, wie etwa bei euch einen größeren Bauerngrund, sondern wohl so groß, wo manchesmal nicht noch etwas größer als euer ganzes Kaisertum. Dagegen müsst ihr euch auch die überaus schön gebildeten Menschen in körperlicher Hinsicht nicht so klein vorstellen wie ihr seid; denn alldort misst die Größe des Weibes schon von achtzig bis neunzig Fuß, und die Größe des Mannes von fünfundneunzig bis hundertfünfunddreißig Fuß. Und in diesem Verhältnis sind auch ihre vielen Haustiere bestellt vorhanden.

15. Wenn ihr nun dieses im Voraus einseht und kennt, so wird euch dann, was noch alles von der fruchtbaren Vegetation gesagt wird, desto einleuchtender werden, welches, wie schon mehrmals bemeldet, in der gehörigen Ordnung folgen wird. Und daher für heute Amen.

Kapitel 6

Kräuter und Nutzpflanzen des Saturnus

1. Was also von den Gesträuchen bemerkenswert war, haben wir hauptsächlich schon vernommen, und wollen daher jetzt uns zu den Kräutern und Pflanzen dieses Landes wenden.

2. Dieses Land gehört zu den gebirgigsten Ländern dieses Planeten, und somit hat es auch die größte Anzahl von den nützlichsten und heilsamsten Pflanzen und Kräuter aller erdenklichen Arten.

3. Dergleichen Pflanzen, wie zum Beispiel eure Feldfrüchte, als Korn, Weizen, Gerste usw. sind, wachsen allhier nicht; aber dafür gibt es eine andere und viel edlere Getreidegattung, die beinahe so aussieht als wie bei euch das Maiskorn, nur mit dem Unterschied, dass die Pflanze ums Zwanzig- bis Dreißigfache höher wächst als bei euch; und sind deren Blätter auch oft bei zwei bis dreieinhalb Klafter lang und gut bei zwei bis dreieinhalb Ellen breit, haben eine vollkommen himmelblaue Farbe, an den Rändern eine Spanne weit mit hellem Karminrot verbrämt, und sieht die Mittelzeile, die ebenfalls eine Spanne und so bis gegen die Spitze auf einen Zoll abnehmend breit ist, grünlich golden aus. Der Stängel, welcher unterhalb so dick wird wie bei euch oft eine ausgewachsene Eiche, sieht zuunterst aus als wie dunkel mattpoliertes Gold, und je höher hinauf, desto heller wird auch seine Farbe. Die Blütenkrone, welche nicht selten Äste von ein bis eineinhalb Klafter Ausbreitung hat, sieht gerade so aus wie bei euch ein Lüster aus dem schönsten brillantgeschliffenen Kristallglas, und das darum, weil alldort alles im vergrößerten Maßstab vorkommt. So ihr aber bei euch eine Maisblüte durch ein gutes Mikroskop beschauen möchtet, dürftet ihr beinahe dasselbe Brillantspiel des sonst weißlich aussehenden Blütenstaubs bemerken.

4. Was aber die Frucht dieser Pflanze betrifft, so gleicht sie zwar wohl der Form im vergrößerten Maßstab der eurigen, aber nicht also dem Gebrauch und dem Geschmack nach. Denn alldort gibt diese Frucht den allerwohlschmeckendsten Leckerbissen und gleicht in dieser Hinsicht mehr eurer sogenannten Ananas; nur mit dem Unterschied, dass dort die einzelnen Körner sich gar wohl auslösen lassen, wenn die

Frucht zur Reife gekommen ist, und dann auch sogleich genossen werden können, und sind nicht mehlig, sondern saftig als wie bei euch eine Weinbeere. Eine von diesen Beeren hat, nach eurem Gewicht berechnet, nicht selten zwei bis drei Pfund Schwere. Wenn auf einem solchen sogenannten Stritzel [Kolben] dann oft zu drei-, vier- bis fünfhundert solche Beeren sitzen und eine einzige Staude aber oft alldort zwanzig bis dreißig solche Stritzel zum Vorschein bringt, so könnt ihr euch schon einen Begriff machen, wie reichlich oft eine solche Ernte aussieht.

5. Aber wohin legen denn die Bewohner solche Ernte? Ihr habt schon die guten Gefäße beim Trichterbaum kennengelernt; darin werden diese Beeren aufbehalten, ein Teil davon in Beeren selbst und ein Teil als ausgepresster Saft. Diese Frucht wächst viermal in einem Jahr, ist äußerst gesund und stärkend, und erquickt ihr Saft das Herz des Saturnusbewohners also und noch mehr als euch die Traube und ihr stärkender Saft.

6. Nach Abnahme der Frucht lassen die Bewohner das Stroh auf dem Feld so lange stehen, bis es ganz dürr geworden ist; alsdann lassen sie ihre großen Zug- und Lasttiere auf den Acker, allda diese Pflanze dürr steht. Diese Tiere fressen da das Laub, und die Stängel aber lassen sie unbeschadet stehen, welche dann von den Bewohnern mit einer eigenen Säge umgesägt werden, und werden dann kreuz und quer auf dem Acker Haufen gebildet und hernach angezündet, durch welchen Akt dann der Acker auf das Allerbeste für eine fernere Fruchttragung gedüngt wird.

7. Dieser Acker braucht einen feuchten Boden, wenn die Frucht gut gedeihen soll. Da es aber hier in diesem Land, wie auch fast auf diesem ganzen gemäßigten Landstrich dieses Planeten, nie oder nur höchst selten regnet oder taut und auch die Quellen auf dem Land nicht eben zu häufig vorkommen – was tun da die Einwohner und wie bewässern sie einen solchen Acker, der nach eurem Maß nicht selten eine Ausdehnung von dreißig bis vierzig Quadratmeilen hat? Seht, allda habe Ich schon wieder mit einer anderen merkwürdigen Pflanze dafür gesorgt, welche allda das mühselige Geschäft der Bewässerung gar vortrefflich besorgt, welche Pflanze denn auch fleißig mitunter angebaut wird.

8. Diese Pflanze wird alldort „das rinnende Fass" genannt und hat eine große Ähnlichkeit mit euren Feldkürbissen, nur mit dem Unterschied, dass diese Kürbisse nicht selten eine solche Größe erreichen, dass ein Saturnusmensch zu tun hat, darüber hinwegzusehen. Die Pflanze selbst wächst oft mehrere tausend Klafter weit auf der Erde klafterdick im Umfang fort und läuft von ihrer Wurzel in vielen hundert Armen nach allen möglichen Richtungen aus. Ihre Blätter sehen denen eurer Kürbisstaude völlig ähnlich, nur dass sie ums Hundertfache größer sind und ihre Farbe nicht grün, sondern ganz violettblau aussieht, und ist übersät mit lauter silberweißen Sternen. Der Stiel ist zwei bis drei Klafter lang, rund und im Durchmesser nicht selten mehrere Klafter betragend, und ist inwendig hohl; in den Wänden aber laufen viele tausend Röhrchen hinauf, welche fürs Erste das Blatt nähren mit einem süßlichen Saft und zum Teil aber auch durch die vielfachen Poren der unterblattigen Spitzen als tropfbare Flüssigkeit hinaustreten und dadurch unter sich das Erdreich wie durch einen immerwährenden leichten Regen befeuchten. Jedoch was die Hauptbewässerung dieser Pflanze betrifft, so wird sie eigentlich von der Frucht bewerkstelligt. Denn wenn diese zu ihrer halben Reife nur gekommen ist, so öffnet sie gerade in der Nachtzeit an ihrer Oberfläche befindliche Poren und über der Oberfläche eigens dazu gebildete Röhrchen, durch welche dann eine süßliche, klare Flüssigkeit wie aus einem Springbrunnen weit und breit hinausgetrieben wird, wodurch dann das Erdreich jede Nacht eine regelmäßige und hinreichende Bewässerung empfängt.

9. Ihr werdet euch fragen: Aber woher nimmt denn diese Frucht dieses so reichliche Wasser? Da sage Ich euch, dass diese Frucht ein wahrer artesischer Brunnenbohrer ist; denn sie treibt ihre Wurzeln so weit und so tief hinab, bis sie zu irgendeinem unterirdischen Wasserbehälter gekommen ist. Allda saugt sie dann mit der größten Emsigkeit das ihr selbst zusagende Wasser und treibt und führt dasselbe als die bessere Wasserleitung, als wohlgeläutert nach allen möglichen Richtungen ihres äußeren, schnell fortwachsenden Gebietes.

10. Hat denn aber diese Frucht bei der Bewässerung keinen anderen Gebrauchszweck als nur den der Bewässerung allein? Die Bewohner brauchen diesen Kürbis auch noch zu etwas anderem. Wenn nun die

Frucht zur Vollreife gediehen ist, alsdann wird sie von ihrem Stiel abgesägt und heimgebracht; allda wird sie dann der Länge nach in der Mitte auseinandergeschnitten, Same und das Fleisch werden dann aus ihr genommen, und der Same natürlich zur ferneren Ansaat und das Fleisch zur Fütterung der dortigen Kühe, Schafe und Ziegen. Die Schale aber, welche bei einem Klafter dick ist, wird dann getrocknet, wodurch sie eine große Festigkeit bekommt. Wenn sie vollkommen getrocknet ist, so wird dann der untere Teil gewöhnlich zu einer Art Wasserfahrzeug verwendet. Der obere Teil aber, der da sehr röhrig und porös ist, wird als Wagen verwendet, und zwar auf eine höchst einfache Art.

11. Es wird in der Mitte auf beiden Seiten ein Loch durchgebohrt, durch welches Loch dann dort eine wohlzubereitete, verhältnismäßig dicke und starke Räderspindel durchgesteckt wird, an deren äußeren beiden Seiten dann zwei verhältnismäßige Räder angesteckt werden. Ebenso wird noch ein zweites Loch von vorne durchgebohrt, durch welches dann eine Zugstange bis zur Spindel, daran die Räder stecken, gesteckt wird. Diese Zugstange wird dann mit einem Nagel mit der Radspindel befestigt und vorne mit einem verhältnismäßig langen und starken Querbalken versehen. Und auf diese Weise ist dann der Wagen auch schon fertig, und das umso geschwinder, wenn ihr dazu noch annehmt, dass die Räder alldort nicht durch die Kunst der Menschenhände, sondern auch durch die Kunst der Natur hervorgebracht werden, und das zwar von einer und derselben Pflanze. Denn dazu braucht es nichts mehr, als den vollkommen runden Stiel eben dieses Kürbisses so oft man will abzusägen, so hat man auch schon allzeit ein vollkommen festes und fertiges Rad in einem Durchmesser von drei bis vier, oft auch fünf bis sechs Klaftern.

12. Wenn hernach an den Querbalken ein Ochse oder für eine schnellere Fahrt ein dortiger Zughund oder Zughirsch angebunden wird, so ist ein ganzes Fuhrwerk so gut wie vollkommen fertig, und können dann in einem solchen Wagen sehr bequem vier Saturnusmenschen fahren, wohin sie nur immer wollen.

13. Diese Art Wagen wird allda freilich nur für leichteres Fuhrwerk gebraucht; denn auch sie haben noch viel größere und schwerere Wagen, welche sie künstlich aus dem Holz bauen und, so wie ihr die

eurigen, auch sie die ihrigen fleißig mit einem sehr geschmeidigen und festen Metall beschlagen, welches eurem Eisen nicht unähnlich ist; nur ist es viel gediegener und haltbarer und rostet nicht also, wie das eurige, sondern behält immerwährend seine glänzende Oberfläche gleich dem Gold, und hat eine Farbe wie bei euch das sogenannte Platin, welches Metall ist auch bei euch ein Gemisch von gediegenem Gold und gediegenem Eisen, welche Mischung also auf dem chemischen Weg freilich wohl schwerlich je ein Chemiker zuwege bringen wird.

14. Und nachdem wir jetzt diese zwei Pflanzen haben kennengelernt, so gehen wir zu einer anderen alldort überaus lustigen und zugleich auch sehr nützlichen Pflanze über.

15. Diese Pflanze ist für euch so gut wie unerhört. Denn auf der Erde gibt es durchaus nichts Ähnliches. Denn das sogenannte „wandelnde Blatt", welches im südlichen Amerika vorkommt, ist eigentlich keine Pflanze, sondern ist nur ein Tier. Die Pflanze auf diesem Planeten, die wir soeben betrachten wollen, aber ist in allem Ernst eine wandelnde, die da gleich einem Tier sich von einem Ort zu dem anderen bewegt. Die bewegende Kraft liegt in ihrer Wurzel, die da das Aussehen hat wie ungefähr ein sehr unförmig gebildeter Menschenfuß, nur dass sie natürlicherweise nicht etwa förmliche Zehen und irgendeine Ferse und so weiter zum Fuß Gehöriges besitzt; sondern das Ganze ist ein in einem rechten Winkel begonnener bei zehn Klafter langer Strunk, aus welchem nach allen Seiten eine Menge Fang- und Saugwurzeln auslaufen, welche sich fast so wie die Krempen einer Weinrebe überall anfassen, nur mit dem Unterschied, dass diese Wurzeln nur so lange auf einem Punkt der Erde alldort sich festhalten, solange sie hinreichende Nahrung finden. Haben sie auf einem Ort alle Feuchtigkeit aufgezehrt, dann entwinden sie sich wieder aus der Erde, strecken sich weiter nach vorne aus, und das so weit auf der Erde hin, bis sie wieder auf einen feuchten Ort gekommen sind. Allda bohren sie sich wieder fleißig in das Erdreich ein, umwinden die feuchten Erdschichten und andere Kräuter und Gräser und ziehen durch dieses Umwinden die ganze Pflanze nach sich – durch welche Tätigkeit der Fußwurzeln dann eine solche Pflanze im Verlauf von einem Jahr nicht selten eine Reise von mehreren Meilen nach eurer Rechnung und eurem Maß macht.

16. Wie sieht denn aber eigentlich die Pflanze selbst aus? Die Pflanze selbst hat einen vier bis fünf Klafter hohen Stamm, der schon eine Klafter hoch Zweige und Äste treibt, wovon einige Zweige nach allen Richtungen hinab zur Erde langen und auf diese Art die ganze Pflanze vor dem möglichen Umfallen schützen. Diese Zweige sind gewöhnlich nackt und ohne Blätter, nur diejenigen, die dann aufwärts treiben und in mannigfaltigen Krümmungen vom Stamm auslaufen, tragen Blätter, Blüten und Früchte, welches alles so ziemlich eurer Weinpflanze ähnlich ist. Nur ist das Laub viel größer und von hellblauer Farbe, seine untere Seite mit roten Wärzchen übersät. Die Frucht aber gleicht vollkommen derjenigen Gattung eurer Trauben, die ihr mit dem Namen „die Gaisdutte" benennt habt; nur ist ihre Farbe nicht blau, sondern so gelb wie eine Orange, aber halb durchsichtig, also wie bei euch die weißen Traubenbeeren. Der Unterschied liegt vorzüglich auch nur in der Größe, da eine Beere nicht selten nach eurem Maße eine Maß reinen Saftes und eine Traube nicht selten fünfzig bis hundert Beeren enthält, wie manche Pflanze oft zu zehn bis zwanzig solcher Trauben. Der Geschmack dieser Frucht aber kommt derjenigen Traube bei euch gleich, die ihr die Muskattraube nennt; nur muss diese bei euch zur vollsten Reife gelangen.

17. Seht, das ist also diese merkwürdige Pflanze dieses Planeten, und hat dadurch einen großen Vorzug, weil sie durchaus keine Bearbeitung benötigt, sondern sich selbst bestens bearbeitet und gedeihlichst versorgt. Damit aber bei den Einwohnern dieses Planeten keine Eigentumsstreitigkeiten hinsichtlich dieser sehr beliebten Pflanze dadurch entstehen, wenn diese ebenfalls ihren Marsch auf den Grund des Nachbarn richten möchte (denn auch hier wird das Eigentumsrecht streng beobachtet) – so pflanzen die Einwohner dieselbe meistens entweder in der Mitte ihrer Gründe oder setzen sie um ihre Regenbäume herum, da sie dann ruhig stehen bleiben und keine weiteren Bewegungen machen, so ihre Wurzeln mit Nahrung versehen sind. Und wenn sie schon allenfalls dann und wann zu wandern genötigt werden, sie dann nicht sogleich auf den nachbarlichen Grund überlaufen können, denn von der Mitte eines solchen Grundes dürfte es ihnen wohl ein wenig schwer werden, die weiten Grenzen desselben zu überschreiten, da, wie schon

bemerkt wurde, ein solcher Saturnus-Bauerngrund nicht selten in der Ausdehnung die doppelte Größe eures Kaiserstaates übersteigt.

18. Den Saft verwenden die Einwohner gerade auch dazu, wozu ihr den Saft eurer Traube verwendet. Dieser Saft ist viel kräftiger noch als derjenige, dessen schon früher erwähnt wurde, und wird auch nicht in den früher erwähnten Gefäßen aufbewahrt; sondern für die Aufbewahrung dieses Saftes wächst alldort eine eigene Flaschenfrucht, die nicht unähnlich ist derjenigen bei euch, welche euch ebenfalls brauchbare Gefäße als Frucht hervorbringt, dergleichen da vorzugsweise eure sogenannten Flaschenkürbisse sind; nur mit dem Unterschied, dass diese Flaschenkürbisse daselbst euer Heidelberger Fass sicher zuschanden machen würden, denn ein solcher Flaschenkürbis, wenn er alldort vollkommen ausgewachsen ist, möchte wohl ganz bequem eintausend eurer Eimer in sich aufnehmen. Diese Flaschenkürbisse sind auch alldort außerordentlich fest, und hat ihre Wand einen Durchmesser bei einer guten halben und zuunterst auch einer ganzen Klafter. Wenn sie dann gehörig ausgeräumt sind, welche Arbeit alldort durch ein gewisses Tier verrichtet wird, so ist das Gefäß auch fertig.

19. Was die Fortsetzung von den merkwürdigsten noch ferneren Pflanzen und Kräutern betrifft, sei aufbewahrt für die nächste Mitteilung. Und daher für heute Amen.

Kapitel 7

Allgemeines über die Pflanzenwelt des Saturnus.
Aromatische Heilkräuter. Metallpflanzen. Blaues Gras.
Mondblumen und Alpenmoos. Gebirge und Ebenen

1. Auf die Pflanzen, deren schon bereits einige nützliche erwähnt wurden, will Ich nur noch einen allgemeineren Blick für euch werfen. Denn jede hier merkwürdige vorkommende Pflanze besonders und ausführlich zu erwähnen, würde weder die Zeit noch der Raum gestatten, besonders wenn ihr bedenkt, dass wir noch bei sechsundsiebzig so große Länder zu bereisen haben und einige hundert kleinere Inseln, das ganz große sowohl südliche als nördliche Eisgebiet, dann erst die vielen, noch größeren Länder des Ringes und der sieben Monde. Daher müssen wir nur das Merkwürdigste überall berühren und über das andere bloß andeutend darüber hinausgehen, was da mehr oder weniger Ähnlichkeit hat mit den Produkten eures Planeten. Und so gibt es auch in diesem soeben zu besprechenden Land eine zahllose Gattungsweise von allerlei Pflanzen, welche zum Teil ähnlich sind all den Pflanzen auf eurem Planeten, zum Teil aber auch wieder ganz fremdartig oder vielmehr also eigentümlich diesem Planeten, dass dergleichen auf keinem anderen Planeten etwas verkommt.

2. Was die eurem Planeten ähnlichen Pflanzen betrifft, so besteht der Unterschied im Allgemeinen nur darinnen, dass sie ohne Ausnahme nicht selten ums Hundertfache an Größe und Üppigkeit übertreffen die eurigen, wodurch dann auch alle jene Herrlichkeiten, die ihr hier nur mittels eines Mikroskops an den Pflanzen gewahrt, dort dann frei und ohne Mikroskop gar wohl ersichtlich sind in aller ihrer mannigfaltigen Pracht.

3. Der zweite Unterschied ist der in der Farbe. Denn meistens tritt alldort an die Stelle eures Grün ein frisches, heiteres Blau in allen seinen Schattierungen – so wie in eurem Amerika, allwo auch an manchen Pflanzen das Blau mehr denn das Grün ersichtlich wird und die grüne Farbe selbst mehr sich der blauen nähert als der gelben, welche Farbe eigentlich die allerentfernteste ist von der Farbe des Lebens.

4. Ein dritter Unterschied besteht dann auch noch darinnen, dass die Blüte bei diesen Pflanzen fürs Erste viel größer und reichhaltiger vorkommt und ihr Farbenschmelz nicht selten wie durch eine metallisch polierte, durchschimmernde Unterlage verherrlicht ist.

5. Was die Frucht solcher Pflanzen anbelangt, so ist auch ihr Unterschied also bestehend, dass z. B. ein Weizen- oder Maiskorn dort so groß ausfällt wie bei euch hundert oder auch manchmal tausend in einem und dass die Anzahl der Körner dann obendrauf noch ums Zehnfache, ja oft auch ums Hundertfache reichhaltiger ist. Eine solche größere Ergiebigkeit ist aber auch auf diesem Planeten darum notwendig, weil eine halbjährige Ernte alldort so viel besagt, als so ihr eine Pflanze auf der Erde hättet, die nur alle fünfzehn Jahre einmal Frucht bringend wäre, aus welchem Grund auch ein zehn Jahre alter Saturnusknabe bei euch schon ein überaus ungewöhnlich steinalter Greis wäre.

6. Das sind also die wesentlichen Unterschiede derjenigen Pflanzen in diesem Planeten, welche auch im verkleinerten Maßstab auf eurem Planeten vorkommen. So ihr eure Phantasie ein wenig erwecken wollt, da nehmt nur eine Erdpflanze zur Hand und stellt euch alles derselben ums Hundertfache größer vor, die andere Farbe dazu und all die sonstigen Herrlichkeiten einer Pflanze wie durch ein Mikroskop enthüllt, so könnt ihr auf diesem Weg euch einen ganz leichten Begriff von der Vegetation auf diesem Weltkörper machen.

7. Aber es gibt besonders in den höheren Gebirgsregionen alldort noch außergewöhnliche Heilkräuter, deren ätherisch-aromatische Heilkräfte so stark- und fernwirkend sind, dass sie nicht nur allein die dortigen Bewohner stets bei der besten Gesundheit erhalten, sondern ihre heilsame Wirkung auch noch in eine Entfernung von mehr denn noch tausend Millionen Meilen durch den Äther hinausstreuen, so dass z. B. eure heilsamen Kräuter, namentlich vorzugsweise diejenigen wie z. B. euer Wachholder, euer Holunderstrauch und andere mit Stacheln besetzte Heilkräuter einen bedeutenden Teil ihres ätherisch heilenden Aromas von daher beziehen.

8. Eine Gattung dieser dortigen Gebirgskräuter muss Ich euch etwas näher erwähnen. Dieses Kraut wird alldort Hellatharianga genannt, welches so viel heißt wie die „tausendblätterige Goldstaude". Dieses Kraut

wächst dort unmittelbar auf blanken Felsen, und hat der Stiel nicht selten eine Höhe von drei bis vier Klaftern, an welchem Stiel im Durchschnitt gewöhnlich in einem schneckenartigen Gewinde um die Staude tausend hellrote Blätter hinausstehen, deren Gestalt eine länglich eiförmige ist, und sind nicht selten fünf bis sechs Schuh lang und zwei, manchmal auch drei Schuh breit. An den Kanten der Blätter laufen spannenlange Spitzen hinaus, und so zwar, dass vom Blattstiel bis zu dessen Ende regelmäßig hundert zu stehen kommen, und somit an beiden Seiten des Blattes zweihundert. Diese Spitzen sind von ganz dunkelblauer Farbe, und das Stachelende immer lichter; und jene Spitze, welche am Ende der Mittelzeile am längsten ausläuft, hat vorne ein Stachelbündel, das ebenso rot ist wie das Blatt selbst. Die obere Seite des Blattes sieht also aus wie bei euch ein rotglühendes Eisen oder auch eine etwas angeblasene Kohle und gibt auch wirklich einen solchen Feuerglanz von sich. Die untere Seite des Blattes ist aber dazu behängt mit halbspannenlangen Haaren, welche vom Blatt aus alle Farben des Regenbogens durchgehen, so dass man dadurch unter einem jeden Blatt einen schimmernden Regenbogen in einiger Entfernung schon entdeckt, dessen Pracht natürlicherweise bei der Annäherung zunehmen muss, weil der Farbenglanz immer konzentrierter auf das Auge fällt. Der Stiel oder Stamm der Pflanze sieht vollkommen aus wie matt poliertes Gold und erhebt sich über die Sphäre der Blätter oft noch eine halbe Klafter hoch, an welchem dann mehrere schon ausgeblühte Blumen und noch immerwährend nachwachsende und nachtreibende Knospen hervortreten.

9. Die Blume hat nichts Ähnliches mit irgendeiner Blume auf eurer Erde; sondern ihre Gestalt ist so, als wenn an einer rotgoldenen Kugel in einem Umkreis im Durchmesser einer halben Klafter ganz wohlgeformte Menschenarme angebracht würden, nur dass auf einem jeden Arm, statt fünf ungleichen Fingern, zehn goldähnliche Spitzstrahlen auslaufen, dass es beinahe das Aussehen hat, als so jemand eine ausgestreckte Hand zeichnen möchte und an der Stelle der Finger eine halbe Sonnenscheibe hinmalte mit zehn auslaufenden Strahlen. Solcher Blumenblätter um eine solche Knospe gibt es fünf, welche von dieser schon benannten Kugelknospe gerade vom Gürtel ausgehen, so dass die halbe Kugel im Blütenkelch zu stehen kommt. In der Mitte dieser Halbkugel

laufen zwei Fäden heraus, der eine in der Dicke eines halben Männerarms, und der andere nur in der Dicke eines Zolles im Durchmesser, und ist der dünnere weiblich und der andere männlich; und der weibliche von weißer Farbe und der männliche von rosenroter. Beide laufen von dem Kelch über eine halbe Klafter weit heraus und hängen gewisserart hinab zur Erde; d. h. nicht aber dieselbe berührend, sondern nur gegen dieselbe.

10. Der weibliche Faden endet mit einem zurückgebogenen Trichter, über welchen der männliche mit seiner Mündung sich hinabbiegt. Der männliche lässt da immer von Zeit zu Zeit einen Tropfen des allerwohlriechendsten Saftes in den Trichter des weiblichen Fadens [fallen]; das ist die eigentliche Begattungsweise dieser Blume. Der weibliche Faden saugt dann diesen Saft in sich und gebiert dadurch den überaus kräftigen Samen dieser Pflanze – während der männliche Faden diesen ätherischen Saft aus den Blütenblättern bekommt, wie diese denselben aus den Stammblättern, deren schon erwähnt wurde.

11. Was die Farbe der Blüte anbelangt, so ist das Blatt vollkommen weiß, mehr noch als eure Lilie, die Halbscheibe am Ende statt der flachen Hand am Arm sieht so aus wie ein polierter, etwas geäderter Rubin. Die Strahlen aber sind ganz so wie durchsichtiges Gold.

12. Diese Blume oder vielmehr Heilpflanze blüht und wächst zu allen Zeiten gleich fort, so dass daran nie ein Mangel ist; während hie und da eine und die andere von den Bewohnern weggenommen wird, wächst an ihrer Stelle alsbald wieder eine junge nach. In voller Blüte verbreitet sie um sich herum einen solchen Wohlgeruch, dass ihr euch davon auch nicht die allerleiseste Vorstellung machen könnt, da es auf eurer Erde nichts ähnlich Wohlriechendes gibt, und ist eure Rose ein barer Modergestank dagegen.

13. Eine solche vollkommen ausgeblühte Heilpflanze, wenn sie irgend auf der Erde nur einmal zum Vorschein käme, wäre vermöge der Heftigkeit ihres außerordentlichen Wohlgeruches imstande, ein ganzes Land, so groß wie eure Mark, mit dem angenehmsten Wohlgeruch zu sättigen; denn wäre es nicht so, wie könnte die aromatische Heilkraft einer solchen Blume sogar in ferne Planetengebiete hinausriechen. Dass sich dieses aber so verhält, dürft ihr nur eine sehr nervenschwache,

seelenkranke Schläferin fragen, und sie wird es euch unverhohlen sagen, wenn sie sich seelisch in die Wechselwirkung dieses Planeten setzt, dass sie die gute Wirkung einer solchen Heilpflanze dieses obschon sehr fernen Planeten desungeachtet gar wohltätig empfinde.

14. Von den Bewohnern dieses Planeten wird diese Pflanze auf das Sorgfältigste bewacht und weniger gesammelt; denn sie finden ihre Stärkung hauptsächlich in der Luft, welche solche Pflanzen umgibt. Nur wenn hie und da eine solche Pflanze schon sehr alt geworden und dem Aussterben nahe ist, was sie daran erkennen, wenn die Haare der Blätter anfangen weißlich zu werden, da geschieht es, dass sie dann den Samen über den Felsen ausstreuen. Der Same dieser Blume ist sehr klein und gleicht überaus wohlduftendem Staub als irgendeinem Samen, welcher Staub dann von den Poren des Felsens eingesogen wird, daraus dann hie und da wieder eine solche Pflanze zum Vorschein kommt.

15. Nur eines ist noch hier zu berühren, und das ist, wie eine solche Pflanze auf blankem Stein wurzelt. Dieses geschieht so: Über den Felsen breitet die Pflanze ihre Wurzeln weit und breit aus, nicht unähnlich eurer sogenannten Steinflechte. Von diesen größeren, weitauslaufenden Steinwurzeln bohren sich allenthalben eine zahllose Menge feinster Haarwurzeln in die Steinporen hinein und halten den Stamm dieser Pflanze so fest an den blanken Stein angeklebt, dass da keines Menschen Kraft imstande wäre, einen solchen Stamm vom Felsen zu reißen. Es fragt sich nun, was saugen wohl diese Wurzeln aus dem trockenen, harten Stein? Dieses geschieht durch die innenwohnende Kraft, welche ist ein eigenes Schmelzfeuer und sich kundgibt in kleinen, dem freien Auge unsichtbaren elektrischen Fünkchen, welche gerade so viel Kraft haben, um die anliegenden Atome des Steines in ätherisches Öl aufzulösen, welches dann sogleich von den Wurzeln aufgesaugt und geläuterter und geläuterter geführt wird dann in den Stängel, in die Blätter und Blüte und endlich in den ätherischen Samen.

16. Da habt ihr nun alles Wesentliche von dieser höchst merkwürdigen Heilpflanze dieses Weltkörpers. Erweckt auch hier ein wenig eure Phantasie, und ihr werdet diese Blume nach dieser richtigen Darstellung

so gut wie förmlich mit anschauen können und also euch entzücken im Geiste an ihrer heilenden Kraft und Pracht.

17. Aber es ist das nicht die einzige Heilpflanze, sondern es gibt deren verschiedenartige, die heilend und wohltuend eben auch nicht nur allein für diesen Planeten wirken, sondern ihre Wirkung auch ätherisch in andere Planetengebiete fortpflanzen.

18. Vorzüglich bemerkenswert wären alldort all die sogenannten Metallpflanzen, die dort mit dem Vulgärnamen Kibri benannt sind. Denn durch diese Vegetation gelangen die Saturnusbewohner ohne alle weitere chemische Feuerschmelz- und Läuterungspräparation zu den allergediegensten Metallen, welche da auf den verschiedenen Gebirgsgegenden in den herrlichsten Pflanzenformen hervorkommen. Es gibt zwar wohl auch bei euch hie und da entweder ganz metallische oder wenigstens einiges Metall enthaltende Pflanzen; aber nirgends doch dürftet ihr eine Pflanze antreffen, deren Wurzeln, Stängel und Blätter vollkommen gediegenes Metall wären. Etwas Ähnliches vermögt ihr künstlich zu bewirken, wenn ihr ein Stängelchen Zink hängt in aufgelöstes Blei, wodurch sich dann in kurzer Zeit der sogenannte Saturnbaum bildet, auch Bleibaum genannt. Was jedoch ihr hier nur mühsam künstlich bewerkstelligen mögt, und das noch dazu in der größten einförmigen Armseligkeit, das wirkt dort die reichbegabte Naturkraft vielfach reich und großartig, frei ohne das geringste Hinzutun menschlicher Wissenschaft – aus welchem Grund die alten Weisen diesen Planeten Saturnus nannten; denn Saturnus besagt so viel als einen „gesättigten" Stern, da *Satur* fast in allen Grundmundarten eine Sättigung bedeutet; und *nu*, nur oder *nus* aber bedeutet so viel als einen Wandelstern.

19. Seht, so gedeihen die Dinge auf diesem Planeten, der da in jeder Hinsicht ein reich gesegneter Weltkörper ist.

20. Was noch den ferneren eurem Planeten entsprechenden Graswuchs betrifft, so ist dieser hier auch natürlich viel üppiger und großartiger als auf eurem Planeten. Die Farbe des Grases ist durchaus blau, und zwar mehr ins Violette übergehend. Die Samenstiele, die oft bei zwei Klafter hoch sich über den Boden erheben, sind meistenteils weiß, hie und da wohl auch ins Grünliche übergehend. Und die Samenähren auf den Halmen sind häufig dann von hellgrüner Farbe. Nach

Verschiedenheit der Grasgattungen gibt es dann auch eine außerordentliche Verschiedenheit sowohl in der Ähren-Formierung wie ihrer Farbe und der Gestalt ihrer Blätter.

21. Vorzüglich reichhaltig sind die dortigen Triften an den mannigfaltigsten und prachtvollsten Blumen. Denn auf einer nur eine Quadratmeile großen Wiese würde ein passionierter Botaniker nur mit der Zählung der Gattungen kaum in fünfzig Jahren fertig werden.

22. Besonders merkwürdig sind die dortigen sogenannten Briden. Das sind Wiesenblumengattungen, die in einem Jahr ihre Blumengestalt bei zehnmal wechseln, und so oft der höchste Mond des Saturnus seinen Lauf vollendet hat und eben die anderen Monde zu öfteren Malen, so oft auch wechseln solche Pflanzen ihre Gestalt und nehmen erst dann wieder ihre frühere Form an, sooft all die Monde wieder in eine schon früher einmal gehabte Stellung kommen, welches in einem Saturnusjahr ungefähr zehnmal geschieht; darum sie auch den schon ausgesprochenen Namen eben haben, welcher so viel besagt wie Mondblumen.

23. Vorzugsweise nach all den Grasarten und Wiesenblumen-Gattungen sind dort noch bemerkenswert die vielen Alpen-Moosgattungen, alldort Firbi genannt. Denn diese vergolden im buchstäblichen Sinn eine baumlose Gebirgshöhe beim Sonnenlicht so sehr, dass eine solche Gebirgshöhe kaum anzusehen ist. Dieses Moos wächst in verschiedener Varietät außerordentlich dicht aneinander, etwa eine Elle hoch über das steinige Gebirgserdreich, und sieht durchgehend wie ein mit allen Farben vergoldeter Goldsandteppich aus, begleitet mit dem herrlichsten Alpenwohlgeruch. Und der Alpenbesteiger findet sich dort immerwährend in einer solchen Wohlgeruchs-Anmut, als so jemand von euch auf dem Libanon des Morgenlandes käme in ein Wäldchen von lauter Balsambäumchen, wenn sie gerade in der Blüte sind, bei welcher Gelegenheit alldort auch jedem Sammler dieser Blüten so zumute wird, als befände er sich in den Vorhallen des Himmels.

24. Die Gebirge dieses Planeten und die Höhen sind schon anfänglich erwähnt worden. Nur ist noch dabei zu bemerken, dass alldort selbst die höchsten Spitzen noch irgendeiner Vegetation fähig sind, was bei eurer Erde vermöge des notwendig niederen Luftstandes so gut wie unmöglich ist. Auch laufen sie nicht in so ununterbrochenen

Kettenreihen fort, sondern sie stehen da über dem Flachland so wie bei euch auf irgendeiner gemähten Wiese die aufgeschichteten Heuhäuflein und werden immer höher und höher gegen die Mitte des Landes zu, so dass, wenn jemand den schon besprochenen höchsten Mittelberg des Landes ersteigt, er über alle anderen Höhen bequem darüber hinwegschauen kann.

25. Die hie und da vorkommenden Felsen dieser Gebirge sehen nicht so zerrissen aus wie bei euch, sondern steigen an einer oder der anderen Seite des Berges wie aneinandergereihte Zuckerhüte empor, aus denen manche nicht selten eine Höhe von dreißig- bis vierzig- und so weiter bis über hunderttausend Fuß erreichen. Jedoch beschämt sie irgendein vollkommen ausgewachsener Pyramiden-Baum, welcher auch nicht selten seinen Gipfel über bedeutend hohe Berge selbst treibt. Ihr dürft nur die euch schon bekannte Angabe seiner Höhe mit der von dem höchsten Berg in Vergleichung bringen, so werdet ihr es gar bald einsehen, wie dieser Baum eher möchte ein wachsender Berg genannt werden; freilich kann seine Höhe nicht mit der Höhe jener Berge in Vergleichung kommen, die nicht selten so viele Viertelmeilen hoch sind, als wie viele Klafter die eurigen.

26. Dieses Land gehört auch zu den allergebirgigsten dieses Planeten. Dessen ungeachtet aber ist es auch gar wohl im Besitz von weitgedehnten Ebenen, welche nach allen Richtungen mit den schönsten, ruhig fließenden Flüssen durchkreuzt sind und hinausfließen in das große Saturnusmeer.

27. Wie sie benützt werden und was an ihren Ufern noch für Gewächse vorkommen, wird euch das nächste Mal mitgeteilt werden. Und darum für heute Amen.

Kapitel 8

Die Schiffs-Pflanze

1. Da wir uns schon mit den Pflanzen dieses Landes unterhalten und betrachtet haben dessen mannigfaltige Baum- und Strauchgattungen, so wird es, bevor wir zu den Flüssen und Seen dieses Landes übergehen, nötig sein, noch eine Uferpflanze kennenzulernen, welche allenthalben an den Ufern der Flüsse und Seen, wie bei euch ungefähr das Schilfrohr und andere Wasserpflanzungen, häufig vorkommt. Es ist das die sogenannte Schiff-Moos-Pflanze, Chaiaba genannt.

2. Diese Pflanze gehört alldort zu dem Geschlecht der Windgewächse und gehört somit auch zum Geschlecht der Kürbisse – nur mit dem Unterschied, dass, so oft sein fortlaufender Stiel über die Erdoberfläche irgendeinen gliederartigen Abschnitt bildet, sich an einer solchen Stelle eine Menge weißlicher Wurzeln in die Erde schieben und somit neue Säfte und Kräfte derselben entsaugen, um auf diese Weise desto lebendigkräftiger sich auch desto weiter und weiter nach allen Richtungen, besonders längs der Ufer über der Erde dieses Planeten auszubreiten.

3. Wie sieht dieses Gewächs denn aus und was bringt es für Früchte und wozu werden dieselben verwendet? Dieses Gewächs macht, da es zuerst aus der Erde zum Vorschein kommt, einen hochmächtigen Aufschuss, fast in der Art wie euer Schilfrohr, welches ihr zum Bau eurer gemauerten Häuser und namentlich für die sogenannte Stuckatur verwendet. Der Stamm wird alldort nicht selten fünfzehn bis zwanzig Klafter hoch, wächst ohne irgendein Blatt gleich einer grüngoldenen Stange in die Höhe. Nur am Ende hat es anfänglich einen blauen Knopf, welcher nach und nach in eine eigentümliche Art Blüte aufbricht, welche genau das Aussehen hat, als wenn ihr auf einem runden Obelisken in einem Kreis zehn Kriegsfahnen ausstecken möchtet.

4. Diese Fahnen rollen sich von zwei Klafter langen, weißlichgelben, geraden Stielen auseinander und hängen dann in der Mitte der Vollbreite vier bis fünf Klafter von denselben flatternd herab. Diese Blüte, von diesem langen Stiel ausgehend, ist so beschaffen, dass sie

gewisserart an und für sich schon die eine Gattung Frucht dieser Pflanze ausmacht, welche darum auch nicht leichtlich mehr verwelkt, sondern jahrelang solid und beständig verbleibt.

5. Die Stange selbst oder eigentlich vielmehr der Stamm, der an der Erde nicht selten einen Durchmesser von ein, zwei bis drei Ellen hat, ist inwendig durchaus hohl, aber dessen ungeachtet von einer metallischen Festigkeit. Wenn diese Stange einmal zur halben Reife gediegen ist, alsdann schießen sobald an der Wurzel Auswüchse hervor, die sich dann behende und üppig an der Erde fortzuschlängeln anfangen, und zwar ebenfalls auch in einem nur etwas blässeren Goldgrün. Aus dem fortschlängelnden runden Stamm schießen an jeder Gliederung an hohen Stielen große und breite Blätter hervor. Der Stiel dieser Blätter ist grünlichblau, rund und hohl, in einer Länge von nicht selten ein, zwei bis drei Klaftern. Das Blatt ist ein stumpf eiförmiges, und hat der Länge nach eine Ausdehnung von fünf und der Breite nach von drei Klaftern. Seine Farbe ist so rot wie eure schönsten Rosen; nur der Rand des Blattes ist bei zwei Ellen breit so farbig gebrämt, als wie bei euch ein schöner, heller Regenbogen aussieht. Die Oberfläche dieses Blattes glänzt so wie spiegelblank poliertes Gold, und vorzugsweise erglänzen in majestätischer Pracht dessen Ränder. Die untere Seite oder die Unterfläche ist ganz dunkelblau und durchaus behängt von einer Spannen langen wie die schönste Seide aussehenden Härchen, welche allesamt in der Farbe eurem allerreinsten Indigo gleichen, nur sind sie etwas heller als diese Farbe bei euch. Der Stiel dieses Blattes sieht ebenfalls grüngolden aus, d. i. also, als wenn ihr poliertes Gold mit einer dünnen grünen Farbe überziehen möchtet – und ist ganz glatt und hat an dem Stamm nicht selten einen Durchmesser von ein bis zwei Ellen. Da er aber aus dem Stamm hervorragt, umgibt ihn eine Art Spitzenkrone, ungefähr auf die Art, wie ihr bei euch eine sogenannte eiserne Krone formt; nur sind dieser auslaufenden Spitzen mehrere und alle von vollkommener Runde und von blendend weißer Farbe. Ungefähr beim dritten Absatz bricht dann auf einem langen und starken Stiel eine merkwürdige Blüte hervor. Diese Blüte gleicht ganz vollkommen einer großen Turmglocke bei euch, die da hätte am breiten Rand einen Durchmesser von vier bis fünf

Klaftern und zuunterst, das ist an dem dünneren, geschlossenen Teil, etwa von ein bis eineinhalb Klaftern.

6. Diese Blume wächst so vollkommen rund in allen ihren Teilen, als wenn sie der beste Drechsler gedrechselt hätte. Nur darinnen unterscheidet sie sich von einer Glocke, dass ihr breiter Rand nach aufwärts von regelmäßig aneinandergereihten ellenlangen Spitzen kammartig besetzt ist. Die Blüte ist von hochgelber Farbe, die Spitzen aber sind hellrot.

7. Aus der Mitte dieses Glockenkelches läuft eine blendendweiße Säule, zweimal so hoch wie die Glockenblume samt den Spitzen, über den Rand heraus. Diese Säule ist der männliche Staubfaden, und die Spitzen an dem Rand sind eigentlich die weiblichen Fäden an dieser Blume. Wenn der männliche Staubfaden seine vollkommene Ausbildung erreicht hat, alsdann fängt er an, leuchtende Sternchen auszustreuen, welche dann von diesen Randspitzen gleich elektrischen Funken angezogen werden. Und dieser Akt ist die eigentliche Befruchtung dieses Gewächses.

8. Wenn nun die Befruchtung hinreichend vor sich gegangen ist, alsdann welkt diese massive Blume und fällt ohne Veränderung der Form von dem Blütenstiel herab und wird da auch häufig gesammelt; denn da sie eine elastische Polsterweiche besitzt, so wird sie zu allerlei Sitz- und Lieggerätschaften benützt. Die Spitzen aber werden ihr abgelöst und ihrer Festigkeit wegen als Nägel benützt.

9. Was kommt denn da wohl für eine Frucht zum Vorschein? Ich sage euch, die merkwürdigste von der Welt. Denn so albern es euch auch immer dünken möchte, so ist es aber dessen ungeachtet doch so, dass die Pflanze am Ende ein förmliches Schiff zum Vorschein bringt. Doch nicht so müsst ihr es denken wie etwa eure Schiffe, welche untergehen können mit Mann und Ware, was bei diesen gewachsenen Schiffen eine ganz reine Unmöglichkeit ist, und [was] ihr bald ersehen werdet, so euch die Beschaffenheit der Frucht näher dargetan wird. Also ersichtlich kommt die Frucht zum Vorschein: Nach dem Abfall der Blüte, welche so wie bei euren Kürbissen eigentlich schon über der ersichtlichen Frucht zu stehen kommt, fängt sich an die Frucht sehr schnell und großartig zu entwickeln, und zwar so, als wenn ihr ein großes Ei euch

aus feinerem Blech machen ließet und es dann von obenher eindrückt, nicht aber etwa einen Pol in den anderen, sondern einen Gürtel in den anderen – jedoch so, dass die eingedrückte Wand die untere nicht berührt, sondern zwischen beiden noch ein verhältnismäßig leerer Raum bleibt.

10. Nun übertragt diese Form auf unsere Frucht, welche eben auch in dieser eingedrückten Eiform fortwächst und erreicht bei voller Reife nicht selten eine Länge von dreißig bis vierzig Klaftern und eine Breite von fünfzehn bis zwanzig Klaftern. Der Raum zwischen der eingedrückten oberen und unteren Wand beträgt gewöhnlich ein, zwei bis zweieinhalb Klafter. Wenn die Frucht vollkommen reif geworden ist, haben diese Wände jede für sich einen Dichtigkeitsdurchmesser von zwei bis drei Ellen und eine mehr denn metallische Festigkeit, und in der Reife lösen sie sich dann selbst vom Stiel los, in welchem der eigentliche Same dieser Frucht kreisförmig steckt. In der Frucht selbst ist gar nichts darinnen als eine sehr feine Luftgattung, darum eine solche große Frucht auch so leicht zu heben ist, dass dieselbe ein Kind mit geringer Mühe von der Stelle zu schaffen vermag. Der Rand dieser Frucht ist mit einem eigens gearbeiteten Gesimse umgeben, welches sich nicht selten bis zwei Klafter über die eigentliche Frucht hinaustreibt, und hat ungefähr das Aussehen wie bei euch die Flossen eines Fisches; nur ist es auf allen Seiten gleich strahlenförmig und elastisch fest, so dass da niemand leichtlich vermag vom selben etwas abzubrechen.

11. Nun seht, die Frucht, wie sie ist, wird dann alsbald ins Wasser gesetzt und als nicht leicht zerstörbares Schiff verwendet. Damit sie, die Saturnusbewohner nämlich, dieses Schiff aber nach Belieben auf der Oberfläche der Wässer nach allen Richtungen lenken können, so benützen sie dazu die schon vorerwähnte lange Mittelstange, vermöge welcher sie das Schiff so lenken wie ungefähr ihr eure Flusskähne. Nur hat diese Stange diesen Vorteil, dass sie fürs Erste sehr leicht ist, und fürs Zweite, weil sie hohl ist, so ist es auch gar nicht nötig, mit derselben auf den Boden zu stoßen, sondern das Wasser wird selbst zum gegenwirkenden Grund, denn der kubische Wasserinhalt wird bald schwerer als der hohle Raum der Stange. Und so widersteht das Wasser selbst dem Stoß mit einer solchen hohlen Stange, von welcher früher freilich wohl

die schon erwähnten Fähnlein abgesägt werden, welche Fähnlein dann die Bewohner auf eine zierliche Weise um den Rand dieser Naturschiffe anzubringen wissen.

12. Eine andere Art der Fortbewegung besteht aber darinnen: Sie nehmen nämlich die schon früher erwähnten schönen Blätter dieser Pflanze und bilden daraus Segel, bei welcher Gelegenheit sie nichts anderes zu tun haben, als dass sie ein solches Blatt samt dem Stiel und der unten befindlichen Spitzkrone absägen und es mit einem klebrigen Saft einer anderen Pflanze so fest ankleben, dass dasselbe selbst ein Orkan eures Planeten nicht abzubrechen imstande wäre. Seht, auf diese Weise ist nun das Schiff fertig, welches fürs Erste imstande ist, zehn bis zwanzig Saturnusmenschen im höchsten Notfall zu tragen.

13. Allein die Saturnusmenschen verbinden dann künstlichermaßen auch mehrere solche Schiffe miteinander und machen dann ein großes, zusammengesetztes Schiff daraus, gegen das eure Linienschiffe eine reine Kinderspielerei wären; denn auf breiteren Strömen, Seen und Meeren werden nicht selten tausende von solchen Schiffen miteinander verbunden. Über diesen Schiffen werden dann erst leichte, wahrhaft wunderbar schöne Gebäude aufgeführt, so dass dann ein solches schwimmendes Schiff eher einer bedeutenden Stadt gleichsieht als einem eigentlichen Schiff selbst.

14. Nun habt ihr alles von dieser merkwürdigen Frucht. Erweckt auch hier ein wenig eure Phantasie und ihr werdet dabei sicher auf das Angenehmste überrascht werden. Das Einzige ist noch beizusetzen, nämlich die Farbe dieser Frucht. Diese allein ist das Unnachahmlichste, denn sie sieht so geschuppt aus wie die Haut eines Hechtfisches und ist auch von gleicher Farbe. Und somit für heute Amen.

Kapitel 9

Weiteres von der Schiffs-Pflanze. Die Flüsse des Saturnus.
Vom Schalenaufbau des Saturnus und anderer Planeten.
Die Geographie des Landes

1. Da wir nun letzthin die merkwürdige Pflanze dieses Planeten haben kennengelernt, so bleibt uns nachträglichermaßen von derselben nur das Wenige noch zu erwähnen übrig, wie häufig sie vorkommt und wie viel solcher Früchte eine solche Pflanze zum Vorschein bringt.

2. Diese Pflanze kommt bei den Flüssen, Seen und hauptsächlich an den weitgedehnten Ufern des Meeres außerordentlich häufig vor. Und eine solche Pflanze bringt in einem Saturnusjahr zweimal Frucht, und das jede für sich bei vier- bis fünfhundert Stück an der Zahl. Aber niemand hat auf diesem Planeten oder vielmehr eigentümlich in diesem Land ein verwaltendes Eigentumsrecht auf sie, sondern hier heißt es, wie bei euch ein alter Rechtsspruch lautet: *Primo occupanti fiat jus.* Der also eine solche Pflanze oder mehrere derselben benötigt, geht hin und erntet. Und soviel er geerntet hat, ist sein Eigentum. Und niemand macht ihm dasselbe streitig, und zwar aus diesem höchst moralischen Grund, weil sich alldort jeder für den Geringsten und Kleinsten hält, was noch ferner bei der Darstellung der Menschen näher auseinandergesetzt wird.

3. Und so wollen wir nun einen Blick auf die Gewässer dieses Planeten und ganz besonders dieses Landes machen.

4. Es gibt in diesem Land einige tausend sehr große und breite Ströme, welche fast samt und sämtlich in der Mitte des Landes von dem schon besprochenen höchsten Berg desselben ihren gemeinschaftlichen Ursprung nehmen. Um solche Möglichkeit aber einzusehen, müsst ihr euch den Fuß dieses Berges nicht etwa so klein denken als wie einer auf eurer Erde; sondern ihr müsst euch denken, dass der Fuß dieses Berges nach allen seinen regelmäßigen Richtungen beinahe einen größeren Fleck bedeckt als euer ganzes Europa. Nun mögt ihr allenfalls wohl begreifen, wie viel Quellen ein Riese von einem solchen Berg in sich fassen möchte.

5. Da dieser Berg bei aller seiner Höhe und Ausdehnung beinahe einen vollkommenen Kegel bildet, der nur von euch schon bekanntgegebenen hie und da hervorragenden Felsen und auch von manchen durch die reichlichen Quellen gebildeten Gräben vereinzelt wird, so ist es auch wohl begreiflich, dass da von einem solchen Berg die da entspringenden Quellen nach allen möglichen Richtungen ihren Lauf nehmen müssen, und wenn sie die Tiefe erreicht haben und dann wie auf eurer Erde von den bedeutend zuströmenden bedeutenden Quellen anderer Berge vergrößert werden, sie dann ruhig zuströmen dem Weltmeer. Der Unterschied zwischen den Flüssen der Erde und denen dieses Planeten besteht fürs Erste darinnen, dass sie alle einen gleich schnellen Fluss oder eigentlich Fall haben, welches darinnen seinen Grund hat, weil es dort nirgends ein sogenanntes Hochland gibt; sondern es gibt alldort nur Berge, mehr oder weniger breite Täler und auch weitgedehnte Ebenen, welche alle samt und sämtlich über den Meeresspiegel fast ganz gleich erhoben sind, und die Steigung der Länder vom Meer angefangen bis zum Mittelberg hin überall gleich nur tausend Klafter ausmacht, vermöge welcher sanften Erhebung auch alle Flüsse einen gleich schnellen Fall haben müssen.

6. Aus all den vielen Flüssen und Strömen will Ich euch bloß auf vier aufmerksam machen, und zwar aus dem Grund, weil diese die größten aus allen diesen Flüssen sind und ihren Lauf bis zum Meer hin so gerade fortführen, als wenn ihnen das Bett nach der Schnur wäre gezogen worden.

7. Da sie entspringen, sind sie schon größer denn eure Donau, wo sie ins Meer mündet, und also nehmen sie dann an der Breite also beständig zu. Wenn sie dann zum Meer gelangen, ist ein jeder dieser Flüsse bei zweihundert eurer Meilen breit. Nur darinnen unterscheiden sie sich von den eurigen Flüssen und Strömen, dass ihr Bett durchaus eine gleiche Tiefe hat; darum ein solcher Strom nirgends tiefer ist oder auch seichter, wie er ist sogleich in seinem ersten Anfang, das heißt, da er den Fuß des Berges zu verlassen anfängt. Denn wenn er hernach auch mehrere andere Quellen aufnimmt, so wird er dafür nur breiter, aber nie tiefer.

8. Ihr denkt euch jetzt freilich, wie ist das wohl möglich? Und Ich sage, es gibt keine leichtere Möglichkeit als diese. Denn wenn die Unterlage ein überall durchaus gleich fortlaufender, unversehrter Steinboden ist, über welchem eine gleich hohe Erdschicht gelagert ist, welche nach und nach, oder vielmehr von der Ursprünglichkeit her das Wasser hinweggeräumt hat, wie soll denn bei solchen gleichartigen Verhältnissen irgendeine Ungleichheit in der Tiefe des Strombettes stattfinden?

9. Damit ihr aber dieses euch jetzt noch etwas unscheinbare [unverständliche] Verhältnis in Hinsicht auf die gleiche Tiefe der Flüsse desto aufmerksamer beachtet und gründlicher versteht, so ist es nötig, auch eine kleine Erwähnung von dem zu machen, dass dieser Planet bei der allgemeinen euch bekanntgegebenen Weltenzerstörung, welche ihr bei dem Fall Adams habt kennengelernt[1], insoweit, was da von ihm noch übrig ist, in seiner Urbeschaffenheit unversehrt geblieben ist – nur war er vor dieser Zeit um vieles größer.

10. Wie groß er aber war, zeigt noch sein gegenwärtiger Ring. Denn des äußeren Ringes Oberfläche war zuvor die Oberfläche dieses Planeten. Allein in dieser Zeit ist er gewisserart links und rechts, oder südlich und nördlich so abgeschnitten worden, dass durch solche Abschneidung gewisserart die nördliche und südliche Kappe gleich zwei großen Hohlschalen in den unermesslichen Weltenraum hinausgeschleudert worden sind, weil auf diesen beiden Teilen die arge Schlange auch eine reichliche böse Brut hingesetzt hat. Nur der heiße Mittelstrich ist noch rein geblieben, darum er auch erhalten wurde zu einem immerwährenden Denkzeichen, dass der große Weltenbaumeister auch einen Weltkörper also erhalten kann, wenn derselbe auch nicht mehr in seiner ersten planetarischen Vollkommenheit dasteht.

11. Ihr möchtet nun wohl wissen, woher wohl dieser gegenwärtige, viel kleinere Erdkörper innerhalb des Ringes entstanden ist? Und Ich sage euch nun, macht eure Augen und Ohren weit auf, und ihr werdet dadurch einen starken Blick nicht nur allein auf den eben zu besprechenden Planeten, sondern auf alle Weltkörper werfen. Denn dieser gegenwärtige Erdkörper im Ring war auch schon vor der Abkappung

---

[1] Siehe dazu Jakob Lorber, Die Haushaltung Gottes 1.36.11

vorhanden, so wie es auch bei eurer Erde, wenn diese auch also abgekappt werden möchte, ein und derselbe Fall wäre. Denn auch in eurer Erde steckt noch eine kleinere, und in dieser kleinen noch wieder eine kleinere, welche miteinander nur entweder durch Luft, Wasser oder Feuer in Verbindung stehen; denn dieser Planet Saturnus ist eigentlich schon die Mitte-Kugel, weil der Ring schon zwei [Kugeln] darstellt, und zwar allda er vollkommen, sich unberührend, gespalten ist.

12. Und so habt ihr bei dem Saturnus gewisserart die Gelegenheit, einen Weltkörper also anzuschauen, als wie beinahe einen Apfel, den ihr in der Mitte auseinandergeschnitten hättet. Und die daselbst ersichtlichen Teile zeigen euch die innere, mechanische Konstruktion eines Weltkörpers. Nur was den gegenwärtigen Planeten selbst anbelangt, so ist dieser freilich nicht sichtbar bis in sein Zentrum. Aber es bleibt immer ein und dasselbe Verhältnis. Denn auch dieser sichtbare Planet ist also ferner seinem Inwendigen nachgebildet, und zwar in denselben Verhältnissen, wie sie ersichtlich sind von der Oberfläche des äußersten Ringes bis zum gegenwärtig ersichtlichen Planeten selbst; da, so derselbe wieder abgekappt würde, auf diese Art wieder ein noch kleinerer Ring unter dem größeren zum Vorschein käme, innerhalb dessen sich dann wieder ein vollkommen runder Erdkörper also frei schwebend befinden möchte wie der jetzige im großen Ring.

13. So ihr ein wenig nur eure Verstandes- und Gefühlskräfte erhöht, so wird euch solches mehr und mehr einleuchtend werden. Zugleich aber werdet ihr daraus auch erkennen, ein wie Leichtes es Meiner Macht ist, einen solchen Weltkörper, wenn es nötig ist, entweder zu verkleinern aber auch zu vergrößern.

14. Könntet ihr all die Weltkörper in dem unendlichen Schöpfungsraum besehen, wahrlich ihr würdet da auf Formen gelangen, welche aufzufassen euer Geist im vollsten Licht nicht begreiflichermaßen fähig wäre. Denn wenn schon ihr Menschen mit euren allerbeschränktesten Geisteskräften euren mühsamen Schöpfungen eine bedeutende Mannigfaltigkeit zu geben vermögt, so werde solches wohl Ich in Meinen großen Schöpfungsräumen auch zu tun imstande sein. Und Meine große Phantasie wird etwa in dieser Hinsicht, wie einige Gelehrte bei euch meinen, wohl sicherlich nicht vonnöten haben, zu euch in die

Schule zu gehen und etwa gar einen sogenannten ästhetischen Lehrkursus mitzumachen für notwendig finden.

15. Wie phantasiereich aber euer Schöpfer ist, mögen euch schon all die Pflanzen, Tiere und Mineralien auf eurer Erde freilich nur den allerkleinsten, geringfügigsten und magersten Beweis liefern. Auf unserem Saturnus werdet ihr schon etwas Mannigfaltigeres entdecken, und mehr noch, und Ich sage, bei weitem mehr noch in einer Sonne! Denn sind euch die Dinge im Saturnus überaus wunderbar, was würdet ihr oder was werdet ihr erst sagen und was für Augen machen, so Ich euch einmal einen Blick in die Sonne zu machen gestatten möchte! Jedoch jetzt sind wir noch auf dem Saturnus, und es ist da noch sehr viel zu schauen. Und wenn wir uns da werden hinreichend sattgesehen haben, alsdann wird es eurer Phantasie und besseren Einbildung vorerst freigestellt sein, ob sich dieselbe noch zu etwas Höherem zu erheben vermag.

16. Denn wohlgemerkt, wir haben beim Saturnus bei Nummer eins angefangen, und ihr wisst, dass Ich immerwährend den besseren Wein zuletzt auftische; aber nicht so, wie die schlechten Wirte bei euch, die mit dem ersten Glas der Phantasie die durstigen Gäste berauschen und ihnen dann zuletzt, statt eines besseren Weines, stark gewässerten Essig auftischen. Daher begreift wohl, was das von Mir aussagen will, so Ich sage: Wir haben allda bei Nummer eins angefangen. Und darum sage Ich euch: So wir mit unserem Weltkörper werden fertig sein, da wird es in eurer Phantasie und besseren Einbildung sich wohl zeigen, ob sie noch eines höheren Schwunges fähig ist. Denn bei Mir nimmt das Höhere und immer Höhere bis ins Unendliche kein Ende; es gibt da nirgends eine dritte Vergleichungsstufe, sondern überall nur die zweite; das heißt, es steht immer eines über das andere, und ist das eine herrlicher als das andere. Und nirgends gibt es ein Allerherrlichstes, auf dass es nimmerdar übertroffen werden möchte von etwas noch Herrlicherem; denn das Unerreichbarste, Allerhöchste bin nur Ich Selbst. Wenn ihr aber schon so manche Herrlichkeiten der Weltkörper werdet betrachtet haben, alsdann erst wird euch ein allerschwächster Blick in den Himmel gegönnt werden. Und dieser Blick wird in seiner Schnelle all die Herrlichkeiten, die euch auf den Erdkörpern gezeigt wurden, gänzlich zunichtemachen. Denn wenn Meine Werke schon von unendlicher

Erhabenheit sind in der toten, fixierten Materie, wie werden sie erst da sein im Geist, da alles Licht und Leben ist!

17. Jedoch für jetzt kehren wir wieder zu unserem Weltkörper zurück und messen allda die Tiefe der Flüsse und Seen und auch also die Tiefe der Meere. Und wir werden mit einer und derselben Messschnur, welche da eine Länge von fünfhundert eurer Klafter hat, überall zur Genüge auskommen; bei fünfhundert Klafter ist dort das Meer beinahe überall gleich tief, nur wird es regelmäßig etwas seichter und seichter gegen das Land zu. Was aber die Tiefe der Flüsse betrifft, so ist ihr Mittelbett überall gleich zehn Klafter [tief] und wird natürlichermaßen gegen das Land zu seichter und seichter. Nur an den Mündungen fallen die Bette also sukzessiv, dass sie sich dann allmählich mit dem allgemeinen Bett des Meeres ausgleichen.

18. Zufolge der Gleichförmigkeit und gleichen Tiefe der Bette der Flüsse und Ströme geschieht es dann auch, dass ein jeder Fluss und Strom beinahe eine ganz glatte Spiegelfläche dem erstaunten Auge darbietet, auf welcher sich die benachbarten Gegenden, wie bei euch in einem sehr ruhigen See, auf das Herrlichste abspiegeln, was besonders zur Nachtzeit einen überaus herrlichen Anblick gewährt, wenn all die nächtlichen Lichter aus solchen Flüssen einen beinahe ungeschwächten Schein widerspiegeln.

19. Was die vier benannten Hauptströme noch ferner betrifft, so teilen sie dieses Land von diesem Mittelberg aus in vier Teile, so dass, wenn jemand an der Spitze dieses Berges sich befindet, er dann nach dem Lauf dieser vier Hauptströme auch zugleich die Enden dieses großen Landes erschauen kann. Freilich, ihr mit euren Augen würdet solches nicht vermögen. Aber die Saturnusmenschen können solches gar wohl, da ihr Auge an und für sich schon besser sieht als ihr es vermöget durch eure allerbesten Fernrohre, was bei ihnen auch notwendig ist. Denn so jemand seinen Grund übersehen will, so bedarf er auch tüchtiger Augen, welche ungefähr von einem hohen Berg auf eurer Erde bei allerreinster Luft wohl imstande wären, so es von irgendeiner solchen Höhe möglich wäre, euer ganzes Kaisertum mit einer Leichtigkeit zu überschauen. Denn diese Menschen haben ihre größte Stärke im Auge, ungefähr in dem Verhältnis, wie sie bei euch ein Adler hat, vermöge

welcher er auch von der bedeutendsten Höhe noch jede Blattlaus mit einer Leichtigkeit erschauen kann.

20. Was die fernere Beschaffenheit dieser Flüsse und Seen wie auch der Meere anbelangt, für ein nächstes Mal. Und für heute Amen.

Kapitel 10

Der Morgenstrom und seine Anwohner. Baumwohnungen
der Saturnusmenschen. Über die Dampfkraft der
Erdenmenschen. Kritik des Herrn an der irdischen
Philosophie. Die viel bessere Einsicht der
Saturnusmenschen

1. Der eine dieser vier Hauptströme, der da seine Fallrichtung hat
genau gegen den Morgen, ist der breiteste und sozusagen am allermeisten bevölkertste. Ihr müsst hier nicht etwa denken, dass an dessen
Ufern etwa, so wie an euren Flüssen, Städte und Festungen erbaut sind;
denn auf dem ganzen Planeten ist dergleichen nirgends anzutreffen.

2. Die vorzüglichste Behausung der Saturnusbewohner besteht in
dem euch schon bekannten Baum, unter dessen vielen Ästen und Stämmen eine ganze Familie wohnt. Es sind aber die Familien ebenfalls geteilt, fast so wie bei euch, da ein Teil in den Ebenen und vorzugsweise
an den Ufern der Ströme wohnt; ein anderer Teil aber wieder vorzugsweise nur die Gebirge bewohnt. So sind die Ufer dieses Morgenstromes
links und rechts auch ganz besonders vielfach mit solchen Bäumen besetzt, unter denen die Familien ihre bleibende Wohnung halten. Ich
sage darum „ihre bleibende Wohnung", weil ein solcher Baum alldort
nicht leichtlich ausstirbt, sondern fort und fort wächst und sich vergrößert, so zwar, dass unter manchem solchen Baum eine Familie lebt, welche durch sich verzweigende Verwandtschaften nicht selten zehn- bis
zwanzigtausend Köpfe stark ist.

3. Die Flüsse, besonders aber dieser Morgenfluss, sind den dortigen
Bewohnern ein vielfaches Bedürfnis, und zwar nach folgender Stufen-
ordnung: Fürs Erste sind all die Bewohner große Freunde vom Waschen.
Nicht selten wäscht sich einer am Tag sieben Mal. Fürs Zweite dient
ihnen das Schwimmen zu einer besonders stärkenden Belustigung;
denn sie sind in diesem Fach allesamt große Künstler auf dem Wasser,
indem sie im Notfall auf der Oberfläche nicht nur herumschwimmen,
sondern gar leicht auch herumgehen können. Darum können sie auch
um desto leichter alle anderen Schwimmkünste ausführen, als: dass sie

sich auf der Oberfläche des Wassers ganz flach dahinlegen können, oder können auf der Oberfläche sitzen oder sich auch nach Belieben darauf herumwälzen.

4. Wollen sie untertauchen, so können sie solches auch; aber es geht ihnen nicht viel leichter als den Gänsen bei euch, weil sie im Verhältnis zu dem Saturnuswasser um vierzig Prozent leichter sind als ihr im Verhältnis zu euren Gewässern; welches Verhältnis ihr schon daraus ersehen könnt, wie schon einmal bemerkt wurde, dass sich diese Saturnusbewohner auch mit Leichtigkeit in der Luft frei erhalten können, besonders die jungen. Aber selbst die Alten können von der größten Höhe ohne Beschädigung ihres Leibes herabspringen; doch tun sie dieses nicht allzu gerne, weil sie nach solchen Luftpartien gewöhnlich von einem unbehaglichen Schwindel ergriffen werden.

5. Fürs Dritte wohnen sie noch darum gerne bei den Wassern, weil dieselben, wie schon gesagt wurde, einen besonders herrlichen Lichtschimmer zur Nachtzeit von sich geben. Und fürs Vierte atmen die dortigen Flüsse eine besonders angenehm kühlende Luft aus, wovon die Saturnusbewohner außerordentlich große Freunde sind. Und fürs Fünfte wohnen sie wegen ihrer Haustiere, die wir erst später werden kennenlernen, gerne an den Ufern dieser Ströme, damit dieselben also leichter getränkt werden können. Denn auf den Bergen können aus dem Grunde die größeren Haustiere oft kaum gehalten werden wegen Mangel an hinreichendem Wasser, da die Quellen solcher Flüsse mehr in den unteren Teilen der Berge sich befinden und die höheren sich dann begnügen müssen mit dem Regenbaum und jener euch schon bekannten bewässerten Frucht, das größte Haustier aber oft an einem Tag, nach eurem Maß gerechnet, nicht selten bei tausend Startinen[2] Wasser zu seiner Durstlöschung gebraucht, welches euch etwas rätselhaft klingen dürfte. Allein diese Hauskuh übertrifft eure Elefanten so sehr an Größe, dass diese auf ihrem Rücken gar leicht als Schmarotzertierchen herumsteigen könnten. Vermöge der außerordentlichen Nützlichkeit dieses Tieres aber bewohnen eben die Saturnusmenschen gerne die Ufer

---

[2] Die Startine ist eine alte steirische Maßeinheit für die Menge eines Getränks; 1 Startine = 10 Eimer.

der Ströme, Flüsse und Seen, damit dieses nützliche Haustier keinen Schaden leidet; denn es hat das Eigentümliche, dass es fünfmal mehr trinkt als es frisst; was alles später, wenn wir erst eigentlich zu den Tieren kommen werden, genau erörtert wird.

6. Obschon die Menschen aber hier keine Städte und auch keine Häuser bauen, so wissen sie aber doch ihren euch schon bekannten Wandbaum so zierlich und kunstvoll anzubauen, dass, so ihr einen solchen Wohnort alldort besehen möchtet, er euch unaussprechlich schöner vorkäme als die größte Stadt bei euch, da ihr da meinen würdet, diese Bewohner führen ihre Mauern von blankem, poliertem Gold auf.

7. Und fürs Sechste wohnen sie noch ihrer überaus beliebten Schifffahrt wegen gerne an den Ufern der Ströme; denn sie betreiben ihre Schifffahrt nicht so sehr des Eigennutzes wegen, sondern vielmehr des Vergnügens und der Gesundheit wegen. Und wenn einige unter ihnen andere benachbarte, weitliegende Inseln und Länder besuchen wollen, brauchen sie natürlicherweise ihre überaus beliebte Schifffahrt.

8. Ihr werdet euch fragen, wozu denn den Saturnusbewohnern die Schifffahrt [dient], so sie ohnehin auf der Oberfläche des Wassers einhergehen können? Da ist eine lösende Antwort nicht schwer, indem sie wohl auf der Oberfläche des Wassers unbelastet gehen können, aber so sie nur etwas belastet sind, so sinken sie alsbald unter, da das Tragverhältnis des Wassers zum Menschen gewisserart auf ein Haar berechnet ist; und ferner, so sie auch auf dem Wasser wandeln können, so ist solches Wandeln nur ein sehr langsames und gewisserart auch behutsames und ist alldort mit bedeutender Übung verbunden, viel mehr noch als bei euch das Schleifen [Laufen] auf dem Eis; wohingegen sie auf ihren vereinigten Schiffen ungemein schnell über die Oberfläche des Wassers gleiten, und zwar so, dass sie in einer eurer Stunden gar leicht einen Weg von dreißig bis sechsundfünfzig Meilen zurücklegen. Und doch haben sie nirgends einen Dampfkessel und auch keine Schaufel und auch kein Schaufelrad zur Hand, sondern die bewegende Kraft allein liegt in ihrem festen Willen und unerschütterlichen Glauben, aus welcher Ursache sie denn auch die Ränder ihrer Schiffe mit den schon bekannten Pflanzenspitzen belegen, welche dann durch ihren Willen gewisserart magnetisiert werden und demzufolge auch in jener Richtung das

Fahrzeug hinziehen, wo der Wille der Schifffahrer den entgegengesetzten Willenspol gesetzt hat.

9. Seht, eine solche Triebkraft ist unfehlbar besser als die eurer schauerlichen Dampfapparate, durch welche allzeit das natürliche Leben des Menschen in einer immerwährenden Gefahr steht; und würde Ich durch schützende Engel nicht Sorge tragen, fürwahr es würden der Unglücke mehrere durch die aufgelösten Wasserdämpfe geschehen als bis jetzt. Denn es ist nichts törichter, als so die Menschen sich Kräfte der Natur bedienen, die sie nicht im Geringsten kennen. Denn da ist nicht genug, bloß nur durch Erfahrung zu wissen, dass die aufgelösten Wasserdämpfe eine große Wurfkraft besitzen, sondern man muss auch wissen, was hinter den aufgelösten Wasserdämpfen steckt, was da ist, das eigentlich diese große Wurfkraft bewirkt.

10. Tote Kräfte sind keine Kräfte; Kräfte aber, die da wirken, sind entbunden lebendig. Wer aber weiß es, wie viel Kraft die entbundenen Geister in den Wasserdämpfen besitzen? Fürwahr, wenn sie von den besagten Engeln nicht möchten im Zaum gehalten werden, da würden sich die viel sich einbildenden Dampfapparatisten gar bald überzeugen, auf was für hohlem Grund alle ihre Berechnung ruht. Denn auch nur entbundene Geister von einer Maß Wasser könnten im ungezügelten Zustand in einem Augenblick ganze Gebirgsketten in Staub und Asche verwandeln; woraus ihr dann gläubig gar leicht ersehen könnt, wie viel himmlischen Schutzes da immerwährend es vonnöten hat, dass nicht allzumal die Menschen bei ihren törichten Unternehmungen verunglückend zugrunde gehen.

11. Seht, von solchen Narrheiten wissen die Saturnusbewohner nichts und sind dessen ungeachtet ums Unvergleichliche weiser als alle die übergelehrten Dampfbrüder und Meeresbezwinger auf eurem Erdkörper. Denn sie haben nebst den vielen Vorteilen auch noch diesen unschätzbaren, dass sie zu öfteren Malen in ihrem Leben mit Mir persönlichen Umgang pflegen können, und so auch mit den Engeln des Himmels, wodurch sie in ihrer Weisheit- und Erkenntnissphäre auch nur in einer kurzen Unterredung mehr gewinnen, als ihr durch all die oft mehr als überdummen, oder – nach eurem Ausdruck – nicht einmal dem Kotauswuf der Säue entsprechenden Hochgelehrtheits- und

Fortbildungsproduktionen. Denn fürwahr, all dergleichen gelehrtes Gewäsch ist dem innern Gehalt nach auch nicht einmal tüchtig und wert genug in die Naturklasse des Sauunflates aufgenommen zu werden. Denn da eine Sau ihren Unflat gelassen hat, setzen sich doch alsbald Fliegen an, die noch einen ihnen zusagenden Nahrungs- und Lebensstoff darinnen finden – und das ist doch etwas. Aber was da, besonders im Gebiet der so hochberühmten Philosophie, kommt oder gegeben wird aus und von den Hallen der rationell, ja nicht selten gar wahrheits- und geistig-lebensreich sich Dünken- und Nennenden – das, wahrlich, steht unendlich tiefer als ein solcher Saudreck.

12. Bei dieser Gelegenheit erwähne Ich euch auch im Vorübergehen, dass da nicht selten Geister von eurer Erde zu den Bewohnern des Saturnus kommen, was ihnen auch allzeit gestattet wird, besonders wenn es sie danach gelüstet, wo dann nicht selten die Saturnusmenschen diese gelehrt sein wollenden Geister gar weidlich auslachen und ihnen ihren außerordentlich schlechten Glauben vorhalten, vermöge welchem sie nicht einmal wissen, dass der Herr ist als Schöpfer des Himmels und aller Weltkörper vollkommen ein Mensch. Denn solches wissen wohl die wenigsten Menschen und auch die wenigsten Christen auf der Erde und machen sich von Mir die allerlächerlichsten und unsinnigsten Vorstellungen, da Ich bei einigen sogar allerlei Gestalten annehmen muss;

13. bei den anderen wieder muss Ich angelegt sein wie ein Hierarch, bei anderen wieder fast nackt auf einer Wolke sitzend und das Kreuz in der Hand haltend, gewöhnlich zur rechten Hand des Hierarchen. Wieder andere stellen Mich in der Gestalt einer fliegenden Taube dar, woselbst Ich dann immer über den zwei unteren Personen, nämlich über dem Hierarchen und über dem nackten, kreuztragenden Christus schweben muss. Wieder andere versetzen Mich in alle drei zugleich, wodurch Ich dann zu einem mathematischen Unsinn werde; fürs Erste, da Ich in drei Personen dargestellt werde, von denen nur zwei mit einer menschlichen Gestalt begabt sind, die eine aber nur mit einer tierischen; und wieder müssen diese drei ungleichartigen Personen nur eine einzige göttliche darstellen, bestehend aus einem Hierarchen, einem nackten

Christus und einer Taube; anderer Albernheiten von Meiner Vorstellung nicht zu gedenken.

14. Wogegen auf dem ganzen Saturnus nicht ein Mensch existiert, der da von Mir irgendeine andere Vorstellung hätte als die, dass Ich bin ganz vollkommen ein Mensch, wie ein anderer Mensch, nur mit dem Unterschied, dass Ich der allervollkommenste Mensch bin, das heißt, ein Mensch, in dem da wohnt die Fülle der Gottheit leibhaftig oder körperlich; oder so ihr solches nicht verstehen möchtet, so wendet euch nur zur Materie, und die wird es euch sagen, woher sie ist und was sie ist, und hat es euch schon gesagt. Daher wird euch nicht so schwer zu verstehen werden, zu erfassen das, was es heißt, dass in Mir, als in dem vollkommensten Menschen, da wohnt die Fülle der Gottheit leibhaftig oder körperlich.

15. Seht, wenn dann die Bewohner des Saturnus manchen aufgeblasenen Geistern von dieser Erde mit so etwas kommen, so werden diese ganz ärgerlich und zornig und wollen sich rächend über die Saturnusbewohner herstürzen und ihnen mit Gewalt einen anderen Glauben beibringen. Allein die Bewohner des Saturnus bezeigen sich dann alsbald so überaus demütig, dabei aber doch überaus fest in ihrem Glauben, dass darüber den Geistern von dieser Erde vermöge ihres Hochmutes ganz ekel zumute wird, und sie es dann nicht mehr aushalten können in der Sphäre der Saturnusbewohner, was da bald ein Zeichen den Saturnusbewohnern ist, dass sich solche ungebetene Gäste freiwillig eben auch bald entfernen werden.

16. Solche Szenen auf diesem Weltkörper werde Ich euch erst da anschaulich vorführen, wenn wir die Schnee- und Eisregionen desselben bereisen werden, allda sich die Geister der verstorbenen Saturnusmenschen hauptsächlich aufzuhalten und zu wirken pflegen. Denn solches müsst ihr wissen, dass die Geister eines jeden Erdkörpers, besonders wenn sie noch nicht vollends geläutert sind, sich noch zuallermeist auf dem Gebiet ihres früher körperlich bewohnten Erdkörpers aufhalten.

17. Jedoch für jetzt wollen wir davon nichts weiter sprechen, sondern uns zu unseren Strömen wenden.

Kapitel 11

Herrliche Uferlandschaften der Stromgebiete. Nordstrom, Abendstrom und Mittagstrom

1. Wenn ihr euch so einen Strom recht wohl vorstellen wollt, da denkt euch eine unabsehbare, ruhige Wasseroberfläche, welche sich nach einer geraden Linie unermesslich für euer Auge weit bis zum Meer ausdehnt. Denkt euch dazu einen solchen Fluss noch in einer weitgedehnten Ebene fortfließen, welche nur hie und da von regelmäßigen, euch schon bekannten Gebirgsgruppen unterbrochen wird. Denkt euch dazu noch die größte, üppigste Fruchtbarkeit dieser Ufergegenden. Denkt euch ganze Alleen zwischen den Bergen von den sogenannten Pyramidenbäumen. Denkt euch noch all die schönen Gärten mit den euch schon bekannten Spiegelbaumalleen wie auch ganze unabsehbare Wälder längs den Ufern solcher Ströme von dem Trichterbaum und allen anderen üppigsten Baum-, Gesträuch-, Pflanzen- und Grasarten; ja denkt euch noch die überaus merkwürdige Tierbevölkerung solcher Ströme und all die großen, überaus mannigfaltigen, herrlichen Wasservögel, welche da oft scharenweise über der weiten Oberfläche solcher Ströme nach allen Richtungen herumfliegen und allesamt dem Willen des Menschen untertan sind. Und denkt euch in eurer Phantasie auch hinzu, dass sich bei den Familien, besonders die an den Ufern wohnen, nicht selten himmlische Gestalten einfinden, d. h. Engel des Himmels, und mitunter, wie gesagt, auch Ich Selbst.

2. Wenn ihr so dieses alles zusammenfasst, so könnt ihr euch schon einen so ziemlichen Begriff von der großen Herrlichkeit einer solchen Stromufer-Gegend machen, und, wie schon gesagt, ist vorzugsweise der gegen Morgen fließende Strom mit seinen weiten Ufern zu beachten. Nur müsst ihr euch die Sache nicht etwa, besonders was die Vegetation anbelangt, gewisserart wie Kraut und Rüben chaotisch durcheinandergemengt vorstellen, sondern alles in der schönsten, planmäßigen Ordnung. Denn allda ist nicht nur für das alleinig tierische Bedürfnis durch eine gewisserart hingeworfene Vegetation, sondern es ist hier auch von Mir aus schon gar wohl für eine bestens geordnete Zierlichkeit gesorgt,

welches ihr schon ein wenig von der Beschreibung der Pflanzen und der sämtlichen Vegetation habt abnehmen können.

3. Wie aber dieser Morgenstrom beschaffen ist, so sind auch all die übrigen drei beschaffen; nur haben sie nicht diese Breite, und auch sind sie nicht so stark bevölkert; dessen ungeachtet ist im Verhältnis die Pracht nicht minder als die am Morgenstrom.

4. Derjenige Strom, der da sich gegen den Norden ergießt, ist an seinen Ufern zuallermeist das, was ihr romantisch nennt. Denn weil da sein Tal nicht selten von Bergen beengt wird, so ist der Anblick auch nicht selten [romantisch], da man auf der ganzen Gebirgsseite herab eine Unzahl von himmelhohen, blendend weißen Felsentürmen entdeckt, welche nicht selten mit der schon beschriebenen Heilpflanze geschmückt sind; denn da ist ihr vorzügliches Vaterland, obschon sie auch anderwärts, nur nicht so häufig, vorkommt.

5. Auch hier stellt euch wieder die belebten Ufer wie am Strom des Morgens mit allem dort Besagten vor; nur was die sogenannten Pyramidenbaum-Alleen betrifft, lasst allda hinweg, weil dieser Baum wegen des etwas mehr steinigen Bodens nicht wohl fortkommt – so habt ihr auch ein vollkommenes Bild von diesem Strom und dessen Ufern.

6. Der Strom gegen Abend [Westen] aber ist berühmt seiner vielen harmonisch singenden Vögel wegen. Wenn es euch möglich wäre, einen Abend allda zuzubringen, so dürftet ihr durch ein solches Konzert so verwöhnt werden, dass euch darauf eure Musik nicht anders vorkommen möchte, wie bei euch selbst nach einem herrlichen Konzert oder nach einer großen Symphonie eines wohlbewährten Tondichters (als z. B. eines Händel usw.) ein Gequake von Fröschen in einer Lache.

7. Seht, also bin Ich auch alldort sogar ein Musiklehrer der Vögel! Und ihr könnt versichert sein, wenn eure besten Sänger nur einmal einen solchen befiederten Sänger dieses Planeten hören möchten, sie dann gewiss sich in ihrem ganzen Leben nicht auch mehr einen Ton zu singen getrauen würden. (N. B. Die Musik ist auch bei den Bewohnern dieses Planeten ein ganz vorzügliches Eigentum, nur haben sie durchaus keine musikalischen Instrumente. Aber sie sind desto vorzüglichere Sänger, mit welchem Gesang sie auch ganz vorzüglich bei ihrem Gottesdienst Mich lobpreisen und Mir danken – was alles euch bei der

eigentlichen Darstellung der Menschen und ihrer Verhältnisse dargestellt werden wird.)

8. Der Strom, der sich da ergießt gegen Mittag [Süden], ist wieder
wegen seines Wasserglanzes überaus berühmt. Denn die Oberfläche
des Wassers schimmert hier besonders am Tag beständig so, als wie bei
euch große, schöne, wohlbeschnittene Diamanten, welches daher
rührt, weil dieses Wasser, besonders an der Oberfläche, von unge-
meinster Reinheit ist. Es sind zwar alle Wässer alldort viel reiner als bei
euch das Wasser aus der reinsten Quelle; aber das Wasser dieses Stromes ist so rein, dass man jeden Gegenstand am tiefsten Grund desselben mit ganz ungeschwächtem Licht erschauen kann, aus welchem
Grund denn auch die Oberfläche besonders bei einer kleinen Wellenbe-
wegung so überaus herrlich brillant schimmernd wird, dass ihr euch von
dieser großen Pracht durchaus keinen Begriff machen könnt; denn ein
Regenbogen bei euch ist etwas Allersimpelstes dagegen.

9. Aber was die Bevölkerung der Ufer dieses Stromes anbelangt, so
ist sie gewisserart die ärmste, und zwar aus dem Grund, weil alda die
Vegetation nicht so gut fortkommt wegen des gewisserart zu harten
Wassers. Obschon das Wasser ungemein rein ist, so ist es aber doch
härter als das Wasser der übrigen Ströme, was auch schon auf eurer
Erde der Fall ist, da auch je reiner und kälter irgendeine Quelle ein Wasser zutage fördert, desto härter und unbefruchtbar, oder vielmehr unbefruchtender dasselbe auch ist. Aber deswegen müsst ihr euch eben
nicht denken, dass die Ufer dieses Stromes darum etwa wüste aussehen; sie sind dessen ungeachtet viel üppiger als die allerüppigsten auf
eurer Erde; nur stehen sie in diesem Planeten besonders den Ufergen-
genden am Morgenstrom nach.

10. Und so hätten wir alsdenn von unserem Mittelberg die vier
Hauptströme angeschaut. Ihr müsst euch aber dabei nicht denken, dass
etwa das die allein bewohnten und belebten Gegenden dieses Planeten
sind; sondern es sind sowohl die Berge verhältnismäßig nicht minder
bewohnt wie auch die Ufer all der übrigen Flüsse, welche teils selbst in
verschiedenen Krümmungen dem Meer zuströmen, größtenteils sich
aber auch, wie bei euch, entweder in die schon obengenannten vier
Hauptströme oder aber auch in andere Nebenströme ergießen.

11. Nun bleiben uns nur noch die dortigen vielen und großen Landseen übrig. Was ihre Zweckmäßigkeit und ihre Pracht anbelangt, wie auch die Bewohnbarkeit ihrer weitgedehnten ebenen Ufer, bei einer nächsten Gelegenheit. Für heute Amen.

Kapitel 12

Herrliche Seelandschaften. Verbindungsarme von Flüssen und Seen. Verbreitung der Wohnbäume. Steinkegel als Vergnügungsstätten. Schwanenfahrt

1. Was die schon gestern besprochenen Landseen betrifft, so sind sie ganz unterschieden von den Landseen auf eurem Erdkörper, welche bei euch unregelmäßig tief stehende Wasseransammlungen sind, was zwar auch in dem Saturnus der Fall ist, da sich allda in den etwas vertieften Ebenen das Quellwasser, welches von allen Seiten den Bergen entströmt, ansammelt. Allein diese Seen haben nur immer ein viel seichteres Bett als die übrigen Flüsse, und ist selten eines Landsees Bett tiefer als etwa höchstens vier, fünf bis sechs Klafter, welches in dem Saturnus so viel als sehr seicht heißt, nachdem ein jeder Mensch des Saturnus einen solchen See vermöge seiner geringen Tiefe sehr leicht so durchwaten kann, dass ihm das Wasser kaum auf den halben Schenkel über das Knie heraufreicht, manchmal kaum bis ans Knie. Aber dessen ungeachtet ist es doch wieder tief genug, um die schon bekannten Schiffe vollkommen tragen zu können.

2. Es fragt sich nun, was sind eigentlich die Seen in diesem Planeten? Sie sind im Grunde nichts anderes, als was bei euch künstlich angelegte Kanäle sind. Und ein solcher Landsee hat da nicht selten bei hundert Ausläufer oder ziemlich breite Abströmungen in verschiedene andere Flüsse, so zwar, dass man auf dem Wege solcher Landseen zu Wasser gar bequem erstens in alle die bekannten vier Hauptströme gelangen kann, und das zwar auf folgende Art: Wenn z. B. zwischen dem Morgen- und Mittagstrom sich irgendein solcher See befindet, so hat er bestimmt einen oder auch mehrere Ausläufer in den Morgen- und ebenso auch wieder in den Mittagsstrom. Ebenso befindet sich dann auch wieder irgendein solcher Landsee zwischen dem Mittag- und Abendstrom und also zwischen dem Abend- und Mitternachtsstrom und zwischen dem Mitternacht- und Morgenstrom. Und so ist die Kommunikation zu Wasser nicht nur etwa einmal, sondern hundertmal bewerkstelligt. Wie aber die Verbindung vermittelst solcher Landseen mit den

Hauptströmen bewerkstelliget ist, also ist sie auch zweitens bestellt zwischen all den kleineren Flüssen und Strömen, dass da kein Fluss und auch beinahe kein See auf diesem ganzen großen Land irgend besteht, zu welchem man nicht allenthalben zu Wasser gelangen möchte.

3. Diese Landseen sind nicht selten von bedeutender Ausdehnung, und ist die geringste nicht selten so groß wie auf eurem Erdkörper der sogenannte Kaspische See in Asien. Es gibt aber noch einige, die von einer viel größeren Ausdehnung sind, so zwar, dass sie es mit der Fläche des Mittelländischen Meeres aufnehmen dürften. Allein solcher sehr großen Seen gibt es nicht gar zu viele, und sie sind nur vorzugsweise auf den dem Meer nähergelegenen Gebieten zu Hause. Aber kleinere Landseen, besonders gegen des Landes Mittelpunkt hin, gibt es eine große Menge; denn es besteht auf diesem ganzen großen Landgebiet keine nur einigermaßen weitgedehnte Ebene, in deren Mitte sich nicht irgendein bedeutender Landsee befinden möchte, aus welchem Grund die überaus herrliche Aussicht von irgendeiner Höhe nach eurem Ausdruck so malerisch schön wird, dass ihr euch auf der Erde wohl sehr schwer einen ähnlichen Begriff machen könnt.

4. Denn gibt es auch allhier Seegegenden, so sind aber doch schon fürs Erste die Seen unregelmäßiger und gewisserart zufälliger Form, und also auch ist ihre Umgebung, da bald irgendein verwitterter Fels oder ein waldiger Berggrund oder eine schmutzige Ebene und dergleichen andere, nicht vielsagende Dinge unförmlich die Fläche des Wassers beufern. Aber nicht so ist es im Saturnus; denn da haben die Landseen stets mehr oder weniger eine vollkommen eirunde Form, von welcher hinweg sich dann nach allen Seiten noch bedeutend breite Ausmündungen entweder in andere Landseen oder Flüsse und Ströme gewisserart ausstrahlen. Nun denkt euch einmal so eine ruhige Wasserfläche im geringsten Durchmesser oder vielmehr Durchschnitt in einer Oberfläche von wenigstens zehn bis hundert, von hundert bis tausend und tausend bis nahe dreißigtausend Quadratmeilen nach eurem Feldmaß – so mögt ihr euch schon einen Begriff von der Majestät eines solchen Landsees machen. Nehmt noch von einem solchen Landsee die vielen breiten Ausströmungen in meistens geraden Richtungen, so werdet ihr die Majestät eines solchen Landsees noch erhöhter erblicken, besonders wenn

ihr noch annehmt, dass selbst solche Ausmündungen nicht selten eine, zwei, drei und so fort bis vierzig Meilen breit sind; da wird euch die Majestät eines solchen Landsees noch anschaulicher.

5. Aber nicht nur dieses Alleinige ist es, was die Majestät solcher Seegegenden erhöht; vorzüglich sind es die Ufer, die um diese Landseen sehr stark bevölkert sind. Und die Pracht der dortigen Vegetation entwickelt sich nirgends in so großartiger Majestät als eben an den Ufern solcher Seen. Besonders sind da die euch schon bekannten Pyramidenbäume zu Hause, welche da nicht selten, wenigstens für euch betrachtet, eine rätselhafte Höhe erlangen und mit ihren Wipfeln oft über ziemlich bedeutende Berge hinausragen.

6. Zur Verschönerung der Ufer wird erstens natürlicherweise von den Bewohnern die bekannte Schiffspflanze sehr häufig angebaut. Hinter den großen Äckern, allda die Schiffspflanzen wachsen und gedeihen, aber werden [zweitens] vorzugsweise gerne die sogenannten Wandbäume angebaut und gezügelt, die da nicht selten zu einer bedeutenden Höhe über die schon bereits angegebene emporwachsen. Denn an einigen Ufergegenden wird die goldene Wand solcher Bäume oft fünfhundert Klafter hoch. Dieses bewirken die Einwohner alldort durch eine gewisserartige Kunst, die eben alldort auch in einer Art Pfropfung besteht, dass sie dann, wenn die Wandbäumchen ungefähr ein paar Klafter aus der Erde gewachsen sind, dieselben abschneiden und in die gemachten Spalten Reiser von eben den Wandbäumchen hineinpfropfen und mit Erde verschmieren, wodurch dann bei fortgesetztem Wachstum der Stamm dieses Baumes schon um die Hälfte verlängert wird. Und solches treiben sie oft so lange als nur möglich ist fort und bringen dann zur Verherrlichung einer Ufergegend einen solchen Baumstamm zu der erstaunlichen vorher besprochenen, seine gewöhnliche Natur bei weitem überragenden Höhe. Hinter solchen Wänden wird vorzugsweise auch der sogenannte säulenartige Allerlei-Baum gepflanzt, den ihr schon kennt, welcher vermöge seiner außerordentlichen Mannigfaltigkeit nicht wenig zur Verherrlichung der sich immer mehr erhöhenden Ufergegenden beiträgt.

7. Dass natürlicherweise es auch hier nahe keine anderen Wohnungen gibt als den schon bekannten ersten Hauptbaum, ist schon bei der

Bevölkerung der Ufergegend des Morgenstromes hinreichend dargetan worden dadurch, da Ich gezeigt habe, dass es da nirgends eine Stadt noch eine Festung noch andere Wohngebäude gibt als alleinig diesen Baum. Nur ist von diesem Baum an den Seeufergegenden noch das zu bemerken, dass er an Größe und Ausdehnung die anderen seinesgleichen, die an den Flüssen, den Strömen und auch an den Bergen wachsen, um vieles übertrifft und somit auch einer desto zahlreicheren Familie zum Wohnhaus dient.

8. All die übrigen Bäume, Kräuter, Pflanzen und Gräser werden hier nicht minder in guter Ordnung sorgsam gepflegt. Und so sieht dann eine solche Uferpartie in dem eigentlichen Sinn des Wortes einem vollkommenen Paradies gleich. Aber ihr müsst euch eben nicht vorstellen, dass an solchen Ufergegenden alldort alle fingerlang ein solcher Hauptbaum steht, der dort nahe das alleinige Wohnhaus ist; sondern so ihr von einem solchen Wohnhaus bis zum nächsten hinreisen möchtet, da dürfte euch die Zeit ziemlich lang werden, bis ihr von einem Baum zum anderen gelangen möchtet. Denn die geringste Entfernung von einem bis zum anderen Baum beträgt wenigstens zehn bis zwanzig Meilen, manchesmal aber auch fünfzig bis hundert Meilen, da die Gründe, wie schon anfangs erwähnt wurde, alldort nicht selten so groß sind wie euer ganzes Kaisertum. Und da wächst auf einem solchen Grund selten mehr als entweder nur ein [Baum], und im reichsten Maße [wachsen] fünf bis zehn solcher Bäume, welche nur dann vermehrt werden, wenn eine Familie unter einem Baum nicht mehr Platz hat, aus welchem Grund dann zur Bewohnung der verwandten überzähligen Familie irgend auf dem Grund ein fernerer Baum angepflanzt wird.

9. Durch solche Familienversetzung werden dann auch die Gebirge bewohnt, was zwar die Saturnusbewohner nicht gar zu gerne tun. Denn ehe jemand seinen Wohnbaum auf einem Berg anpflanzt, da wendet er eher alles Mögliche an, um irgend an einem Ufer eine Stelle ausfindig zu machen, um da seinen Wohnbaum hinzupflanzen. Nur wenn dergleichen gar nicht mehr möglich ist, so wird auf die Berge gezogen, woselbst dann auch diejenigen Gegenden der Berge aufgesucht werden, die in ihrer Nähe eine oder mehrere Wasserquellen besitzen oder wo wenigstens der Regenbaum und die Bewässerungspflanze wohl gedeihlich

fortkommen. Freilich können sie alldort auf den Bergen keine große Kuh mehr halten, die ihnen gebe eine übersüße warme Milch, und müssen sich dafür mit der weniger süßen Milch der dort häufiger vorkommenden zahmen Gebirgsziege begnügen.

10. Und wenn sie die Milch von einer großen Kuh genießen wollen, da bleibt ihnen dann freilich nichts übrig, als sich in die Ebene zu ihren Anverwandten zu begeben und allda entweder durch den Austausch von heilsamen Gebirgskräutern oder durch irgendeine verrichtete Arbeit solche kostbare Milch gewisserart käuflich oder verdienstlich zu gewinnen. Da füllen sie dann die euch schon bekannten Gefäße an und gehen oder fahren damit nach Hause. Ihr werdet euch wohl noch des schon vorhin erwähnten Wagens erinnern, der da auf eine leichte Art verfertigt wird aus der euch schon bekannten Bewässerungsfrucht, welcher Wagen dann bei den Bewohnern der Ebenen auch nicht selten das Gebirgsschiff genannt wird.

11. Obschon aber da solche Wohnbäume sehr weit voneinander entfernt liegen nach eurem Maß, so sind sie aber dessen ungeachtet für den Saturnusmenschen nahe genug beisammen, da der Saturnusmensch fürs Erste seines Nachbars Wohnbaum trotz der großen Entfernung vermöge seines scharfen Auges noch allzeit sehr gut ausnehmen kann – und fürs Zweite stehen ihm seine langen Füße so zu Diensten, dass er eine Entfernung von etwa zehn Meilen mit der größten Leichtigkeit in dem Zeitraum einer Viertelstunde überschreiten kann. Und ist irgendein nachbarliches Haus weiter entlegen, da wird zu Schiffe gewandelt. Wie schnell da eine weite Reise zurückgelegt wird, ist schon bei der gestrigen Mitteilung erwähnt worden.

12. Es bleibt nur noch zu erwähnen übrig, ob das Wasser solcher Landseen stehe oder fließe. Es ist schon vorhinein erwähnt worden, dass das Wasser der Seen kein stehendes Wasser ist, sondern ein fließendes. Aber es ist so fließend, dass es nach allen möglichen Richtungen fließt; nur ist die Fallbewegung etwas geringer als auf den unmittelbaren Flüssen und Strömen. Jedoch um das Fließen eines solchen Sees recht zu verstehen, müsst ihr euch dasselbe so vorstellen, dass das Wasser eines solchen Landsees von seinem Mittelpunkt aus nach so vielen Richtungen strahlenförmig ausfließt, als es Arm- oder Seitenkanäle hat,

vermöge welchen es sich mit dem Wasser entweder anderer Landseen, Flüsse oder Ströme verbindet. Auch hier muss wieder ein Unterschied gemacht werden. In jene Kanäle, vermöge welcher es sich mit anderen Landseen verbindet, fließt das Wasser so, dass es z. B. auf dem linken Ufer von dem See A in den See B sich ergießt; allda wie durch einen langgedehnten Wirbel sich mit dem Wasser des Sees B wieder austauschend, es am rechten Ufer wieder eine rückgängige Bewegung macht, so dass ein Schiffer am linken Ufer von dem See A gegen Morgen fahren, während ein anderer am rechten Ufer von dem See B in den See A nach der wiederkehrenden Strömung des Wassers gelangen kann. Eine solche Wasserbewegung dürften eure Wasserbaukünstler wohl schwerlich zuwege bringen. Was aber jene Ausflüsse anbelangt, die da von einem See in einen Fluss oder Strom laufen, so haben sie keine Gegenbewegung, sondern fließen entweder von einem See in einen Fluss hinaus oder aber auch von einem Fluss in einen See hinein; was jedoch die Schifffahrt darum um nichts erschwert, weil alle Wasserbewegungen dort nur sehr ruhig sind und der schnellste Fall in einer Minute nicht mehr als zehn Klafter zurücklegt, bei ruhigerem Fall oft nur fünf bis ein Klafter. Und auch ist die Bewegung des Wassers nicht der Schifffahrt wegen bewerkstelligt, sondern allein der Bewegung selbst willen, damit die Wasser nicht faul werden und immerwährend durch solche kleine Bewegung einen wohltätigen Lebensaushauch bewirken.

13. Was die Majestät solcher Seen noch ums Bedeutende erhöht, sind die vielen weißen Steinkegel, die besonders in der Mitte solcher Seen häufig vorkommen, und das zwar aus dem Grund, weil das Wasser eines Sees in der Mitte gewisserart am ruhigsten ist und daher auch am leichtesten in die Fäulnis übergehen möchte. So ist dafür ganz vortrefflich gesorgt durch diese Steinkegel, an welchen das Wasser immerwährend eine kleine Brandung ausübt, sich dadurch reibt und wieder auffrischt durch die Erweckung der ihm innewohnenden Elektrizität. Auch sind diese Kegel nicht selten mit der euch schon bekannten Heilpflanze bewachsen, welche dann durch ihre außerordentlich wohlduftende, ätherische Lebensaushauchung die Oberfläche eines solchen Sees unendlich erquickend machen, darum auch von den Saturnusbewohnern sehr häufig zu solchen Kegeln hingeschifft wird.

14. Vorzüglich herrlich nehmen sich oft ganze Gruppen von Tausenden solcher Kegel aus. Wenn ihr sie sehen möchtet, ihr würdet dann glauben oft eine der größten Städte auf dem Wasser zu erblicken, gegen die euer Venedig eine wahre Kinderspielerei wäre; denn ein solcher Steinkegel hat nicht selten einen Umfang von ein, zwei bis drei Meilen und eine Höhe von zwei-, drei- bis viertausend Klafter. Da wäre auf einem abgestumpften Kegel hinreichend Platz, um eine große Stadt darauf zu bauen. Nun denkt euch erst eine Gruppe von solchen Kegeln, so könnt ihr euch schon einen Begriff von der Größe einer solchen See-Kegel-Stadt machen.

15. Die Saturnusbewohner verwenden auch recht viel Fleiß dazu, einen oder den anderen Kegel durch ihren Meißel bewohnbar zu machen; oder sie hauen Stufen in denselben bis zur Spitze hinauf und vergnügen sich auf solchen zubereiteten Kegeln oft tagelang. Sehr große Kegel werden oft so ausgemeißelt, dass sie dadurch mehrere Stockwerke bekommen, die da bewohnbar sind. Den Aufweg zu den höheren Stockwerken bewerkstelligen sie durch eine Art nach außen herum ausgehauener Ringtreppe, vermöge welcher sie dann in ein höheres Stockwerk gelangen können. Zu solchen Wohnungen aber bearbeiten sie nur die pflanzenlosen Kegel. Denn einen bepflanzten Kegel halten sie für eine Art Heiligtum und würden der Meinung sein, sich förmlich zu versündigen, so sie den Meißel an einen solchen Kegel ansetzen würden, wenn sie nicht darüber dann und wann von Engelsgeistern belehrt würden, dass eine solche Handlungsweise durchaus keine Sünde sei, wohl aber eine Unklugheit, so sie eine solche edle Pflanze durch ihren Meißel verderben möchten. Und so lassen dann die Bewohner des Saturnus solche bepflanzten Kegel im Wasser aus bescheidener Klugheit verschont. Die Spitzen und Kanten der bewohnbar zugerichteten Kegel aber werden auf das Geschmackvollste mit allerlei Blättern und den euch schon bekannten Fahnen geziert. Und so sieht eine solche Kegelgruppe in der Mitte eines solchen ruhigen Wasserspiegels selbst für die Saturnusbewohner ungemein herrlich aus. Euch würde ein solcher Anblick auf längere Zeit ganz stumm machen.

16. Was die Schönheit einer solchen Wassergegend oder vielmehr Wasserkegelstadt noch mehr erhöht, sind fürs Erste die vielen Schiffe,

die sich allda aufhalten, und dadurch der lebhafte Familienverkehr; ferner aber auch die Menge von den verschiedenfarbigen, großen Schwimmvögeln, welche da, den Schwänen gleich, die Spiegelfläche des Wassers zwischen diesen Steinkegeln beleben und durch ihren mannigfaltigen Gesang weitgedehnte Wasserpartien bereizen. Diese Vögel müsst ihr euch etwa nicht von der Größe eurer Schwäne vorstellen, sondern da ist ein solcher Vogel oft so groß wie ein kleines Schiff; darum auch die Saturnusbewohner sich nicht selten des Vergnügens wegen auf den Rücken solcher Schwimmvögel setzen und lassen sich da eine Zeit lang nach allen Richtungen schnell herumtragen. Diese Vögel richten die Saturnusbewohner auch nicht selten als Wasserzugtiere ab und spannen sie vor ihre Schiffe, wo dann eine solche Seereise ganz nach eurem Ausdruck märchenhaft aussieht, wenn vor einem Schiff einige hundert solcher Vögel vorausschwimmen und das Schiff nach sich ziehen. Allein eine solche Schifffahrt gehört doch auch nur zu den Vergnügungen und wird nicht im Geschäftsstil angewendet; denn der Saturnusbewohner ist zu mitleidig gegen alle Geschöpfe, als dass er sie zu einem harten Dienst verwenden möchte, da er ohnedies mit der Kraft seines Willens und seines Glaubens überall auslangt.

17. Das ist nun alles von den Landseen – bis auf das Tierreich nämlich und namentlich auf die oft wunderbar gestalteten Wassertiere, davon nächstens angefangen wird. Erweckt auch hier ein wenig eure Phantasie, und ihr werdet der Wunder hinreichend erblicken. Weiteres und ferneres wird euch, wie gesagt, nächstens mitgeteilt werden. Und daher für heute Amen.

Kapitel 13

Meeresufer und Gezeiten. Entwicklung der Tierwelt. Die Riesenmuschel

1. Nachdem wir nun das Land so ziemlich haben kennengelernt, vermöge alles dessen, was die Bildung des Landes selbst anbelangt, und so auch der Vegetation und den Wässern nach, und wie alles dieses ist zu seinem guten Gebrauch [dient], so wollen wir uns nun aus dem Reich der elementarisch-metallischen Vegetabilien- und Wasser-Sphäre, welche die erste Unterlage des Tierreiches ist, zum Reich der Tiere selbst wenden.

2. Bevor aber wir noch uns zu den eigentlichen Tieren selbst wenden werden, wird es noch notwendig sein, ein wenig die Meeresufergegenden, als die Hauptbehausung des allermannigfaltigsten Tierreiches, zu besichtigen. Auf eurer Erde sind zuallermeist die Meeresufergegenden auch mit seltener Ausnahme diejenigen Teile der Ländereien, welche zuallermeist bevölkert sind; darum, weil sich über das Wasser und selbst an den Ufern des Wassers leicht Handel und Verkehr treiben lässt, vorausgesetzt, dass die Meeresufer nicht etwa lang gestreckt aus lauter Klippen bestehen oder sonst voll Sand und Schlamm sind. Allein nicht also verhält es sich mit den Meeresufergegenden unseres Planeten, allda wenigstens nach euerem Maß vierzig Meilen landeinwärts kein Mensch mehr wohnt, und das zwar aus folgendem Grund, weil in solcher Niederung des Landes bis auf vierzig Meilen landeinwärts niemand sicher ist vor einer plötzlichen Überflutung. Denn wie das Meer auf eurer Erde einer periodischen Flut und Ebbe unterworfen ist, umso mehr ist solches der Fall bei einem so großen Planeten, da die Flut sich auch in demselben Verhältnis, ja zuweilen höher erhebt, in welchem Verhältnis dieser ganze Planet und all die Dinge zu der Erde und allem dem, was darauf ist, stehen.

3. Ich sagte zu der jeweiligen Überflutungszeit darum, da dieselbe auf diesem Planeten nicht allzeit eine gleiche Höhe erreicht. Hievon ist folgender Grund: Weil denn doch sieben Monde einen bedeutenden Einfluss haben auf den Planeten selbst, so geschieht es in jenen Zeiten,

wo alle sieben Monde zufolge ihrer ungleich schnellen Bewegung auf einer und derselben Seite des Planeten zu stehen kommen, dass dadurch das dortige Meerwasser dann mehr als gewöhnlich emporgehoben wird. Wo nur, wie bei euch, ein Mond einen Planeten umkreist, da wäre es freilich wohl unklug, die Flut und Ebbe dem Mond zuzuschreiben, obschon er dessen ungeachtet einen unbedeutenden Einfluss ausübt. Allein dieser ganze Einfluss beträgt auf der Erde bei sechs Fuß naturgemäßer Steigerung des Meeres kaum einen Zoll als Mithilfe. Aber bei einem Planeten wie der Saturnus macht das über die naturgemäße Erhöhung des Meeres einen bedeutenden Ausschlag. Denn nehmt ihr da auch die verhältnismäßigen sieben Zoll, zufolge dessen, dass ein jeder Mond dem der Erde gleich um einen Zoll das Wasser zu erheben hilft, so müsst ihr aber doch diesen Zoll in eben dem Verhältnis nehmen, in welchem Verhältnis alles Übrige des Saturnus zur Erde steht. Und da werdet ihr alsbald zu dem Resultat gelangen, dass die sieben Zoll nach Abzug aller anderen ordnungsgemäß wirkenden Ursachen gar leicht einen Ausschlag von siebzig Klaftern geben. Und nehmt ihr dazu noch die gewöhnliche Steigerung des Saturnus-Meerwassers zur Zeit der Flut um sechzig Klafter an, so werdet ihr daraus alsbald leicht gewahr werden, wie hoch das Wasser des Meeres manchmal an den Ufergegenden zu stehen kommt.

4. Wenn der Ring über dem Meer nicht eine so wohltätige Wirkung über das Gewässer des Meeres ausüben möchte, so wäre bei solcher hochflutenden Gelegenheit des Meeres sogar das innere Flach- und Niederland auf tausend und tausend Meilen weit gefährdet. Allein durch die anziehende Kraft des Ringes geschieht hier bei Gelegenheit der Flut diese merkwürdige Erscheinung, dass alldort das Meereswasser selten weiter als vierzig Meilen landeinwärts dringt; denn es bildet das Meer bei der Gelegenheit der Flut unter dem Ring förmliche Wasserberge. Und so zieht sich das Wasser vielmehr in diese Berge zusammen, als dass es allzu weit eindringen möchte in das Land.

5. Diese Wasserberge haben eine große Ähnlichkeit mit den Wasserhosen bei euch, nur mit dem Unterschied, dass sie eben vermöge der anziehenden Kraft des Ringes nicht selten zu der schauerlichen Höhe von einhundert Meilen emporwachsen, welche hohe Flutzeit dann auch

für die Schifffahrt so gut wie ganz vollkommen untauglich ist. Denn wird ein Schiff von einem solchen wachsenden Wasserberg ergriffen, so wird es mit einer unbeschreiblichen Heftigkeit und Schnelligkeit in die Höhe gehoben; und hat es den höchsten Gipfel erreicht, so wird es dann vermöge solcher Wurfkraft so hintangeschleudert, dass da von einer glücklichen oder unversehrten Zurückkunft gar schwerlich mehr die Rede ist. Dann und wann wird auf manchen Stellen die Auftürmung so gewaltig, dass sie beinahe bis an den Ring hinaufreicht; allein dies geschieht nur äußerst selten.

6. Dessen ungeachtet aber sind selbst die unbedeutendsten Auftürmungen des Meeres alldort den Schiffern schon sehr gefährlich, weil bei solcher Auftürmung das Wasser des Meeres allzeit einen für euch unbegreiflich schnellen Wirbel oder Dreher macht. Kommt da jemand mit seinem Fahrzeug in den Bereich eines solchen tanzenden Wasserberges, so wird es anfangs, da der Wirbel noch langsamer geht, auf die Wasserhöhe hinaufgezogen. Und da das Drehen sich immer potenziert, je höher und höher das Wasser steigt, so geschieht es dann auch, dass irgendein mitgerissenes Fahrzeug mächtig weit hintangeschleudert wird, oder es wird auch durch die Gewalt des drehenden Wassers leichtlich zertrümmert. Denn der Durchmesser eines solchen Berges, auch nur von der mittleren Größe, beträgt auf der Fläche nicht selten zwanzig bis fünfzig Meilen, in der Mitte oft noch zehn bis zwanzig Meilen und an der Spitze ein bis zwei Meilen. Die Drehung des Wassers aber in der Mitte eines solchen Berges ist schon von solcher Schnelligkeit, dass es den Weg herum in vier bis fünf Minuten zurücklegt und auf der Spitze gar in ein oder längstens eineinhalb Minuten. Nun könnt ihr euch schon die Wurfkraft eines solchen Berges denken! Wenn das Schiff sich gerade irgendwo auf der Meeresfläche befindet, da gerade unter dem Schiff sich die Spitze eines Berges zu bilden anfängt, so ist das der erste Fall, wodurch dann irgendein Schiff in die schauerliche Höhe hinaufgeworfen wird. Und kommt aber das Schiff an den Wirbelfluss eines solchen Berges, so wird es zu einer gewissen Wasserschnelle gehoben und von da alsbald weitmächtig hintangeschleudert.

7. Nun seht, das war vor der Erklärung des Tierreiches notwendig noch zu beachten; denn fürs Erste wird daraus ersichtlich, warum die

Ufergegenden des Saturnus-Meeres unbewohnbar sind. Fürs Zweite aber wird hier in diesem großen Naturakt die erste Produktion des Tierreiches gezeigt; denn dadurch geschieht ein großartiger Begattungsakt vermöge welchem die atomischen Äthertierchen ins Wasser aufgenommen werden, darin sie sich dann von Klasse zu Klasse reproduzieren, bis sie dann zu jener Stufe gelangen, die ihr auf eurer Erde Amphibien nennt, welche Tierklasse auch auf diesem Weltkörper den ordnungsmäßigen Übergang von den Wassertieren zu den Landtieren bildet. Und also ist dann auch all das Uferland gewisserart die erste Stufe, auf welcher vermöge der stufengerechten Fortbildung die Seetiere an das Land vom Wasser selbst übersetzt werden; und so wir also das Tierreich alldort betrachten wollen, so müssen wir es ja auch ordnungsgemäß dort zu betrachten anfangen, wo es eigentlich seinen Ursprung nimmt.

8. Das Wasser des Meeres ist demnach die erste Wohnstätte der Tiere. Welche Tiere erblicken wir aber zuerst in diesem Weltkörper, und zwar in dessen Meergewässern? Auch alldort ist die Ordnung dieselbe wie auf der Erde.

9. Die erste Tiergattung alldort besteht in einer zahllosen Menge von außerordentlich kleinen, weißen Würmchen, welche so klein sind, dass in einem gewöhnlichen Tropfen Millionen derselben hinreichenden Platz haben. Die zweite Gattung ist eine Art größerer Würmer, die schon mit zwei Armen versehen sind. Diese sind schon sichtbar dem Auge der Saturnusbewohner. Ein solches Tierchen der zweiten Stufe verzehrt in einer Sekunde schon viele tausende der ersten Gattung und assimiliert dadurch derselben Leben dem seinigen. Die dritte Stufe ist eine Art länglicher grauer Würmer, etwa von der Größe wie eure Essigaale. Diese Tiergattung ist sehr gefräßig und nährt sich von den beiden unteren Klassen und assimiliert dadurch deren Leben dem seinigen. Die vierte Klasse ist eine Gattung Wurm, der da zwei Köpfe hat, und hat schon eine Länge von einer Linie, und wird gegen die Mitte dicker, so, dass seine Gestalt wird gleich einem Kipfel. Dieses Tier verzehrt nur seine Vorgänger. Und die nächste Klasse nach ihm fängt sich schon an zu unterscheiden dem Geschlecht nach, während bei den vorhergehenden Gattungen noch kein Geschlechtsunterschied stattfindet. Dieses Tier aber ist vermöge seiner zwei Köpfe schon so bestellt, dass es

gewisserart das männliche und weibliche Wesen in sich vereinigt, was da zu ersehen ist aus seinen zwei Köpfen. Die nächste Gattung besteht schon in einer Art vierarmiger, rötlicher Käferchen. Dieses Tier hat schon alldort die sichtbare Größe von etwa zwei Linien der Länge und eine halbe Linie der Leibesbreite nach. Dieses Tierchen ist ein Vielfraß, denn es frisst alle seine vorhergehenden Gattungen in einer Unzahl und assimiliert sich dadurch ihr Leben. Und so gehen bei tausend Stufen immer eins in das andere über, bis sie erst in die Gattung der dortigen Schaltiere aufgenommen werden.

10. Die Gattungen der Schaltiere sind ebenso reichhaltig, und kommt da zuerst eben auch die Muschel und dann erst die Schnecke zum Vorschein.

11. Unter den Muscheltieren ist alldort vorzugsweise die große blaue Riesenmuschel zu bemerken, welche nicht selten so groß wird, dass wenn sie auf eurer Erde sich irgend in einem Meer befinden würde, sie mit allem Recht für eine Insel mit einem Flächenraum von ein bis eineinhalb Quadratmeilen gelten könnte. Diese Muschel ist aber auch die letzte Stufe der Muscheln; ihr Tod ist eine Menge kleiner Schnecken, welche, sobald sie dann und wann, um Nahrung zu nehmen, sich in sie hineinbegeben, unsere arme Muschel von allen Seiten zu benagen anfangen. Wenn dann die Muschel auf diese Weise aufgezehrt wurde, so wird die Schale dann nicht selten bei Gelegenheit der Flut und Ebbe entweder auf eine kleinere Insel oder auch an das uns schon bekannte Landesufer hinausgeworfen, allwann dann nicht selten die Bewohner des Saturnus herbeikommen und solche für sie sehr kostbare Muscheln sammeln und sie in ihre Gegenden bringen. Diese Muscheln werden dann gewöhnlich so in die Erde hinein befestigt, dass zwischen den beiden Muscheln, oder eigentlich den beiden Schalen der Muschel mehrere schon bekannte Regenbäume eingepflanzt werden, woselbst dann in diese weiten Muschel-Bassins das Baumregenwasser am allerwirtschaftlichsten aufgesammelt wird.

12. Die Außenseite einer solchen Riesenmuschel ist eben nicht besonders schön, sie hat eine dunkelgrüne Farbe; aber desto imposanter ist die Innenseite, denn diese sieht geradeso aus, als so ihr poliertes Gold möchtet mit einer schönen azurblauen Farbe überziehen. Daher

ein solches Muschelwasserbecken, wenn es von den Regenbäumen angefüllt worden ist, sich alldort auch außerordentlich herrlich ausnimmt,
in welchem Wasser sich besonders die Saturnusbewohner sehr gerne
baden; fürs Erste, weil dieses Wasser die höchste Reinheit hat, und fürs
Zweite, weil es auch von einem ätherischen Wohlgeruch gesättigt ist,
ungefähr so wie bei euch das Nardusöl riecht, welches auf eurer Erde zu
den wohlriechendsten gehört.

13. Ihr werdet wohl fragen, aber wie bringen die Saturnusbewohner
eine solche ungeheure Riesenmuschel von der Stelle? Dieses geschieht
alldort auf eine ganz einfache Art. Fürs Erste ist die Muschel nicht so
schwer, wie ihr es euch vorstellt, denn allda unter dem Ring sind überhaupt die Gegenstände nicht so schwer wie auf irgendeinem anderen
Teil, entweder der südlichen oder nördlichen Breite dieses Planeten.
Und so geschieht es denn, dass die Bewohner dieses Planeten eine solche Muschel, wenn sie irgendeine finden, alsbald mit ihren vielseitig an-
gebrachten Keilen und Hebeln öffnen, sie dann sorgfältig ausräumen,
hierauf wieder zuschließen und am Schluss rundherum überall die Öffnungen sorgfältig mit einer eigenen Art Wasserpaste verkleistern. Alsdann warten sie mit ihren Schiffen eine kleine Flut ab. Diese hebt dann
die Muschel, welche sie vermöge eines starken Bandes an ihr Schiff be-
festigen, wonach dann die Fahrt irgend auf einem Fluss landeinwärts
mit einer solchen Schnelligkeit beginnt, von der ihr euch nicht leichtlich
einen Begriff machen könnt. Denn eben bei solchen Gelegenheiten
macht der Saturnusmensch seine vollste Willensdampfkraft geltend;
daher es auch nicht wundern darf, wenn die Saturnusbewohner nicht
selten Gegenstände von einem Ort zum anderen befördern, vor deren
Größe und Last euch schaudern würde – was zu seiner Zeit, wie auch
bei mancher Gelegenheit, noch deutlicher gezeigt wird.

14. Nächstens wollen wir das Reich der Tiere näher verfolgen und
daher für heute Amen.

Kapitel 14

Die Stangenschnecke. Die Pyramidenschnecke. Die
Scheibenschnecke. Letztere liefert Mantel, Salbe und
Gartenschmuck der Patriarchen

1. Nach dieser eben beschriebenen und erklärten Riesenmuschel
kommen dann, wie schon gesagt worden ist, die Schnecken, vorzugsweise fürs Erste diejenigen, welche in den Gewässern vorkommen, und
dann erst diejenigen mehr ausgebildet dem eigentlichen Leibeswesen
nach, die da vorkommen auf dem Land.

2. Es gibt aber wieder in den Wässern alldort tausend Gattungen
der Schnecken, wo immer die Gattungen so ineinander geordnet sind,
dass da nach eurem Kunstausdruck in metaphysischer Hinsicht eine aus
der anderen hervorgeht. Besser wäre der Ausdruck, so ihr sagen möchtet: in der lebensvermehrenden Hinsicht.

3. Was die früheren Gattungen der Schnecken betrifft, so sind diese
fürs Erste für euer schaulustiges Auge zu wenig von einigem bedeutenden Interesse, obschon sich über jede unerschöpfliche Bände von Büchern schreiben ließen; und fürs Zweite würdet ihr auch nur bei einiger
auseinandersetzenden Beschreibung mit der Menge nicht fertig. Daher
wollen wir auch von diesen Schaltieren nur diejenigen letzten Gattungen hervorheben, die für euch von besonders ausgezeichnetem Interesse sein können. Und so sind für euch bloß die letzten fünf Gattungen
näher zu bestimmen und zu erörtern, des wunderbaren Interesses wegen, notwendig.

4. Die erste dieser fünf letzten Gattungen ist die sogenannte Stangenschnecke, und [sie ist] darum besonders merkwürdig, weil das Gewinde dieser Schnecke sich gleich einer langgedehnten Schraube ver-
ähnlicht, welches so aussieht, als wenn ihr eine zehn Klafter lange
Stange zu einer Schraube umwandeln ließet, oder, noch besser bezeichnet, als wenn ihr um diese Stange ein langes Seil so umgewunden hättet, dass da ein Gewinde sich an das andere von unten an bis oben fest
anschließen möchte. Nur müsst ihr euch die Stange nicht etwa allzu
dünn vorstellen, sondern so, dass sie zuunterst an der dicksten Seite

einen Durchmesser von fünf Fuß hat und also dann gespitzt zuläuft, und auch die Gewinde in diesem Verhältnis immer dünner werden. Auf eurer Erde könntet ihr eine solche Schnecke eher eine Art gewundenen Obelisken nennen. Allein die Benennung Stangenschnecke ist hier darum gegeben, weil dieses Tier von den Saturnusbewohnern so benannt wird.

5. Ihre Außenfarbe ist von der wahrhaft wunderbarsten Schönheit; denn an der dicksten Seite ist sie ganz vollkommen so rosenrot, als wenn ihr fein poliertes Silber mit eben dieser Farbe überziehen möchtet. Gegen die Spitze aber wird sie immer dunkler rot, mit demselben metallischen Schimmer, so dass sie alle Rosenfärbungen vom blassesten bis zum dunkelsten Rot durchmacht. Aber nicht nur allein diese Farbe ist die alleinige Pracht dieser Schnecke, sondern die Verzierung des Gewindes. Denn der langgewundene Bauchgürtel dieser Schnecke ist durchgehends so geziert, als wenn ihr denselben in der schönsten Ordnung mit immer größeren und größeren Perlen verziert hättet. Und der Graben zwischen den Bauchgewinden aber ist geziert mit einem goldenen Band, welches an und für sich noch die schönsten Arabesken-Figurationen (nach eurem Ausdruck) enthält. Also alsdann ist das Haus dieser Schnecke beschaffen.

6. Das innewohnende Tier ist weniger interessant, denn es besteht bloß in einem polypenartigen Wurm, versehen mit vier Fress- oder Saugrüsseln. Seine Nahrung sind kleine Schnecken wie auch kleinere Muscheln, welche dieses Tier mit dem untersten seiner Saugrüssel erhascht, dann zerdrückt und sodann solche zerquetschte Speise in den sogenannten Fressrüssel steckt. Mit den anderen zwei Rüsseln aber laviert dieses Tier bloß um sich herum, ob es nicht irgendetwas zu fressen gibt und ob sich nicht auch etwa zugleich ihm einige feindselig gesinnte Nachbarn nähern. Wenn solches der Fall ist, da zieht sich dieses Tier alsbald in sein schönes Haus zurück und verschließt den Ausgang alsbald mit einer weißlichen Kruste. Jedoch häufig nützt ihm diese Vorsicht nichts; denn seine Feinde bestehen in einer später zu beschreibenden Art Schwertkrebsen, welche diese Kruste bald durchstoßen, und dann als Räuber in das Haus dieses Tieres dringen und das arme Tier nach und nach bis auf den letzten Tropfen aufzehren, welche Krebse aber dann

doch wieder selbst ein Raub von einer anderen, größeren Schnecke werden, von der bald die Rede sein wird.

7. Die Bewohner des Saturnus sammeln die Schalen dieser Stangenschnecken und verzieren nicht selten damit ihre Gärten. Manchesmal aber benutzen sie solche Schnecken zu Wasserleitungen. Wo das Wasser auf irgendeiner bedeutenden Höhe entspringt, da fangen sie mit der Mündung der Schnecke das Wasser auf, schlagen auf dem dünnen Teil die Spitze ab, und so strömt hier das Wasser natürlicherweise mit bedeutender Heftigkeit heraus. Unter dieser Mündung setzen sie wieder eine zweite Schnecke mit der breiten Mündung und so fort, dass sie auf diese Weise dann nicht selten das Wasser viele Meilen nach Belieben irgendwohin bergabwärts leiten. Dass eine solche Wasserleitung nicht uninteressant anzusehen ist, mögt ihr euch wohl vorstellen.

8. Die nächste Gattung Schnecken ist die sogenannte Pyramidenschnecke. Ihre Farbe ist ganz einförmig grasgoldgrün, und der Bauchgürtel ist mit verhältnismäßig großen, schneeweißen, eiförmigen Flächen geziert, deren Rand so verbrämt ist, als so ihr eine solche alabasterne Tafel möchtet in einen verhältnismäßig blank polierten, goldenen Rahmen fassen. Die Schnecke ist sehr groß, und wenn ihr sie auf der breiten Seite hier auf der Erde irgendwo aufstellen möchtet, so dürfte sie mit ihrer Höhe wohl um ein Bedeutendes euren Stadtschloßberg beschämen. Dieses in diesem Hause inwohnende Tier sieht der Farbe nach ganz dunkelgrau aus und hat gleich einem ungeheuer großen Elefanten einen weit um sich greifenden, überaus starken Rüssel, zu dessen beiden Seiten zwei andere, schwächere Rüssel hinausgeschoben werden, auf deren äußersten Enden ein scharfsehendes Auge sitzt. Zuunterst hängt im Falle einer Bereisung der Meeresfläche diese Schnecke auch ein Paar weißliche und starke Ruder hinaus, vermöge welcher sie dann auf der Oberfläche des Meeres eine ziemlich schnelle Bewegung zu machen imstande ist. Wenn sie so auf dem Meer fährt, hat sie ihr Haus nach oben gekehrt, dass da eine solche fahrende Schnecke in einiger Entfernung sich ausnimmt wie eine auf der Oberfläche des Meeres schwimmende Pyramide.

9. Diese Schnecke ist ziemlich bösartiger Natur und fällt auch Menschen an, die sie da mit ihrem Rüssel umwindet, erdrückt und alsbald in

ihren weiten Rachen steckt. Allein die Saturnusbewohner kennen ihre Art gar wohl und sind daher schon allzeit gerüstet, wenn sie auf ihren Fang ausgehen. Denn da haben sie eine lange Schlinge und warten mit derselben auf die ziemlich schnell herbeieilende Schnecke, werfen dann die Schlinge um ihren weit hervorstehenden Rüssel, ziehen solche schnell zusammen und die Schnecke ist dann schon so gut wie für alle Zeiten gefangen. Denn da diese Schnecke alldort schon ein atmendes Tier ist und den Atem durch den Rüssel einzieht, so erstirbt sie auch sehr bald, wenn sie nicht mehr zu atmen vermag. Die Bewohner merken ihren vollkommenen Tod dadurch, so sie aus ihrem Rachen anfängt einen weißlichen Saft zu lassen; denn solcher Saft ist dann schon ein Zeichen der inneren, alsbald begonnenen Verwesung.

10. Die Bewohner des Saturnus sammeln solchen Saft sehr emsig auf, seines außerordentlichen Wohlgeruches wegen, welcher ums Unvergleichliche eure Ambra übertrifft. Hat nun dann eine solche Schnecke aufgehört ihren Saft von sich zu lassen, alsdann lassen sie die ganze Schnecke wieder aus, und alsbald findet sich eine Menge Meeresungeziefer, welches eine solche Schnecke in wenigen Tagen rein verzehrt, d. h. bis auf die harte Schale, welche bei dieser Schnecke sehr fest und massiv ist, so zwar, dass an der breiten Ausmündung die Schale nicht selten vier bis fünf Klafter dick ist. Wenn nun auf diese Weise die Schale geräumt ist, so wird diese von den Saturnusbewohnern aus dem Meer herausgeholt, und zwar zur Zeit der Ebbe, der Meeresniederung, und wird dann auf dieselbe Weise wie die große Muschel an Ort und Stelle geschafft.

11. Diese Schnecke nährt sich vorzüglich von der schon früher erwähnten Art der Schwertkrebse, deren es eine Menge von den verschiedensten Größen gibt. Jedoch größer ist keiner als der sogenannte Meerkrebs bei euch. Aber kleiner wird dieses Tier häufig angetroffen, und oft so klein wie bei euch ungefähr eine Heuschrecke. Wann macht aber diese zweite oder Pyramidenschnecke einen solchen Haupt-Schwertkrebsen-Fang? Solcher Fang geschieht, wenn diese Krebse oft gerade am sorgfältigsten beschäftigt sind, um eine schon früher bekanntgemachte Stangenschnecke aufzuzehren. Wenn da die Pyramidenschnecke ein mit solchen Krebsen gefülltes Stangenschneckenhaus

antrifft, umwindet sie dasselbe mit ihrem Rüssel und begibt sich damit an ein Ufer, legt dann das Stangenschneckenhaus mit der breiten Seite aus dem Wasser. Wenn so die Krebse sich außer Wasser befinden, da fängt dann einer nach dem anderen an, aus der Schnecke zu kriechen, bei welcher Gelegenheit auch einer nach dem anderen unfehlbar aufgezehrt wird. Und so sind diese Krebse gewisserart eine Mittel-Leben-sammelnde-Tierklasse, vermöge welcher dann das Leben einer Schnecke potenziert in das Leben einer anderen übergeht. Und so gibt es zwischen einer jeden größeren Tiergattung eine kleinere, welche gegen eine frühere große Gattung sich feindselig verhält, aber von einer nachfolgenden größeren Gattung alsbald wieder als eine wohlschmeckende Speise verzehrt wird.

12. Die dritte Gattung der hier vorkommenden Meeres-Schnecken ist die sogenannte Scheibenschnecke. Diese Schnecke hat viel Ähnlichkeit mit eurer sogenannten Nautilusschnecke; nur ist natürlicherweise eure Nautilusschnecke fürs Erste ums Unvergleichliche kleiner und fürs Zweite ist sie im Verhältnis zu ihrer beiderseitigen Plattform viel dicker als diese Scheibenschnecke auf unserem Planeten Saturnus zu ihrer Plattform. Die Scheibe dieser Schnecke hat nicht selten einen Durchmesser von hundert bis hundertundzwanzig Klaftern. Diese Schnecke befindet sich besonders zur Zeit der Flut im Grund des Meeres, zur Zeit der Ebbe aber schwimmt sie allzeit auf der Oberfläche desselben.

13. Wenn sie im Grund des Meeres liegt, da schiebt sie einen langen Rüssel weit über die Oberfläche des Wassers hinaus, um Atem zu holen; und es wird dadurch sehr leicht ihr Stand ausgemittelt, bei welcher Gelegenheit sie dann auch gewöhnlich gefangen wird – es versteht sich von selbst nur in einer mittleren Flutzeit; denn in einer Sturmflut wagt sich kein Saturnusbewohner auf das Meer. Ihr möchtet vielleicht denken, warum diese Schnecke nicht vielmehr zur Zeit der Ebbe, da sie auf der Oberfläche des Meeres schwimmt, gefangengenommen wird. Allein da ist dieses Tier durchaus nicht zu fangen, fürs Erste, weil es außerordentlich schnell über die Oberfläche des Meeres dahinfährt und somit nicht leichtlich eingeholt werden kann, fürs Zweite aber, wenn sie auch eingeholt werden könnte, so kann niemand diese Scheibe ergreifen, dieweil diese an und für sich sanfte Schnecke bei der leisesten

Berührung alle ihre Extremitäten sogleich einzieht und sich vermöge eines ins Wasser hineingehenden Ruders so schnell zu drehen anfängt, dass da auch niemand wagt, dieses große, schnelldrehende Rad anzugreifen.

14. Wie sieht denn eigentlich diese für euch gewiss überaus merkwürdige Schnecke aus? Fürwahr sage Ich euch: Ihr mögt euch in alle möglichen noch so wunderbare Phantasien versenken, so wird es euch dessen ungeachtet zur reinsten Unmöglichkeit, sich nur irgendein allerleisestes Bild von der Schönheit dieser Schnecke zu machen, aus welchem Grund die Saturnusbewohner auch nicht selten, mit vielen Gefahren kämpfend, sich einer solchen Wunderschnecke zu bemächtigen suchen.

15. Diese Schnecke bildet, was ihr Haus betrifft, einen ganz vollkommenen Kreis; denn die Mündung ist so länglich verloren an die flachen Vorgewinde angebracht, dass sie ungefähr ein Drittel des ganzen Kreises einnimmt. Und die Öffnung, bei welcher diese Scheibenschnecke mit ihrem Leib und ihren wunderbaren Extremitäten nach Willkür hinausragt, ist kaum etwas über eine halbe Klafter weit. Und der trichterförmige Rand dieser länglichen Mündung ist überall so gut und fein eingerundet, dass er dem ganzen Haus nicht nur kein zerrüttetes oder unvollständiges, sondern ein überaus prachterhöhendes Aussehen gibt.

16. Wie sieht denn nun dieses Haus aus? Seht und erstaunt auch in eurem Inneren! Dieses Haus hat dem Äußeren nach das wunderbare Aussehen, als hätte dasselbe der allerkunstfertigste Juwelier überaus mannigfaltig wohlgeordnet mit den verschiedensten Sorten der edelsten Steine besetzt. Und da läuft eine Reihe herum, als wären es lauter Diamanten von einem Gewicht auf eines zu einem Pfund. Eine an diese sich anschließende Reihe besteht also wieder aus lauter Rubinen, von gleichem Gewicht. Eine andere wieder aus lauter Smaragden, und so weiter durch alle zwölf Stufen der Hauptedelsteine durch. Zwischen einer jeden solchen Stein-Bordüre ist ein freier Raum, der da aussieht wie ein breites, goldenes Band. In diesem Band sind in ganz erhabener Form die wunderschönsten Zeichnungen angebracht, welche gewisserart bildlich die ganze vorhergehende Summe der Tiergattungen getreulich abbilden, all deren Leben in dieser Schnecke vereinigt ist.

17. Das Ende des Schneckenhauses schließt eine aufrechtstehende, aus klafterhohen kleinen Goldsäulen bestehende Galerie, welche so aussieht, als hätte um ein solches Rad oder um einen solchen Rundgrund ein geschickter Bildhauer ein solches Geländer angefertigt, dessen Stäbe künstlich verfertigte kleine Stangenschnecken wären, welche zuoberst mit lauter fein gewundenen Bögen verbunden wären. Die Stäbe sind nach der Art goldgefärbt, wie die Stangenschnecke selbst. Die gewundenen Bögen aber sind so gut und, Ich sage hier, besser als blankes, überaus fein poliertes Gold. Über einem jeden Bogen ist noch künstlich angebracht die Form in kleiner Gestalt von einer Pyramidenschnecke mit der ihr ureigentümlichen Farbe. Das Geländer wird nur an der Stelle der Ausmündung der Schnecke sukzessiv niederer und hört an der Stelle, da dieses Tier seine Hauptextremitäten von sich hinauszuschieben pflegt, ungefähr eine Stelle von fünf Klaftern lang unterbrochen, ganz auf.

18. So sieht einmal die obere Fläche dieser Schnecke aus. Die Seitenwand, die da etwa, wie schon bemerkt wurde, bei drei Klafter dick, breit oder hoch ist, sieht geradeso aus wie eine rundgeführte Kolonnade von Säulen zu zwei Klaftern Länge. Die Säulen sind durchgehend blendend weiß und haben nicht etwa Postamente und Kapitäler, sondern sie gehen gerade von der unteren, vorspringenden Fläche zu der oberen empor. Der Hintergrund aber hinter den weißen Säulen ist also hell gefärbt und gleicht vollkommen einem Regenbogen. Der längliche Kanal oder vielmehr die längliche Mündung der Schnecke ist so vollkommen rot, wie bei euch manchesmal die Wolken im Abendrot, und hat auch zugleich ein eigenes phosphorisches Leuchten, welches besonders zur Nachtzeit sich nicht minder hell ausnimmt wie ein von der späten Sonne beleuchtetes Wölkchen.

19. Wie sehen denn die Extremitäten aus? Diese Schnecke spannt da, einem schönen Pfauenfedern-Rad gleich, eine Art rundes Segel aus, welches ihr dann dazu dient, entweder, wenn da auf der Meeresfläche Winde wehen, dass sich diese darin wie in einem Segeltuch fangen und dann die Schnecke außerordentlich schnell über die Oberfläche des Wassers hintreiben. Ist aber Windstille, so fächert sie mit diesem großen Radsegeltuch so behände die Luft, dass sie sich dann auf diese Art

ebenfalls sehr schnell über die Oberfläche des Meeres bewegen kann, welche Bewegung durch Hilfe der unteren, ins Wasser hinabreichenden Extremitäten außerordentlich beschleunigt wird.

20. Dieses ausgespannte Rad sieht gar wunderbar schön aus. Seine Farbe ist blassviolett. Seine Verbrämung herum ist ganz glänzendrot wie also selbstleuchtend, wie Wölkchen in der Abendröte. Das ganze Rad ist regelmäßig in Fächer abgeteilt, davon ein jeder Fächer mit einer überaus wohlgelungenen Zeichnung einer Stangenschnecke geschmückt ist, jedoch mit der Spitze nach unten. Auf der rückwärtigen Seite aber ist dieser Fächer ganz ordnungsmäßig vom kleinsten bis zum größten gezeichnet mit den schon früher erwähnten Schwertkrebsen, welche da allesamt in der schönsten Goldkarminfarbe aufgetragen sind. Jeder Fächer am Rand bildet einen eigenen Bogen. Dieser Bogen ist nach vorne geziert mit einer getreuen Abzeichnung dieser Scheibenschnecke selbst und nach rückwärts auf einem hellblauen Grund mit der Pyramidenschnecke. Der äußere Rand nach rückwärts ist glänzendweiß und hat ebenfalls ein eigenes Leuchten, so wie der nach vorne, abendwölkchenrot eben mit einem eigenen Leuchten.

21. Der lange Rüssel zum Atemholen ist eben auch vollkommen weiß, jedoch umwunden mit einem roten Band, in dessen Mitte kleine, blassgrüngoldene Sterne angebracht sind. Dieser Rüssel dient auch dieser Schnecke als ein Arm zum Fang ihrer Nahrung. Sie lebt von einer Art Meergras, welches sehr häufig nahe an den Ufern in dem Meer vorkommt. Auf diesem Gras kleben auch eine Menge kleiner Goldwürmchen, welche dieser Schnecke dann auch zu einer Mitnahrung dienen. Und durch solche Nahrung eignet sie sich dann schon auf eine mehr übernatürliche Weise das Leben aller vorhergehenden Tiergattungen an.

22. Diese Schnecke hat auch dazu schon einen eigenen, starken Instinkt, aus welchem nicht selten so viel Klugheit heraussieht, dass es schon auf manchen anderen Ländern geschehen ist, dass ihr einige Menschen göttliche Verehrung erwiesen – was besonders daher zu rühren scheint, weil eben diese Schnecke, wenn sie nicht gereizt oder verfolgt wird, zufällig ins Meer gefallene Gegenstände, seien es Tiere oder Menschen oder was immer, vor dem Untergang rettet. Was sie da findet

hilflos auf der Oberfläche des Wassers, ergreift sie sobald mit ihrem starken Rüssel, setzt es auf seine schöne und geräumige Scheibenfläche, segelt somit sobald an irgendein Ufer und setzt es alldort mit ihrem Rüssel ans trockene Land, aus welchem Grund dieses überaus schöne Wassertier von den Saturnusbewohnern in den verschiedenen Ländern auch ebenso verschiedene Namen hat. Einige nennen es den Meereskehrer, dieweil es nichts Schwimmendes auf der Meeresoberfläche vertragen kann, andere nennen es wieder den Lebensretter, andere wieder die Meeresleuchte, andere wieder das lebendige Schiff, andere wieder das Wunderrad – und so weiter hat dieses Tier noch eine Menge verschiedenartiger Benennungen.

23. Dieses Tier hat außer dem Menschen beinahe keine Feinde und stirbt von selbst, wenn es sein gehöriges Alter erreicht hat. Allein wenn es stirbt, verliert das schöne Haus dann viel an seiner Pracht. Daher suchen es die Saturnusbewohner denn auch lebendig zu fangen, damit dadurch das schöne Haus von seiner Pracht nichts verlieren soll. Wenn das Tier dann getötet ist, so schwimmt es dann alsbald auf der Oberfläche des Meeres, und die Bewohner fliegen dann auch auf ihren Schiffen damit schnell nach irgendeinem Fluss ihrer Heimat zu. Wenn sie da angelangt sind, wird das Fleisch der Schnecke auf eine geschickte Art behutsam herausgezogen, so dass der Fächer nicht beschädigt wird. Diesen spannen sie dann, nachdem sie ihn vorher behutsam von dem anderen Körper der Schnecke abgelöst haben, sorgfältig aus. Und wenn er gehörig ausgetrocknet ist, wird er mit überaus wohlriechenden Ölen eingerieben, da er denn wieder dadurch sehr sanft und biegsam wird.

24. Aus einem solchen Schneckenfächer machen sie dann eine Art Mantel – welche Mäntel aber jedoch nur jene Menschen auf diesem Planeten zu tragen pflegen, und vorzugsweise in diesem Land, welche ein gewisses patriarchalisches und familienväterliches Ansehen genießen. Ein solcher Fächer behält zwar alle seine Farben und Zeichnungen lebendig, nur das Selbstleuchten geht zugrunde.

25. Das übrige Fleisch dieser Schnecke aber wird, da es beinahe aus lauter Fett besteht, ganz ausgesotten. Das Fett wird dann mit wohlriechenden Kräutern vermengt, woraus diese Saturnusmenschen dann

eine außerordentlich köstliche Salbe bereiten, mit welcher sich nur der Patriarch zu salben pflegt.

26. Was geschieht denn aber mit dem schönen Haus? Dieses Haus wird von den Saturnusbewohnern sehr behutsam ans Land gebracht und allda auf einem eigens dazu aufgeworfenen Erdwall nach der Fläche, oder wie ihr zu sagen pflegt, horizontal angefestigt, vorzugsweise in einem Garten eines oder des anderen Familienvaters, wo dann die Menschen sehr gerne darauf schauen oder manchesmal bei außerordentlichen Gelegenheiten sogar auf demselben herumgehen. Das Zweite jedoch geschieht, wie schon gesagt, zu äußerst seltenen Zeiten; denn ein solcher Patriarch hält da große Stücke auf eine solche Verzierung seines Gartens; indem hier der allfällige Reichtum nach nichts als der Pracht des Gartens bestimmt wird. Um diese Pracht aber zu erhöhen, wird gewöhnlich auf einer Seite dieser Scheibenschnecke die schon früher beschriebene Pyramidenschnecke aufgestellt. Und es geschieht da nicht selten, dass ein solcher Stammvater in seinem Garten in einer geraden Linie bei hundert von solchen Verzierungen aufzuweisen hat, d. h. von beiderlei Gattungen gleich viel.

27. Hierzu brauche Ich hernach euch nichts weiteres mehr zu sagen als: Auch hier erweckt wieder ein wenig eure innere Phantasie und macht einen kleinen Spaziergang in einen solchen Garten, und ihr könnt sicher überzeugt sein, dass nicht nur ein Kaiser oder König auf eurer Erde, sondern alle zusammen, wie sie sind, nicht imstande wären, einen solchen Garten so prachtvoll zu verzieren und auszuschmücken. Denn da dürfte doch eine Diamantenreihe, mit welcher die Oberfläche dieses Schneckenhauses geziert sein soll, höher zu stehen kommen als bei euch ganze Kaisertümer; die anderen Edelsteine und das viele blanke Gold gar nicht gerechnet, wie auch noch die anderen vielen Herrlichkeiten dieser Gärten der Patriarchen im Saturnus.

28. Die noch zwei übrigen Schnecken für das nächste Mal. Und daher für heute Amen.

Kapitel 15

Die Siebenschnecke. Verwendung ihres Gehäuses.
Gewichtsverhältnisse auf dem Saturnus

1. Was die vierte Schnecke anbelangt, so steht sie in der Pracht der schon bekannten Scheibenschnecke nach. Jedoch was ihre Größe und Art betrifft, ist sie natürlicherweise der Scheibenschnecke um vieles voraus. Von den Bewohnern dieses Landes wird sie gewöhnlich die große Siebenschnecke genannt – nicht etwa, als wenn in diesem Gehäuse sich sieben einzelne Schnecken aufhalten möchten, sondern weil das Gehäuse dieser Schnecke nach aufwärts gerichtet aus sieben turmhohen Spitzen besteht, welche von einem eirunden Gehäuse als Auswüchse auslaufen. Das Hauptgehäuse der Schnecke ist vollkommen rund, also wie ein Ei; davon die spitzigere Seite allzeit nach unten ins Wasser gekehrt ist, die stumpfere nach oben. Das Gewinde dieser Schnecke ist nicht sichtbar und ist nur im Inwendigen des Gehäuses vorhanden. Jedoch bei jedem Gewinde, wenn dasselbe den Kreis vollendet hat, ist ein solcher Turmauswuchs, dass demnach der obere Teil des Gehäuses mit diesen Türmen so bestellt ist, dass aus der Mitte der höchste emporsteigt und die anderen dann in abnehmender Ordnung um denselben herum. Ein jeder dieser Auswüchse gleicht einer großen, euch schon bekannten Stangenschnecke, natürlich nur mit dem Unterschied, dass er um vieles länger und zuunterst an der Schale auch um vieles dicker im Durchmesser ist.

2. Die Mündung dieser Schnecke ist vollkommen rund und steht in gutem Verhältnis mit der ganzen anderen riesenhaften Größe dieses Schaltieres. Der andere Leib füllt natürlicherweise das andere große Gehäuse so aus, dass die Auswüchse nach Belieben können ausgefüllt werden. Denn will die Schnecke sich ins Wasser versenken, so füllt sie diese Auswüchse aus, und will sie sich über dem Wasser erhalten, dann zieht sie sich aus ihren Auswüchsen ins Zentrum zusammen und dadurch erhebt sie sich wieder über die Fläche des Wassers. Ihr Leib, den sie auf der Oberfläche des Wassers aus der Mündung hinausschiebt, ist ganz weiß und sieht übrigens einer Schnecke bei euch nicht unähnlich aus,

nur dass auch diese Schnecke vorne zwischen ihren großen vier Fühlarmen ebenfalls mit einem großen und langen Rüssel versehen ist, den sie zum Fang ihrer Nahrung äußerst behände gebrauchen kann.

3. Ihre Nahrung besteht in allerlei Seekräutern, aber auch mitunter in den großen Seepolypen, welche sie hie und da aus dem Grund des Meeres gewaltsam losreißt und dann in ihren Rachen steckt. An den oberen zwei Fühlarmen hat sie auch eben zwei scharfsehende Augen und kann dieselben nach Belieben bald da, bald dorthin richten. Wenn sie nun irgendeinen Raub entdeckt, so fährt sie pfeilschnell an den Ort hin und fängt ihren Raub, sei es nun ein Seekraut oder irgendein Polyp. Damit sie aber ihre Reise machen kann, hat sie zuunterst der Mündung zwei starke Ruderarme, vermöge welcher sie das Wasser fängt und sich somit vorwärtsbewegt.

4. Nun, wie groß ist denn diese Schnecke? Sie hat einen Durchmesser von fünfhundert Klaftern nach eurem Maß; also ist auch der mittlere Auswuchs höher als bei euch der höchste Turm und hat zuunterst nicht selten einen Durchmesser von zwanzig bis dreißig Klaftern und läuft zuoberst pyramidenartig in eine Spitze zusammen. Die Farbe der Schale ist also ein Mittelding zwischen grün und blau, über welche von dem Mittelauswuchs ganz weißlichblaue Streifen laufen, so dass sie auf diese Art ein großartig tigerhaftes Aussehen hat. Weiter hat sie durchaus keine Verzierungen. Was aber die Auswüchse anbelangt, so sehen sie, wie schon anfangs bemerkt wurde, geradeso aus wie eine Stangenschnecke, nur die Mündungen der Schnecke sind purpurrot.

5. Auch diese Schnecke wird von den Einwohnern als ein guter Fang betrachtet. Denn wenn das Fleisch aus dieser Schnecke gebracht ist, wird das Gehäuse, wie schon bei den anderen Schnecken erwähnt wurde, auf dem Wasser landeinwärts gebracht und allda der spitzigere Teil der Schale in trockenes Erdreich versenkt, woselbst dann ein solches Gefäß zu einer Art Magazin für Samenfrüchte verwendet wird.

6. Manchesmal aber werden in einem solchen Schneckenhaus auch an allen Seiten Öffnungen angebracht und wird im Innern des Gehäuses ein Boden gelegt, und auf diese Art manchmal auch ein solches Schneckenhaus als eine Prachtwohnung für Kinder verwendet, und zwar besonders darum, weil ein solches Wohnhaus vermöge seiner inneren

außerordentlichen Glätte am reinlichsten erhalten werden kann. Der Boden besteht bloß in einer Art Aussandung. Es wird nämlich vollkommen trockener Sand bis nahe an die Mündung hineingeschüttet. Über den Sand aber werden dann erst in diesem Land häufig vorkommende weiße Flachsteine gelegt, und zwar allzeit in der schönsten Ordnung. Wenn der Boden dann gelegt ist, so ist's Gebäude auch fertig und sieht dann einer weitläufigen gewölbten Halle gleich, über welche sich die bekannten Türme erheben, deren Spitzen abgesägt werden, damit durch dieselben dann fürs Erste auch Licht hineinfällt, fürs Zweite aber auch, damit die im Innern eines solchen Hauses sich sammelnden Dünste und Feuerrauch emporsteigen können.

7. Jedoch diese Gattung Schnecken werden alldort nicht gar häufig angetroffen. Daher haben solche Häuser auch gewöhnlich nur die Patriarchen, die da in den Ebenen wohnen; und das zwar noch aus diesem Grund, weil eine solche Schneckenschale selbst für die riesenhaft starken Saturnusbewohner wegen ihrer Größe und außergewöhnlichen Massivität zu schwer wird, um sie so weit ins Land hinein überbringen zu können. Denn was die Massivität anbelangt, so sind die Wände fast allenthalben vier bis fünf Klafter dick. Wenn ihr das beachtet, so könnt ihr euch schon von der Schwere dieser Schnecke einen Begriff machen.

8. Wären auf diesem Planeten die Gravitationsverhältnisse also wie auf der Erde, da wäre die Überbringung einer solchen Schnecke wohl eine reine Unmöglichkeit selbst für noch bedeutendere Kräfte als die der Saturnusbewohner. Allein was bei euch einen Zentner wiegt, hat alldort unter dem Ring oft kaum ein Gewicht von einem Pfund; und es kann selbst ein solches Gewicht noch verringert werden durch die inneren, von den Saturnusbewohnern weislich veranstalteten Luftverdünnungen, was besonders bei Übertragung dieser Schnecke der Fall ist, wo sie dürre Äste vom sogenannten euch schon bekannten harzreichen Pyramidenbaum anzünden und bei der Mündung dieser Schnecke brennend hineinschieben, durch welches Verbrennen dann die Luft in einem solchen leeren Gehäuse so verdünnt wird, dass es dann mit bedeutender Leichtigkeit kann weitergeschafft werden. Denn was die Aerostatik anbelangt, sind eben die Saturnusbewohner die vorzüglichsten Meister – was alles noch zu seiner Zeit näher erwähnt wird.

9. Seht, das ist nun alles von dieser Siebenschnecke. Erweckt auch hier wieder ein wenig eure innere Phantasie und ihr werdet mit großer Verwunderung dieses Tier selbst betrachten, wie auch die Anwendung dessen Hauses vonseiten der Bewohner, und werdet auch darüber umso mehr erstaunen, so Ich euch noch hinzusetze, dass ein solches Gebäude von unzerstörbarer Festigkeit ist, und es werden darunter schon einige angetroffen, die älter sind, als bei euch die Erde bevölkert ist; denn ein solches Gebäude wird je älter, desto fester, und es werden darum auch die ältesten in besonderen Ehren gehalten. So ihr euch aber schon darüber wundert, so bedenkt aber doch bei eurer Verwunderung, dass selbst diese riesenhaften Tiergestalten dieses Planeten nur kleine Miniatur-Arbeiten sind gegen manche andere Tiergattungen, welche sowohl in diesem Planeten, größere aber noch im Jupiter und unvergleichlich größere in der Sonne vorkommen. Betrachtet dieses heute Gesagte und erwartet fürs Nächste das Nachkommende. Und darum für heute Amen.

Kapitel 16

Die riesige, leuchtende Strahlenschnecke

1. Was die Schnecke Nummer fünf betrifft, so ist das die letzte der Schneckenordnung nach, zugleich auch die größte und in einer Hinsicht die merkwürdigste. Diese Schnecke hat den Namen: die Strahlenschnecke. Sie ist die größte aus all den Schnecken, welche auf diesem Planeten vorkommen, aber zugleich auch die seltenste; denn sie wird von den Bewohnern dieses Planeten nur vor den größten, euch schon bekanntgegebenen Seestürmen gesehen. Ihre Gestalt ist an und für sich das Großartigste, was ihr euch denken könnt. Auf eurem Erdkörper gibt es wohl nichts Ähnliches, um damit eine annähernde Vergleichung machen zu können.

2. Um euch aber doch einen Begriff davon zu machen, so denkt euch ungefähr einen großen geschliffenen Brillanten; denn so kantig ist diese Schnecke, auf der Oberfläche flacher und an dem unteren Teil zugespitzter. Die Kanten, deren die Oberfläche allein mehrere Tausende in der schönsten Ordnung sich in lauter Dreiecken durchziehend besitzt, sehen aus als wie halbklafterweite, polierte, goldene Streifen, welche allzeit eine vollkommen regelmäßig dreieckige Fläche einschließen oder vielmehr einfassen. Die dreieckige Tafel ist so groß, dass eine jede Seite bei drei Klaftern misst, und es ist keine größer und keine kleiner. Nur zuoberst der Schnecke befindet sich eine größere Fläche, welche aber nicht mehr dreieckig, sondern zweiunddreißigeckig ist und vollkommen ähnlich sieht einer sogenannten Windrose bei euch, welche in ihren äußeren Enden eben auch mit den breiten Goldstreifen umfasst ist. Diese Tafeln sind so durchsichtig wie ein geschliffener Diamant bei euch, und auch nicht minder fest. Der Unterschied besteht nur darinnen, dass alle diese Flächen das Vermögen haben, das Licht der Sonne und der Gestirne einzusaugen und es dann in den verschiedensten Strahlenbrechungen zur dunkler gewordenen Nachtzeit wiederstrahlen zu lassen.

3. Wie groß ist denn eigentlich diese Schnecke? Wenn sie auf dem Meer daherschwimmt, so wäre auf ihrer Oberfläche wohl Raum genug, um alle Häuser eurer Hauptstadt auf dieselbe zu setzen, mit dem

Beibehalt der Gassen und Plätze. Die Schale ist durchgehend bei zehn Klafter dick und hat von der Oberfläche bis zur unteren Spitze einen Durchmesser von dreihundert Klaftern. Was aber den Durchmesser der Breite dieser Schnecke anbelangt, so beträgt derselbe nicht selten über eine deutsche Meile. Die Mündung dieser Schnecke, welche etwas länglich-rund ist, hat einen Durchmesser von siebzig Klaftern. Durch diese Mündung streckt diese Schnecke ihren massiven Kopf, der dem Kopf eines Walrosses nicht unähnlich ist, oft so weit über die Meeresoberfläche heraus, und zwar meistens bei Stürmen schnurgerade in die Höhe, dass sie auf eurer Erde mit großer Leichtigkeit über hohe Berge dahinsehen könnte.

4. Aber bei aller ihrer riesenhaften Größe ist diese Schnecke dessen ungeachtet sehr sanfter Natur und tut niemandem etwas zuleide. Ihre Nahrung besteht in drei verschiedenen Arten. Die erste Art sind ebenfalls noch sehr große und sehr häufig im Meer vorkommende Kräuter. Die zweite Art ihrer Nahrung sind große Seewürmer. Und die dritte Art ihrer Nahrung sind mitunter auch Seevögel, welche zugleich ein Leckerbissen für sie sind. Diese letztere Nahrung nimmt sie aber jedoch nur bei großen Stürmen zu sich, denn bei ruhigem Wetter befindet sich dieses Riesentier gewöhnlich in der Tiefe des Meeres.

5. Diese Schnecke wird von den Saturnusbewohnern nicht gefangen. Fürs Erste, weil sie bei ruhiger Zeit nie an die Oberfläche des Meeres kommt. Fürs Zweite aber auch, weil die Schale zu schwer wäre, sie irgendwohin zu irgendeinem Zweck aufs Land bringen zu können. Diese Schnecke erlangt auch gewöhnlich ein hohes Alter und lebt nicht selten dreißig Jahre, d. h. Saturnusjahre. Wenn sie stirbt, so geht dann bald auch ihr ganzes Gehäuse aus den Fugen und zerfällt und verwest dann mit der Zeit alles zusammen. Das Fleisch verzehren gewöhnlich eine Art Fische, die den Haifischen in euren Meeren nicht unähnlich sind, aber noch größere Ähnlichkeit haben mit euren Krokodilen.

6. In einer dunklen Sturmesnacht verbreitet eine solche auftauchende Schnecke nicht selten ein so starkes Licht, dass davon eine ganze Meeresgegend in einem Bereich von hundert Quadratmeilen ganz stark erleuchtet wird. Nehmt jetzt bei einem solchen Meeressturm die vielen himmelanragenden Wasserberge und denkt euch von einer Höhe die

Aussicht von mehreren tausend Quadratmeilen über die Oberfläche des Meeres, auf welchem hie und da solche Strahlenschnecken auftauchen – so könnt ihr euch einen kleinen Begriff machen, welches Wunderschauspiel das auf diesem Planeten gewährt. Besonders imposant wird es dann, wenn mehrere solcher Schnecken gruppenweise auftauchen, ihre langen Hälse über die Oberfläche des Meeres erheben und mit denselben nach den häufig herumfliegenden Sturmvögeln jagen. Alsdann wird ein solcher Anblick für euch, und nach eurer Weise zu reden, grauenhaft-fürchterlich schön.

7. Das ist nun alles von dieser Schnecke. Erweckt auch hier wieder ein wenig eure innere Phantasie, und ihr werdet mit Hilfe dieser getreuen Bekanntgebung euch in eine ziemlich lebhafte Anschauung versetzen können.

8. Für ein nächstes Mal wollen wir dann zu der dritten Gattung der Schaltiere übergehen, und das zwar zu den Schildkröten, wobei ihr euch noch mehr verwundern werdet als bei der Darstellung und Beschreibung der Muscheln und Schnecken. Und darum für diesmal Amen.

Kapitel 17

Der walfischartige Bisorhiohiohio, ein Umgestalter der Wassertiere in die Lufttiere

1. Da zufolge der vorigen Mitteilung über diesen Planeten schon so manches, was seine planetarische Beschaffenheit betrifft, wie dessen Ländereien und Pflanzen und so manche Tiere kundgegeben wurde, und bei den Tieren alldort eine Unterbrechung geschah, als da beendet wurde im kurzen Durchlauf die vorzüglichste Gattung der Schnecken, so wollen wir nun so kurz und so fasslich als möglich von diesem Standpunkt aus unsere erläuternde Fortsetzung beginnen; nur werden wir dabei uns bei den einzelnen Geschöpfgattungen nicht so lange aufhalten, werden daher überall nur das Vorzüglichste herausheben, alles andere aber nur einem allgemeinen Überblick überlassen.

2. Demzufolge wollen wir selbst gleich anfangs, was die ferneren Tiere, die da im Wasser leben betrifft, nur vorübergehend im Allgemeinen berühren und [uns] dann zu den Bewohnern der Luft wenden, da wir ebenfalls uns bei denselben nicht lange aufhalten werden; ebenso auch dann bei den Landtieren, um dadurch desto eher zu den Menschen dieses Weltkörpers zu gelangen. Und sonach wenden wir uns zurück zu unseren Wassertieren.

3. Ihr wisst, welche großen Gewässer und Meere dieser Planet innehat; ihr wisst auch, dass selbst auf Erden die größten und mächtigsten Tiere in den Gewässern sich aufhalten. Dieses Verhältnis bleibt sich auch in dem Saturnus stetig und gleich; nur sind natürlicherweise die Arten und Gattungen sehr verschieden und haben da entweder gar keine oder nur eine sehr geringe Ähnlichkeit mit denen auf eurem Erdkörper. Wir wollen nur einiger erwähnen, und zwar zuerst derjenigen, die da ins ungeheuer zahlreiche Gattungsreich der Fische gehören.

4. Der größte aller Fische dieses Weltkörpers ist der dort sogenannte Bisorhiohiohio. Dieser Fisch befindet sich dort ungefähr auf derselben Stufe, auf welcher ihr euren Erd-Walfisch betrachtet, ist aber, was seine Form betrifft, außerordentlich verschieden von eurem Walfisch. Dieser Fisch hat fürs Erste einen bei hundert eurer Klafter langen

Kopf, welcher vollkommen rund ist, und sieht somit einer Kugel gleich, welche somit hundert Klafter im Durchmesser hätte, und ließe sich in der Mitte bis ganz nach rückwärts auftun. Wie sich also eine solche Kugel in der Mitte auftäte, solches auch ist bei dem Kopf dieses Fisches der Fall; er hat weder Zähne noch Finnen, sondern sowohl der untere als der obere Teil dieses großen Rundrachens ist eine vollkommen flache und harte Scheibe, an deren hinterstem Teil oder an der Vormündung des weiten Schlundes eine lang dehnbare Doppelzunge sich befindet, welche dieser Fisch gebraucht, um die zwischen den zwei Rachenscheiben zerquetschte Nahrung in den Schlund zu ziehen. Auf den Kopf folgt dann der eigentliche Mittel- oder Hauptleib des Fisches. Dieser Leib ist bei einem gut ausgewachsenen Fisch nicht selten nahe dreitausend Klafter lang, bei eintausendfünfhundert Klafter vom Bauch bis auf den Rücken hoch, und da, wo er am dicksten ist, hat er nicht selten einen Durchmesser von nahe tausend Klafter. An dem Leib ist noch ein bei tausend Klafter langer Schweif sitzend, welchen dieser Fisch vorzugsweise zu seinen Bewegungen und Wendungen im Wasser benützt. Auf dem Rücken dieses Fisches sind äußerst starke und nicht selten über hundert Klafter im Durchmesser habende Flossen angebracht. Am Bauch aber hat er zwei förmliche Schwimmarme, ungefähr so, wie bei euch die Seehunde oder Walrosse sie haben.

5. Wenn ihr diesen Fisch ein wenig vor die Augen eurer Gefühlsphantasie führt, so dürfte es euch wohl klar werden, dass dieser Fisch, wenn er auf irgendeinem Land eurer Erde zu liegen käme und noch dazu ausspannen möchte seine Rückenflossen, er da mit den höchsten Bergen der Erde wetteifern dürfte. Er wird aber selbst von den Saturnusbewohnern teilweise bald ein schwimmender Berg, bald eine schwimmende Insel, bald auch ein schwimmendes Land genannt; einige nennen ihn auch den Wasserplaneten.

6. Wird dieser Fisch in diesem Planeten auch gefangen? Nein, vor diesem Fisch hat ein jeder Saturnusbewohner einen außerordentlich großen Respekt. Denn wenn sich irgend etwas auf der Oberfläche des Wassers ihm naht, so macht er sobald seinen großen Kopf auf, schießt dann mit großer Schnelligkeit auf den im Wasser schwimmenden Gegenstand [zu] und zerquetscht durch die große Schwere und Kraft des

Kopfes denselben, sobald er in seinen Rachen geraten ist, und verzehrt ihn. Zum größten Glück aber bewohnt dieser Fisch auch zumeist nur die Polargegenden unseres Planeten, welche vermöge ihres immerwährenden Schnees und Eises für den Saturnusbewohner noch viel unzugänglicher sind als für die Bewohner der Erde dieselben Polargebiete. Daher geschieht es auch äußerst selten, dass irgendwo ein solcher Fisch von den Bewohnern des Saturnus gesehen wird. Wann er aber jedoch in den nördlicheren Teilen der Saturnusländereien, wo er sich zumeist aufhält, von einem oder dem anderen Saturnusbewohner gesehen wird, so gilt das allezeit für eine schlimme Vorbedeutung, und diese Menschen flüchten sich da auch sobald in die innersten Teile der Länder; denn sie sind der Meinung, dieser Fisch sei von den schlimmsten Geistern des Eises dahingesandt worden, um ihr Land, wie ihr zu sagen pflegt, samt Bolzen und Riegel aufzuspeisen. An eine solche Stelle, wo da ein solcher Fisch gesehen wurde, getraut sich dann lange Zeit kein Saturnusmensch mehr seinen Fuß zu setzen. Aus diesem Grund geschieht es auch, dass die nördlichen Teile des Saturnus, d. h. was seine Ländereien betrifft, entweder gar selten oder zumeist gar nicht bewohnt werden.

7. Ihr werdet hier freilich fragen: Was hat denn hernach dieser Fisch für eine Bestimmung? Dieser Fisch ist das letzte Aufnahmeorgan alles Wassergetiers, und aus ihm verteilt es sich dann wieder in allerlei Getier der Luft. Denn in diesem Organ bildet sich nicht nur dem geistig-substantiellen Teil nach eine künftige Lufttiergattung aus, sondern die sogenannte Lufttiergattung dieses Weltkörpers geht dann aus ihm hervor, ohne dass er darum zu sterben braucht. In dieser Hinsicht ist er mehr ähnlich einem kleinen Planeten als einem Tier, welcher auch ein bleibendes Organ ist, durch welches zahllose geistige Gattungen, sich wohl unterscheidbar ausleibend, durchgehen können. Es ist zwar mit eurem Walfisch derselbe Fall; doch was die Allgemeinheit betrifft, so steht er unserem Bisorhiohiohio ums Allerbedeutendste nach. Denn der Walfisch der Erde hier progeneriert nur die Gefiedertiergattungen der alleinigen Polarländer, während unser Saturnuswalfisch den ganzen Planeten mit den gefiederten Einwohnern der Luft versieht, das heißt, es werden in ihm die Seelenwohnungen aus den Wassertieren übertragen in

die verschiedensten Seelengattungen der gefiederten Bewohner der Luft.

8. Dieser Fisch ist demnach der größte und zugleich auch allerbeachtungswerteste dieses ganzen Planeten. Ihm zur Seite steht aber noch eine zahllose Gattung von Fischen und Amphibien aller erdenklichen Art, welche sich wohl unterscheiden in der Größe, Form und Tauglichkeit. So sind neben diesem Riesenfisch noch bei hundert Gattungen, welche sich alle mit eurem Walfisch, was die Größe betrifft, gar wohl messen könnten. Sie aber alle speziell aufzuführen und sie näher zu beschreiben, wäre für den Zweck, warum ich euch diesen Planeten enthüllte, fürs Erste viel zu weitläufig und fürs Zweite eben darum auch gar nicht dienlich. Wann ihr aber selbst geweckteren Geistes werdet, dann wird es euch ohnedies ein Leichtes sein, euch selbst bis ins kleinste Detail nicht nur in diesem, sondern auch in anderen Planeten umzusehen.

9. Und somit lassen wir die Tiere der Gewässer dieses Planeten ruhen und gehen da über auf die Bewohner der Saturnusluft, welche euch schon ums Bedeutende mehr interessieren werden als alle Wassergattungen, die wir bisher haben kennengelernt.

Kapitel 18

Die Insekten. Die Saturnusfliege. Der Fliegende Stern. Der prachtvolle Riesenschmetterling und seine Verwendung

1. Wenn ihr auf eurer Erde euch ein wenig umseht, so werdet ihr nebst den vielen Gattungen der Vögel noch eine bei weitem größere Wesen- und Gattungsanzahl jener kleinen bevögelten [beflügelten] Tierchen finden, welche euch samt und sämtlich unter dem allgemeinen Namen der fliegenden Insekten bekannt sind. Solcher Wesen gibt es auch im Saturnus in den verschiedensten Gattungen und Arten in übergroßer Menge; unter denen, ebenso gut wie auf der Erde, die Fliege eine Hauptrolle spielt. Dies ist auch das einzige Tierchen im Saturnus, welches der Fliege auf der Erde vollkommen gleich ist in allem; nur hie und da an den Seen und Flüssen hält sich eine größere Gattung oft reichlich auf. Diese Fliege ist am Tag von bläulichweißer Farbe. Nach dem Untergang der Sonne, wo sie gewöhnlich am tätigsten wird, leuchtet sie wie ein heller Stern, ungefähr auf die Weise, nur viel stärker, als bei euch die sogenannte Sumpfastel oder das Sonnwendkäferchen oder wie in Amerika und auch in anderen südlichen Tropenländern der sogenannte Laternenträger. Unsere Saturnusfliege würde aber dennoch diese alle an der Helle ihres Lichtes übertreffen, und zwar darum, weil ihr Licht vollkommen weiß ist und sie auch größer ist als jedes fliegende Insekt auf der Erde. Die Saturnusbewohner ergötzen sich gar oft zur Nachtzeit an dem munteren Flug dieser Tiere, wenn sie so zu Tausenden die Saturnusluft kreuz und quer durchzucken.

2. Das wäre alsdann ein bemerkenswertes Tierchen, welches zu den Luftbewohnern gezählt werden kann. Eine andere Gattung Insekten, welche hier, im Saturnus nämlich, und auf keinem anderen Planeten wieder vorkommt, ist der sogenannte Fliegende Stern. Dieses Tierchen hat seinen besonderen Lebenstätigkeitsspielraum auch nur zur Nachtzeit. Seine Wohnung unter der Tageszeit ist der euch schon bekannte Pyramidenbaum; es bildet daher zur Nachtzeit, und zwar schon bald nach dem Untergang der Sonne, für die Saturnusbewohner ein

erhebendes Schauspiel, wenn in der Abenddämmerung Tausende solcher leuchtender Sterne entfliegen.

3. Warum wird denn dieses Tier ein „Fliegender Stern" genannt? Dieser Name wird ihm dort darum beigelegt, weil es auf jeder Seite seines länglichrunden Körpers drei pyramidenförmig zugespitzte, ziemlich leuchtende Flügel besitzt, welche bei ihrer Ausbreitung diesem Tierchen die Gestalt eines sechsstrahligen Sternes geben. Wenn das Tierchen vollkommen ausgewachsen ist, so hat es bei einer Spanne im Durchmesser, und da seine Flügel im Flug besonders stark leuchten und sich dieses Tierchen im Flug nicht gar zu weit von seiner Wohnung begibt, so bekommen diese riesigen Bäume nicht selten für den Saturnusbewohner ein sehr erhebendes Aussehen, da sie die Nacht hindurch von vielen Tausenden solcher Sterne nach allen Richtungen umschwirrt werden.

4. Nebst diesem leuchtenden Insekt gibt es auch eine Menge, die ebenfalls in den verschiedensten Farben zur Nachtzeit leuchten; aber ihr Licht ist nicht so stark, und die Tierchen sind bei weitem kleiner. So werden sie von den Saturnusbewohnern auch gar wenig beachtet, und darum auch umso weniger, da es mehrere große Vogelgattungen gibt, deren Gefieder bei Nacht ein sehr helles Licht von sich wirft, besonders wenn sie fliegen.

5. Da demnach im Reich der Insekten nicht so viel mehr Erhebliches zu finden ist, so wollen wir sogleich einen Übergang zu dem Reich der Vögel machen. Und auf dieser Übergangsbrücke wollen wir denn noch einigen Schmetterlingen die Betrachtung zuwenden;

6. und wie viele schon auf der Erde auf ihren Flügeln die schönsten Farben und Zeichnungen tragen, so ist es in diesem Planeten noch umso mehr der Fall. Ein Schmetterling, unter dem Namen Com alldort bekannt, ist der größte und prachtvollste aller Schmetterlinge dieses Weltkörpers. Wenn er seine Flügel ausgespannt hat, so dürfte er auf der Erde so ziemlich ein Vierteljoch Grundes bedecken. Sein Leib ist nicht selten bei zwanzig Klafter lang und hat nahe eine Klafter im Durchmesser. Seine Füße sind stärker als auf der Erde die eines Elefanten, und es hat ein jeder Fuß sechs Glieder und ist so eingerichtet, dass er im Falle der Not bedeutend gerade verlängert, und also auch verkürzt werden kann. Seine Fühlhörner sehen gerade so aus, als stünden an seinem Kopf zwei

hohe Pappelbäume; nur sind die Zweige links und rechts linealförmig regelmäßig eingeteilt, ungefähr so wie die Nadeln an einem Tannenzweig. Sein Saugrüssel ist länger und stärker als der eines Elefanten auf der Erde. Und so sieht dieser Schmetterling seinem Körper nach einem äußerst robusten Tier ähnlich, was er aber dessen ungeachtet nicht im Geringsten ist; aus welchem Grund dieses Tier auch außerordentlich menschenscheu ist, und es gehört sehr viel dazu, um irgendwo eines zu fangen. Diese Schwierigkeit wird durch seinen schnellen Flug noch ums Bedeutende vermehrt.

7. Junge Mädchen sind dort zumeist am geschicktesten, dieses Tier zu fangen, und zwar aus dem Grund, weil sie sich leichter in der freien Luft erhalten können als das männliche Geschlecht. Zu dem Behuf bedienen sich solche Mädchen nicht selten eines künstlichen Flügelpaares und fliegen unserem Schmetterling oft mit großer Hast nach. Wenn sie ihn dann in der Luft fangen, so gilt das als ein förmliches Jubelfest unter ihnen; denn alles von diesem Schmetterling wird zur Ausschmückung der Kinder dort verwendet. Und fast in keinem Planeten, wie in diesem, hält das weibliche Geschlecht, besonders in den jungen Jahren, so viel auf ein zierliches Gewand. Damit ihr aber seht, warum dieser Schmetterling einen so großen Anwert hat, so wird es wohl nötig sein, seine Pracht auch ein wenig zu zeigen. Es wird aber zugleich auch ziemlich schwer halten, euch von der nahe übersinnlichen Schönheit dieses Tieres einen gültigen Begriff zu machen. Seine Flügel sind vollkommen viereckig und haben nur beiderseits an den Enden der Flügel gegen den Kopf zugewendet eine auslaufende Spitze, die ungefähr anderthalb Klafter lang ist und eine ziemliche Ähnlichkeit hat mit einem sehr breiten Schwert. Was haben denn die Flügel für eine Farbe und wie sind sie gezeichnet?

8. Die Farbe des oberen Teiles der Flügel sieht also aus als wäre die Fläche von poliertem, hochrosenfarbenem Gold. Auf dieser Goldfläche hängen oder stecken vielmehr eine große Menge der allerschönsten Federn, alle möglichen Farben in sich enthaltend. Diese Farben spielen in poliert-metallischem Glanz und verändern die Farbe bei der geringsten Wendung so, dass man auf einem Punkt bei den verschiedenen Wendungen alle erdenklichen Farben zu Gesicht bekommen kann. Diese

Federn sind in solcher Ordnung auf der Oberfläche des Flügels angebracht, dass durch diese Ordnung die schönsten Zeichnungen und Formen herauskommen, welche Zeichnungen und Formen aber nicht so beständig sind, wie auf den Flügeln eurer Schmetterlinge; sondern diese Ordnung ist so dargestellt, dass bei den verschiedenen Wendungen, durch welche die Farben verändert werden, auch allzeit ganz andere, wunderbare Formen zum Vorschein kommen. Die Ränder der Flügel sind ungefähr mit solchen Federn geziert, wie sie bei euch die Pfauen in ihrem Schweif haben; nur sind sie größer und viel lebhafter glänzend in ihrer Farbenpracht. Die untere Fläche aber ist ähnlich einer polierten Goldfläche, so sie mit einer feinen, grünen Farbe überzogen werden möchte. Die Füße dieses Tieres sind ebenfalls mit den herrlichsten Federn bekleidet; wie auch der ganze andere Leib. Die Fühlhörner sind aber noch das Allerpretiöseste bei diesem Tier. Der Hauptstamm ist äußerst leicht und vollkommen also aussehend wie ein durchsichtiges Gold, wenn ihr euch solches vorstellen könnt, und spielt ebenfalls bei jeder Wendung die verschiedensten Farben, ungefähr so, als wäre er eine geschliffene Diamantstange, an welcher zu beiden Seiten solche Federn angebracht [wären], mit denen die Ränder der Flügel geziert sind. Der Saugrüssel ist von blendend weißer Farbe und ist sparsam unterwunden mit Bändern, die einen Regenbogen an Farbenpracht übertreffen.

9. Seine Augen sind zwar beim Leben des Tieres das Allerwunderbarste. Diese möchtet ihr eben vor lauter Spiegelglanz so wenig anzuschauen imstande sein wie nahe die Sonne bei ihrem Aufgang oder Untergang. Wenn aber das Tier getötet ist, so vergeht diese Augenpracht. Daher werden dessen Augen auch nicht eben in großem Wert gehalten, dessen ungeachtet aber sorgfältig ausgelöst und von ihrer Feuchtigkeit entleert, bei welcher Gelegenheit durch die geschickte Manipulation dann die Weiber eine Art Hausbeutel oder Taschen machen, welche wegen ihrer ziemlichen Durchsichtigkeit und ihrer Dauerhaftigkeit bei den eleganten Weibern dieses Planeten ungefähr die Stelle der sogenannten Ridiküle [Handtaschen] eurer Weiber vertreten. Weggeworfen wird von diesem Tier nichts als allein der nackte innere Leib; alles andere wird zum Schmuck der außerordentlichsten Art verwendet.

10. Warum hat denn aber dieser Schmuck einen so außerordentlichen Wert? Das hat drei Ursachen. Die erste ist, weil dieses Tier selten und bei seiner Seltenheit äußerst schwer zu bekommen ist; zweitens, weil alle diese Farben sehr dauerhaft sind, ja die Saturnusweiber halten sie für unzerstörbar; und fürs Dritte, weil eben diese Federn von der größten Leichtigkeit und fortwährend gleichmäßig haltender Pracht sind.

11. Es gibt hier auch eine Vogelgattung, deren Federn diesen Schmetterlingsfedern ähnlich sind, und werden nicht selten von so manchen Saturnusspekulanten als echte Ware zum Verkauf ausgeboten. Allein da gibt es dann ganz wohlkonditionierte Schmuckfedernkenner, welche da die echten von den falschen ungefähr so unterscheiden, wie bei euch die Juweliere falsche Edelsteine von den echten. Wehe aber dort einem solchen Schmuggler, wenn er in die Hände solcher mit falschen Federn betrogener Weiber gerät. Denn da wird er mit eben diesen falschen Federn, welche sie zuvor an den sehr dichten Kielen abspitzen, so kreuz und quer zerkratzt, dass ihm für die Zukunft fürs Erste alle Lust vergeht, mit falscher Ware irgend jemand wieder zu hintergehen, und fürs Zweite kauft einem also zugerichteten Handelsmann auch niemand mehr etwas ab.

12. Seht, das ist alsdann unser berühmter Schmetterling und wie er gefangen und benutzt wird. Es ist fast unnötig, noch dessen zu erwähnen, wie sich die Saturnusweiber dieses Schmuckes bedienen. Aber im Vorübergehen kann es ja wohl bemerkt werden, dass sich manche sehr eitle fast den ganzen Leib mit diesen Schmetterlingsflügeln so überziehen, dass man sie am Ende schon nahe für solche Schmetterlinge selbst halten könnte. Das ist genug, denn ein mehreres ist nicht nötig von dem zu erfahren, was Mir im Saturnus so wenig gefällt wie auf der Erde.

13. Dass es aber nach diesem Schmetterling eine fast zahllose Menge dieses Tieres in allen Farben, Arten und Gattungen und Größen gibt, könnt ihr daraus schon sehr leicht entnehmen, wenn ihr euch nur dieses Planeten Mannigfaltigkeit in all dem, was auf ihm ist, vor die Augen stellt.

Kapitel 19

Fledertiere. Die fliegende Kuh. Das fliegende Band. Frauen
üben auf dem Saturnus die Jurisdiktion aus

1. Bevor wir noch zu den eigentlichen Vögeln übergehen, wollen wir
noch diejenige Gattung geflügelter Tiere ein wenig zu Gesicht nehmen,
welche auf der Erde in den Bereich der sogenannten Flattermäuse und
noch anderer dergleichen, mit ähnlichen Spannflügeln versehener Tiere
gehören. Gibt es auch in unserem Planeten solche Tiere? Allerdings, und
dazu bei weitem mehrere als auf eurem Erdkörper. Es gibt zwar im eigentlichen Sinne durchaus keine Fledermäuse; aber es gibt dafür andere
Tiere in großer Menge, welche mit ähnlichen Spannflügeln versehen
sind. Wenn wir jedes dieser Tiere sonderheitlich betrachten wollten, so
würdet ihr dazu mehr als zehntausend Bogen Papier brauchen, um nur
ihre Namen aufzuzeichnen. Dieses wäre doch sicher etwas Unnützes.
Daher wollen wir von dieser Gattung der Tiere dieses Planeten ebenfalls
nur ein paar herausheben, über die anderen aber dann nur einen allgemeinen Blick werfen.

2. Ein besonders merkwürdiges Exemplar dieser Tiere wird von den
Saturnusbewohnern die Fliegende Kuh genannt. Dieses Tier ist von aus-
nehmender Schönheit und dürfte ungefähr so groß sein wie bei euch
ein wohlausgewachsener Ochse, nur ist es ungefähr um eine halbe Klafter länger gegen den Schweif zu als ein Ochse bei euch. Dieses Tier hat
eben auch vier Füße, die mit schönen, blendendweißen Klauen versehen sind; am Rücken ist es rot und am Bauch lichtgrün. Die Haut aber
sieht geradeso klein-wollicht glänzend aus wie bei euch der allerfeinste
Seidensamt. Der Kopf dieses Tieres hat ziemliche Ähnlichkeit mit dem
Kopf eines sogenannten Windhundes, nur die Farbe des Kopfes ist natürlich ganz anders aussehend als diejenige eines Windhundes bei euch;
denn mit dem Hals angefangen ist der Kopf lichtblau und ist bis an die
Nasenschnauze vom Rücken angefangen mit einem roten Streifen versehen. Der untere Teil des Kopfes aber geht dann sukzessiv ins Dunkelblaue über.

3. In den Gegenden der Vorderseite laufen links und rechts zwei lange Arme aus, welche ungefähr, wenn sie ausgespannt sind, bei sechs Klafter im Durchmesser haben. Von diesen Armen aus spannt sich in Verbindung mit den hinteren Füßen eine starke Haut aus, versteht sich von selbst, nur dann, wenn das Tier fliegen will; denn fliegt das Tier nicht, so legt es die Arme zusammen, und zwar jeden in drei Glieder. Diese Arme schmiegen sich so geschickt an den übrigen Leib an, dass man in einer geringen Entfernung ihrer kaum gewahr wird. Wenn aber dieses Tier diese Arme zum Fliegen ausspannt, dann sieht es auch zugleich am schönsten aus; denn die Haut dieser Arme für sich selbst ist ebenfalls blendendweiß. Und ein jeder Arm für sich ist am Ende mit vier wohlgestalteten Fingern versehen, welche zum Anhalten zugleich noch mit starken Spitznägeln versehen sind. Die Flügelhaut aber sieht vollkommen also aus wie ein allerfeinst poliertes Gold, welches mit regelmäßig ineinanderlaufenden Punkten und Streifen von hellroter Farbe geziert wäre. Die Ränder dieser Flügelhaut aber sind verbrämt, wie da ein Regenbogen leuchtet, und laufen überall in mehr als eine Elle lange, ganz blendend weiße Fäden aus, welche ungefähr also glänzen, als wann ihr je einmal die sogenannten Glasfäden gesehen habt, wie sie ebenfalls einen lebhaften Glanz mehr als die allerfeinste Seide von sich geben.

4. Die Augen dieses Tieres sind äußerst scharf und lebhaft und funkeln bei Abenddämmerung wie Diamanten. Die Schnauze dieses Tieres ist dunkelrot, und dessen Mund hat eine also frische, rote Farbe wie Rosen, und seine reichlichen Zähne sind also aussehend wie ein reiner Kristall. Die Zunge aber ist ebenfalls hochrot und verhältnismäßig lang, so dass sich dieses Tier derselben zu allerlei bedienen kann, als zum Waschen seines Gesichtes und zum Reinigen seines ganzen übrigen Leibes; denn dieses Tier hat einen äußerst biegsamen Leib. Dann kann sich dieses Tier der Zunge auch so wie bei euch ein Hund zum Trinken bedienen. Und wenn dieses Tier die Zunge zusammenrollt, und zwar der Länge nach, so bringt es durch diese Zungenröhre einen äußerst starken Pfiff zuwege, welcher weit und breit gehört wird; solches tut dieses Tier allzeit, wenn es auffliegen will.

5. Warum aber wird denn dieses Tier dort die Fliegende Kuh genannt? Solches geschieht darum, weil dieses Tier zwischen den beiden Hinterfüßen ein ganz vollkommenes Euter besitzt, welches zur Zeit, wenn es Junge zur Welt gebracht hat, mit einer überaus wohlschmeckenden Milch vollgefüllt ist. Dieses Tier wird daher auch von den Saturnusbewohnern häufig gefangen, ja an manchen Orten sogar als ein nützliches Haustier gezähmt; und solches umso leichter, weil es überdies ein äußerst sanftmütiges Tier ist. Wenn ein solches Tier Junge wirft, so ist bei sechs weiblichen Individuen nur ein männliches darunter, welches sich, wenn es vollkommen ausgewachsen ist, von den weiblichen nur dadurch unterscheidet, dass es an der Stelle des weiblichen Euters, wie ungefähr bei euch die Schafe, den sogenannten Geschlechtsbeutel hat und am Kopf zwischen den beiden herabhängenden weißen Ohren ein ebenfalls ganz weißes, kleines, etwas nach rückwärts gebogenes Hörnchen.

6. Wenn ihr eure Gefühlsphantasie nur einigermaßen handhaben könnt, so wird es euch nicht schwer werden, sich die Schönheit dieses Tieres vorzustellen. Freilich werdet ihr euch denken und sagen: Ja warum ist denn dieses Tier dort gar so schön, und welcher Zweck ist denn damit verbunden? Ich aber sage euch: Macht nur einen Blick auf so manche Schönheit eurer Blumen und auf deren mannigfache schöne Form – könntet ihr hier nicht auch fragen: „Warum muss denn die Blüte gar so schön sein? Wäre zur Hervorbringung eines höchst einfachen Samenkörnchens denn nicht eine bedeutend weniger ansehnliche Blüte tauglich?" – Seht, für solche Fragen sind die Antworten noch nicht reif; denn was die Schönheit solcher Wesen betrifft, so könnt ihr den Grund noch unmöglich erfassen, da er im Bereich Meines Lichtes oder Meiner Weisheit sitzt. Daher begnügen wir uns nur mit der alleinigen Anschauung und nehmen als den allgemein gültigen Grund aller solcher Erscheinungen an, dass Ich, der überqute und höchst weise Schöpfer aller Dinge, schon gar wohl wissen werde, wozu Ich die Dinge und Wesen so und so gestaltet habe.

7. Nachdem wir also dieses Tier beschaut haben, wollen wir noch den Blick auf ein anderes solches fliegendes Tier werfen. Dieses Tier nennen die Saturnusbewohner das Fliegende Band oder manchmal

auch den Fliegenden Strick. Auf welche Weise kommt denn dieses Tier zu diesem Namen? Wenn wir das Tier erst ein wenig werden beschaut haben, so wird die Erklärung von selbst folgen. Seht, dieses Tier hat seinem Leibe nach eine zierliche Ähnlichkeit mit einem wohlgebildeten Affen der Erde. Wenn es auf der Erde herumgeht, da bedient es sich der Hinterbeine gleich einem Menschen. Der vorderen Pfoten, welche sehr lang sind und gegen den Leib zu ebenfalls mit einer Flughaut versehen, welche ebenfalls bis zur Hälfte der Hinterbeine befestigt ist, bedient sich dieses Tier gleich so wie sich der Affe bedient seiner Vorderpfoten. Wenn dieses Tier aufrecht steht, da hat es eine Länge von drei Klaftern; wenn es sich aber zusammenkauert, dann ist es natürlich mehr als um die Hälfte kürzer. Der Leib dieses Tieres hat an und für sich gar nichts Ausgezeichnetes, außer dass er am Bauch sehr lichtbläulich aussieht und zu Ende des Rückens dunkelrote Wolle hat.

8. Was ist demnach aber das eigentlich Auszeichnende dieses Tieres? Solches ist sein Schweif, welchen dieses Tier nur dann ausrollt oder vielmehr ausbreitet, wenn es fliegt. Wann es aber auf der Erde herumgeht, dann rollt es den Schweif so geschickt zusammen, dass derselbe ihm dann über dem Steiß so zu liegen kommt, als hätte ihm jemand eine runde Rolle irgendeines Überzeugs angebunden. Dieser Schweif hat bei einem ausgewachsenen Tier, das wir soeben betrachteten, nicht selten eine Länge von neunzig bis einhundert Klaftern eures Erdmaßes und ungefähr eine Breite von einer Elle und ist bei alldem so fein, dass er im zusammengerollten Zustand kaum eine Rolle von zwei Spannen Durchmesser bildet. Das Aufrollen geschieht durch innere, durch den ganzen Schweif gezogene Gefühlsfäden; denn der Schweif hat keine Glieder, sondern ist pur eine Hautverlängerung des Rückens. Seine Farbe ist die eines allerhellsten Regenbogens und ist von unten also mit kleiner und äußerst kurzer Wolle versehen, wie ein aufgeschnittener Seidensamt, so dass diese Wolle lauter kleine, sehr hellscheinende Wollwärzchen bildet. Nun könnt ihr euch schon von selbst die Frage beantworten, warum dieses Tier das Fliegende Band genannt wird.

9. Nur sehr selten findet man aber, besonders in den volkreicheren Ländern, dieses Tierchen noch im Besitz seines Schweifes; denn die Saturnusbewohner gehen sehr häufig auf die Jagd dieses Tieres aus,

welches sich am Tag sehr leicht fangen lässt, da es zu dieser Zeit niemals auffliegt. Sobald aber ein solches Tier gefangen wird, so geschieht ihm sonst zwar nichts, aber mit dem Schweif kommt es auf keinen Fall mehr davon; denn dieser wird ihm sobald knapp am Rücken abgeschnitten und von den Saturnuseinwohnern, besonders was die Vorzüglichsten des Landes betrifft, als Kleiderschmuck benützt. Besonders sind wieder die Weiber große Freundinnen dieses Schmuckes, nachdem sie ihn zuvor mit einem wohlriechenden Blumenöl vollkommen biegsam und gleich eurem Leder zäh und haltbar gemacht haben. Gewöhnlich wird dann dieser Schweif entweder als ein Stirnband getragen; von manchen aber wird er auch um die Lenden geschlungen. Dieses Tier ist demnach den Saturnusbewohnern ein stets willkommener Gast. Und weil dem Tier nach und nach der abgeschnittene Schweif wieder nachwächst, so wird auch dieses Tier in einigen Ländern gezähmt und gewisserart im Haus aufgezogen.

10. Mit dieser Zucht geben sich vorzugsweise die euch schon etwas bekannten Saturnusjuwelenhändler ab. Und da der Preis des Schweifes vorzüglich nach der Länge bestimmt wird, so geschieht es nicht selten, dass sie zwei, manchmal auch drei kürzere Schweife zusammenheften und verkaufen sie dann als einen ganzen. Wenn dieser Betrug aber entdeckt wird, so wird ein solcher Saturnuskaufmann von den Weibern ebenfalls sehr empfindlich gezüchtigt,

11. indem in diesem Planeten es sehr häufig der Fall ist, dass die Weiber über das menschliche Geschlecht gewisserart die Jurisdiktion ausüben; denn das männliche Geschlecht im Saturnus ist gewöhnlich, wie ihr zu sagen pflegt, vorzugweise äußerst verliebt. Aus diesem Grund ist es dann auch zu nachgiebig und lässt sich nicht selten aus lauter Liebe zu den Weibern bei der Nase herumführen, wie es den Weibern nur immer beliebt. Jedoch sind anderseits die Weiber im Verhältnis zu den Weibern der Erde ums Unvergleichliche züchtiger und häuslicher; was dann auch sehr bedeutend dazu beiträgt, dass ihnen die Männer höchst geneigt sind und ihnen auch gerne so manche auszeichnende Vorrechte einräumen. Jedoch in der Folge, wenn wir zu den Saturnusbewohnern kommen werden, wird davon ohnehin alles gehörig beleuchtet werden. Und so wenden wir uns wieder zu unserem Tierreich.

Kapitel 20

Große Anzahl von Fledertieren. Über das Vogelreich. Das Flugschiff. Der Himmelsbote und dessen Flugtonakkord. Gesang und Musik der Saturnusmenschen

1. Wie schon anfangs bei der Kundgabe dieser fliegenden Tiere erwähnt wurde, dass es deren eine große Menge gibt, also sage Ich es auch hier: Diese Menge ist nach der Zahl der Gattungen und Arten für diesen Planeten übergroß, dass ihr kaum, wie gesagt, auf zehntausend Bogen ihre Namen unterbringen würdet. Aber dennoch ist ihre verschiedenartige Gestaltung bewunderungswürdiger als ihre große Anzahl selbst. Denn fast alle vierfüßigen Tiere dieses Planeten wie auch sehr viele Fischgattungen sind in diesen fliegenden Tieren eine Abartung. Und es verhält sich die Sache geradeso, als wenn ihr auf eurer Erde alle samt und sämtlichen zahmen und wilden Tiere nebst allen den Amphibien und den meisten Fischgattungen möchtet ebenfalls also wie eine Flattermaus beflügelt haben und hättet dadurch beflügelte Elefanten, Pferde, Ochsen, Löwen, Tiger, Hyänen und so fort durch die ganzen Tierreiche durch. Was hier für die Erde nur beispielsweise angeführt ist, das findet sich im Saturnus buchstäblich vor – nur sind die fliegenden Tiere viel kleiner gegen diejenigen, denen sie in der Form entsprechen, und die wirklichen oder unbeflügelten, die entweder den festen Boden dieses Planeten oder die Gewässer desselben bewohnen, sind aber dann bei weitem größer, stärker und mächtiger.

2. Nun könnt ihr euch schon einen Begriff machen, wie lebhaft es allhier aussehen mag; und könnt euch noch dazu das Angenehme denken, wenn ihr euch noch dazu denkt, dass diese Tiere zumeist gutmütiger Art sind und die Saturnusmenschen durch die Stärke ihres Willens fortwährende Meister sowohl der Elemente wie auch umso mehr der fast allermeisten Tiere sind, mit Ausnahme nur sehr weniger, welche ungefähr in dem Ansehen unseres schon bekannten Fisches stehen.

3. Nachdem wir unsere fliegenden Tiere in unserem Saturnus beobachtet haben, und zwar diejenige Klasse derselben, welche sich ohne Gefieder in die Luft erheben und in derselben herumfliegen können,

und haben dabei gesehen, wie groß ihre Zahl und Mannigfaltigkeit ist, so dürfte euch wohl sicher der Gedanke sich in einer bescheidenen Frage aufwerfen: „Wenn es so viel solcher fliegender Gäste in diesem Planeten gibt, wer mag da noch bestehen? Da muss ja die Luft ganz undurchsichtig sein, wenn alle diese Tiere auffliegen; und wenn sie auf den Saturnuserdboden dann wieder aufsitzen, da wird ja kaum so viel Platz mehr übrig bleiben, dass irgend jemand nur nötigen Falls seinen Fuß dahinsetzen könnte. Allein diese Besorgnis ist von eurer Seite für diesen großen Planeten so gut wie ganz vollkommen eitel. Denn bedenkt nur, dass dieser Planet über tausendmal so groß ist wie die Erde und dass er, wie ihr schon wisst, über siebzig große Kontinente besitzt, von denen einige so viel Flächenraum haben wie die ganze Erdoberfläche, so das Meer und alle anderen Gewässer festes Land wären. Wie aber jedermann auf der Erde mit den Tieren nicht zu sehr überlästigt wird, ebenso gut auch werden die Bewohner des Saturnus von den dortigen Tieren nicht überlästigt; sondern es besteht da eine überaus gute Ordnung, und ungeachtet dessen, dass es so viele und seltsame Tiergattungen auf diesem Planeten gibt, werden aber diese im freien Zustand doch viel weniger gesehen als so manche Tiere bei euch auf eurem Planeten, auf welchem überhaupt sich alles in engeren Kreisen bewegt als auf dem Saturnus.

4. Damit ihr euch von der weiteren Ausdehnung in allem einen kleinen Begriff machen könnt, so mache Ich euch nur darauf aufmerksam, was Ich schon bei einer früheren Gelegenheit erwähnt habe, und zwar gleich anfangs der Eröffnungen über diesen Weltkörper, allwo es angedeutet wird, dass die Wohnungen der Saturnusbewohner, für eure Füße berechnet, so ziemlich weit voneinander abstehen. Wie es aber mit den Entfernungen der Saturnusbewohner steht, also steht es auch mit allen anderen Verhältnissen, da alles seinen vollkommen hinreichenden Platz hat; aus welchem Grund auf diesem Weltkörper die Grenzstreitigkeiten so gut wie ganz fremd sind.

5. Seht, solches musste hier vorangeschickt werden, damit ihr bei der noch folgenden Aufzeichnung der gefiederten Luftbewohner und dann der anderen Tiere des festen Bodens nicht von einem

schwindelnden Unglauben befallen werdet, so ihr die folgenden Maße der Tiere noch werdet kennenlernen.

6. Und somit wenden wir uns zu unseren Vögeln. Ihr wisst, wie mannigfaltig diese Tiergattung schon auf eurem kleinen Planeten ist, wenn ihr da vom riesigen Strauß bis zum kleinen Kolibri dieselbe zu zählen anfangt. Was aber ist diese Kleinigkeit gegen die Ausdehnung in unserem Planeten; denn daselbst gibt es noch ums Tausendfache mehr Gattungen dieses Getiers als auf dieser Erde. Wenn ihr die Zahl der Gattungen bestimmt wissen wollt, so sage Ich euch, dass, so im Saturnus von jeder Gattung nur ein Männlein und ein Weiblein vorhanden wären, es schon zweihundertundvierzig Millionen Vögel gäbe. Freilich wohl leben nicht alle Gattungen in einem und demselben Land, sondern in einem jeden Land finden sich auch wieder andere Gattungen vor, und selbst in einem Land sind die Gattungen verschieden. So sehen sich diejenigen Gattungen durchaus nicht ähnlich, wenn sie auch einer und derselben Art sind, davon ein Teil bewohnt den südlichen und ein Teil den nördlichen Teil eines und desselben Landes, z. B. eine Wasserhenne, welcher Vogel in diesem Planeten sehr berühmt ist, sieht in den südlichen Gewässern bei weitem anders aus als in den nördlichen. Und so sind alle Vogelgattungen, sowohl zahme als nicht zahme, sich verschieden in ihrer Gestalt und Farbe sowohl als auch in ihrer Tauglichkeit – vom Süd bis zum Nord und vom Ost bis zum West eines und desselben Landes.

7. Da ihr aus dem bereits Gesagten sicher entnehmen könnt, dass es eine reine Unmöglichkeit für euch wäre, euer ganzes Leben hindurch nur mit der Niederschreibung der Namen dieser Tiere fertig zu werden, so wird es euch sicher noch ersichtlicher sein, dass es noch unmöglicher wäre, euch jeden einzelnen Vogel der Gattung nach zu beschreiben nach allen seinen Verrichtungen, nach seiner Form und nach seiner Bestimmung. Solches ist alsdann ersichtlich, und so wollen wir denn auch aus dem befiederten Reich der Tiere nur einige der allermerkwürdigsten kurz darstellend herausheben und nehmen in dieser Hinsicht auch sogleich den ersten und den größten Vogel dieses Planeten her und wollen ihn mit einigen flüchtigen Blicken beschauen.

8. Behor oder das Luftschiff, so heißt unser Vogel. Ihr könnt es glauben, dass er, so er sich auf der Erde befinden würde, sicher mehr Raum

einnehmen möchte als das allergrößte Linienschiff, ohne dass er dabei nötig hätte, seine Flügel auszuspannen. Wenn dieser Vogel fliegt oder wenn er seine Flügel ausspannt, so sind nach eurem Maß die Spitzen der beiden äußersten Flügelfedern eine gute Stunde Weges voneinander entfernt. Die Kiele der Flügelfedern haben einen größeren Durchmesser als die dicksten Eichbäume auf eurer Erde. Und eine jede Feder am Flügel ist vom Kiel bis zur äußersten Spitze nicht selten bei achthundert Klafter lang. Dieser Vogel hat ebenfalls sehr lange und starke Füße, so zwar, dass wenn er auf seinen Füßen steht, dieselben für ihn fast ebenso etwas zu lang herauskommen wie bei einem sogenannten Fischreiher auf eurer Erde. Warum hat denn aber dieser Vogel so unverhältnismäßig lange Beine? Weil er ein Wasservogel ist und sich somit beständig an den Meeresgegenden aufhält, allwo er sich von den Fischen nährt. Am Land wird er niemals gesehen, sondern nur stets auf dem Wasser schwimmend oder nicht gar zu hoch über der Meeresfläche dahinfliegend, aus welchem Grund er auch das Fliegende Schiff genannt wird.

9. Ist dieser Vogel etwa schön? Nein, dieses Tier plagt die Schönheit nicht. Wenn ihr in eurer Phantasie euch einen Fischreiher vergrößern wollt, da dürftet ihr so ziemlich die Gestalt unseres Fliegenden Schiffes vor Augen gestellt haben. Er ist durchgehend von aschgrauer und mitunter dunkelbrauner Farbe, hat einen Schnabel wie ungefähr eine Gans bei euch und so ziemlich auch einen ihr ähnlichen Kopf, nur natürlich verhältnismäßig größer. Denn einen Fisch, der in den Gewässern des Saturnus so groß ist wie ein ausgewachsener Haifisch in einem eurer Meere, verschlingt dieser Vogel mit derselben Leichtigkeit wie ihr eine Erdbeere. Sonach hättet ihr die Gestalt dieses Vogels so kurz und so gut als möglich dargestellt.

10. Nur dürfte vielleicht hier und da einer fragen, ob dieser riesige Vogel den Saturnusbewohnern etwa ein gefährlicher Gast ist? Nein, das ist er durchaus nicht, da er von sehr furchtsamer Natur ist und flieht jede Annäherung des Menschen, sogar die eines Kindes. Seine Größe ist mehr eine Scheingröße als eine wirkliche Kraftgröße; denn nur seine reichlichen und viele Klafter langen Federn machen ihn so groß

aussehend. Wäre er dieser beraubt, so dürfte er bei weitem nicht so viel wiegen wie das schwächste Weib dieses Planeten.

11. Somit hätten wir nun einen, und zwar den größten Vogel dieses Planeten, schon kennengelernt. Auch dieser Vogel artet sehr aus in den verschiedenen Meeren und ist an sich selbst verschieden sowohl an Größe als auch an der Farbe und an der Gestalt. Da wir nun auf diese Weise mit diesem Tier nichts mehr zu tun haben, so gehen wir wieder auf eine andere Gattung über.

12. Nach dieser Gattung kommt als merkwürdigster Vogel des Saturnus einer unter dem Namen der Himmelsbote vor. Dieser Vogel hat ganz wohl die Gestalt einer vollkommen weißen Taube bei euch. Nur ist er natürlicherweise um nahe fünfhundertmal so groß wie eine Taube bei euch. Von diesem Vogel glauben die Saturnusbewohner, dass er sich beständig in der Luft herumfliegend aufhalte, da ihn noch nie jemand je irgendwo hat aufsitzen gesehen. In einer Hinsicht haben die Saturnusbewohner wohl recht. Denn auf dem Land sitzt er auch wirklich nirgends auf, sondern fliegt bald hoch bald nieder ganz gemächlich in der Luft herum. Aber wenn er also des Fliegens müde geworden ist, da fliegt er alsbald mit großer Schnelligkeit den Meeresgegenden zu, allwo er sich dann in den allerabseitigsten Winkeln der Meeresufer verbirgt und daselbst seine Nahrung sucht, welche in einer fetten Art weißen Klippenmooses besteht.

13. Hat er sich nach kurzer Zeit gesättigt und so gestärkt, dann fliegt er sobald wieder auf, und zwar zu einer außerordentlichen Höhe, von da aus er dann wieder seine Luftpromenade landeinwärts macht. Besonders pflegt er solches gerne am Morgen vor dem Aufgang der Sonne zu tun, aus welchem Grund er auch in manchen Gegenden den Namen der Sonnenbote führt, d. h. so nennen ihn so manche Bewohner des Saturnus.

14. Dieser Vogel singt in seinem Flug allerlei Vogellieder, und das zwar in viel vollkommenerem Maße als bei euch eine Nachtigall; daher er auch nicht selten, besonders von den Weibern, der muntere Morgensänger genannt wird.

15. Obschon aber dieser Vogel besonders in den dem Meer näher gelegenen Länderteilen sehr häufig gesehen und gehört wird, so bleibt

aber dessen ungeachtet dennoch ein jeder Saturnusbewohner stehen und sieht diesem Vogel so lange nach, bis er ihn der Ferne halber verloren hat. Denn die Saturnusbewohner sind manchmal so erbaut beim Anblick dieses Vogels, dass sie sehr geneigt wären, ihm eine göttliche Verehrung zu erweisen, wenn solches zugelassen würde von den Geisterengeln dieses Planeten.

16. Allein damit solches nicht geschieht, so haben diese Vögel den eigenen Instinkt, dass sie nichts so sehr meiden wie die Blicke der Menschen. Es darf daher nur ein Saturnusmensch einen solchen Vogel ins Auge fassen, so darf er auch fest darauf rechnen, dass dieser Vogel sich bald seiner Gafflust entziehen wird. Aus eben diesem Grund bewohnt dieser Vogel auch allzeit solche Stellen, die den Blicken des Saturnusmenschen rein unzugänglich sind.

17. Das Beachtenswerteste dieses Vogels ist sein zuweilen außerordentlich schneller Flug, von dem ihr euch nicht leichtlich einen Begriff machen könnt. Denn wenn er so recht im Zuge ist, da ist es ihm nur ein Leichtes, in einer Stunde tausend von euren Erdmeilen zurückzulegen. Wenn dieser Vogel bei der Nacht fliegt, so ist er durchaus weißglänzend zu sehen, so zwar, dass er in seinem Schnellflug fast dieselbe Erscheinung darbietet, wie bei euch auf der Erde ein sogenannter fliegender Drache. Über das Land fliegt er besonders gerne nur bei Nachtzeit, wo er dann für die Bewohner des Saturnus ein Hauptspektakel gibt; ja manche sind so eingenommen für diese Lichterscheinungen, dass sie sich an jenen Orten, wo dieser Vogel häufig zu Hause ist, auf irgendeinem baumfreien Hügel mit dem Rücken niederlegen, um nur desto ungehinderter den Flug solcher Vögel so recht satt angaffen zu können.

18. Noch eine Merkwürdigkeit dieses Vogels besteht darinnen, wenn zwei, drei oder mehrere Vögel in gerader Linie ihren Schnellflug ausführen, so geschieht da gewöhnlich, dass durch die schnelle Durchschneidung der Saturnusluft ein ziemlich reiner Ton erzeugt wird. Wenn dann natürlich mehrere Vögel dieser Art nach einer und derselben Richtung hinschießen, bildet fast ein jeder Vogel einen anderen Ton, welche Töne zusammen dann nicht selten einen Akkord nach eurer Kunstsprache bilden, welcher vom pianissimo bis zum fortissimo und von da

wieder ins pianissimo also verschwindet, als wie da verschwindet ein angeschlagener Ton oder Akkord auf einem Klavier.

19. Seht, so hat dieser Vogel besonders für den Saturnusbewohner außerordentlich viel Anziehendes, da die Saturnusbewohner große Freunde des Gesanges und ganz besonders von harmonischen Tönen, aber dessen ungeachtet selbst nicht eben zu sehr musikalisch sind. Und haben sie auch nur höchst elende und dürftige musikalische Instrumente, [so haben sie] aber desto reinere Kehlen zum Gesang, wo dann die Weiber gewöhnlich die Melodien, die Männer aber gerne Akkorde zusammen singen. Und sie können sich oft mit einem glücklich erfundenen Akkord tagelang unterhalten, denn wenn sie da ihre Töne bald auslassen, so brauchts dann manchmal sehr viel Mühe, bis sie, wie ihr zu sagen pflegt, zufälligerweise wieder auf einen guten Akkord gelangen. Doch was dergleichen fernere saturnusmenschliche Verhältnisse betrifft, wird alles am rechten Ort noch deutlicher dargeboten werden. Und da wir somit von unserem Himmelsboten, Sonnenvogel und Morgensänger nichts mehr Erhebliches dartun können, so wollen wir uns dafür wieder zu einem anderen gefiederten Luftbewohner wenden.

Kapitel 21

Die Vögel sind die besten Sänger im Saturnus. Über die reizendste Musik

1. Sänger über den Flüssen und Seen heißt diese Gattung der Vögel, die wir jetzt näher betrachten wollen. Es ist dieser Vögel schon einmal erwähnt worden, ihres reizenden Gesanges wegen; dessen ungeachtet aber wollen wir ihnen hier noch eine kleine Aufmerksamkeit widmen und da vorerst sehen, welche Gestalt ihnen eigen. Was ihre Gestalt anbelangt, so hat diese eben nichts besonders Erhebliches, sie sehen so ziemlich euren Schwänen ähnlich; nur sind sie gut ums Zwanzig- bis Dreißigfache größer als diese Vögel bei euch auf der Erde und ist im Verhältnis ihr Hals nicht so lang, aber dafür viel dicker. Und was den Kopf betrifft, so ist dieser ebenfalls im Verhältnis größer als bei euren Schwänen.

2. Diese Vögel haben einen sehr beugsamen Kehlkopf, mit welchem eine sehr bewegliche Zunge in Verbindung steht, und haben auch im Verhältnis zu ihrem übrigen Körpermaß eine große, sehr elastische und viel Luft fassende Lunge. Diese Vögel sind die eigentlichen Musiker in diesem Planeten und sind in musikalischer Hinsicht wahre Kaleidoskope. Denn ein solcher Vogel hat das Eigentümliche, dass er sich in seiner Gesangsweise nie wiederholt. Und so er jahrelang singt, da kommt aber dennoch nie wieder irgendeine schon gesungene Melodie zum Vorschein.

3. Das aber ist nicht das eigentlich Überraschende; dieses besteht darinnen, dass, wenn mehrere Vögel, was gewöhnlich zu geschehen pflegt, in Kompanie oder Gesellschaft ihre Lieder singen, nie ein disharmonischer Akkord zum Vorschein kommt. Denn wenn da ein Vogel zu singen pflegt, so singt auch sobald ein zweiter, dritter und vierter usw. mit, jedoch niemals eine und dieselbe Melodie. Es wird aber dennoch ein jeder Vogel durch sein sehr reizbares Gefühl von dem Gesang eines anderen Kameraden so gehalten, dass er seine ganz eigentümliche Melodie stets so führt, dass sie mit der seines Vorsängers niemals in einen

unharmonischen Kontrast gerät. Solches ist auch der Fall, wenn dreißig oder noch mehr solcher Vögel sich vergesellschaften.

4. Wer da ein Freund des allerstrengsten und allergelungensten sogenannten Fugensatzes ist, dessen Ohren hätten da jahraus jahrein keine Rast. Denn nicht nur allein dass hier stets neue Ideen sich begegnen, sondern diese Ideen werden da so moduliert und wechseln die Grundtonarten so überraschend, dass sich davon der allergrößte Tondichter auf der Erde nicht den allerleisesten Begriff machen kann. Denkt euch noch dazu die allerreinsten Stimmen, gegen die der Ton eines der allerbesten Sänger auf eurem Erdkörper ein barstes Gekreisch ist, so könnt ihr euch schon eine kleine Vorstellung machen, welchen fröhlichen Genuss dies für einen Saturnusbewohner abgibt, der schon von seiner Geburt aus ein so großer Tonfreund ist. Ich sage euch, wenn es euch möglich wäre, nur drei Töne aus der Kehle eines solchen Wassersängers aus dem Saturnus zu hören, fürwahr, alle eure Musik auf der Erde würde euch sobald für alle Zeiten unerträglich werden.

5. Die Wassersänger aber sind auch zugleich schuld daran, dass die Saturnusbewohner, obschon sie so große Freunde der Musik sind, sich aber dennoch äußerst wenig auf dieselbe verlegen, denn sie sagen: „Unsere Kehlen sind gegen diese Sänger nur aus plumpem Holz. Und die Töne, die wir irgend erfinden, sind dagegen nicht anzuhören. Solange uns der große Geist der Geister diese Sänger lässt, haben wir der herrlichsten Musik in großer Menge." Und so wird auch besonders von jenen Saturnusbewohnern, die an den Ufern solcher Seen leben, die Musik gar nicht betrieben, wohl aber von denjenigen, welche natürlicherweise entfernter leben von solchen Gewässern, darunter zumeist die Gebirgsbewohner zu verstehen sind.

6. Können diese Vögel nicht gefangen und zahm gemacht werden? O ja, das können sie recht wohl; aber wenn ein solcher Vogel gefangen ist, dann singt er auch nicht mehr, und wenn da auch eine ganze Gesellschaft beisammen wäre. Sobald er aber wieder freigegeben wird und auf dem Wasserspiegel herumschwimmt, da ist auch der Virtuose schon wieder fertig.

7. Seht, das sind demnach die singenden Vögel, deren schon früher einmal erwähnt wurde. Es dürfte auch hier mit der Zeit die Frage sich

aufwerfen, ob diese Sänger in allen den vielen und großen Ländern dieses Planeten zu Hause sind und wo sie sich in einem Land vorzüglich aufhalten, ob mehr im südlichen, nördlichen, östlichen oder westlichen Teil? Da sage Ich euch, dass fürs Erste diese Vogelgattung fast in den meisten großen Festländern dieses Planeten zu Hause ist. Aber in den Ländern selbst hält sie sich dennoch zuallermeist in den südlichen Regionen derselben auf.

8. Die nördlicheren Teile sind zumeist nur sehr dürftig damit versehen, dafür sie aber dann auch schon wieder eine andere Vogelgattung besitzen, die ihnen gewisserart die allerausgezeichnetste Sängergesellschaft entbehrlich macht. Jedoch sind diese nördlichen Luftsänger keine Melodiensänger, sondern da singen mehrere so zusammen, wie da ein Wind durch die Saiten einer Harfe, Töne herauslockend, bläst. Hier kommt's freilich nur selten vor, dass diese viel schwächeren Tonkünstler auf einen wohlklingenden Akkord treffen. Aber für den Saturnusbewohner, der nie Gelegenheit hatte, die besseren Sänger zu hören, ist das dennoch etwas sehr Erhebendes. Wenn diese Vögel aber auch nicht so wohlkonditionierte Wundersänger sind, so sind sie aber anderseits desto heimlicher; und was ihre Gestalt betrifft, da sind sie die bei weitem allerschönste und herrlichste Vogelgattung dieses Planeten. Was aber diese betrifft, davon wollen wir in der nächsten Mitteilung etwas Näheres kennenlernen. Und somit sei für heute mit unseren berühmten Sängern die Mitteilung beschlossen.

9. Wie sehen also diese Vögel aus? Hier wird es ein wenig schwer halten, eine haltbare oder vielmehr gelungene Vorstellung zu machen von dem, wie diese Vögel aussehen, da auf der Erde durchaus kein ähnlicher Vogel anzutreffen ist. Dessen ungeachtet aber wollen wir ihn dennoch so darstellen, dass ihr euch zum wenigsten einen kleinen Begriff machen könnt, wie gestaltet dieser Vogel ist. Und so hört denn:

10. Dieser Vogel ist, was seine Größe betrifft, so groß wie ein wohlausgewachsener Ochse bei euch. Auf dem Leib hat er durchaus grünlichgoldene Federn, welche mehr wollig als glatt sind. Die kleineren Federn am oberen Flügelrand, vom Leib angefangen bis zum Ende des Flügels, sehen aus wie poliertes Gold, über welches man eine hochrote Karminfarbe auftragen möchte. Die Schwungfedern der Flügel selbst sind

hellblau; die Ränder derselben aber sehen aus wie mattes Gold. Die Kiele der Federn sind blendendweiß und schillern also verschiedene Farben wie eine Goldperlmuschel bei euch. Der Schweif besteht aus sehr langen Federn, die in zwei Teile abgeteilt sind, wie ungefähr bei einer Schwalbe bei euch; nur sind diese Federn nicht mit steifen, sondern mit weichen, langen und fliehenden Flaumen bekleidet. Diese fliehenden Flaumen haben ungefähr die Farben wie die Flaumen an der Schweiffeder eines Pfaues bei euch. An den äußersten Rändern oder Spitzen hängt ein förmlicher Mähnenbusch von solchen fliegenden Flaumen, welcher manchesmal bei drei Ellen lang von den Federn herabhängt, aber bei allem dem so leicht ist, dass sein ganzes Gewicht nach eurer Waage berechnet kaum ein halbes Quintel Gewichtes wiegen dürfte. Diese Flaum-Mähnen sind mit allen Farben so gefärbt, dass sie bei jeder Wendung eine andere Farbe spielen.

11. Die Füße dieses Vogels sind ganz vollkommen weiß und ganz wohl gebildet, das heißt, nicht etwa nach der Art der Füße der Vögel auf eurer Erde. Der Unterschied besteht darinnen, dass die Füße eurer Vögel gewöhnlich nackt und höchst mager sind, während die Füße der Vögel im Saturnus viel fleischiger sind, und sind bekleidet noch bis zur Kralle mit dem schönsten Gefieder, welches allzeit so aussieht wie das Gefieder des Bauches, nur gewöhnlich etwas heller in der Farbe. Die sogenannten Vogelkrallen oder, eigentlicher und verständiger gesprochen, die Finger oder Zehen am Fuß der Vögel sind bei den Vögeln des Saturnus zumeist so gestaltet wie auf der Erde die Pfoten eines wohlgebildeten Affen. Bei diesem unserem Vogel aber haben sie die Gestalt einer förmlichen Menschenhand, nur dass da auch die Finger bis an die Spitznägel mit schönen leichten Federchen versehen sind.

12. Also sähe dieser Vogel dem Leibe nach aus bis zum Kopf. Allein der Kopf ist aber zugleich auch das Merkwürdigste an diesem Vogel. Warum denn? Seht, dieser Vogel hat im Ernst zwei Köpfe, aber nicht etwa so, wie ihr euch einen Adler mit zwei Köpfen vorstellt, sondern diese zwei Köpfe stehen übereinander, ungefähr so, als wenn irgendein Frauenzimmer vom Scheitel ihres Hauptes aufsteigend noch hätte einen Aufsatz von einem Schwanenhals samt dessen Kopf.

13. Der untere Kopf ist ziemlich rund und hat der Länge nach von unten nach oben einen Durchmesser von nahe zwei Fuß eures Maßes, der Breite nach aber anderthalb Fuß. Dieser Kopf hat ein förmliches weibliches Menschengesicht, nahe so, wie bei euch auf der Erde die etwas seltenen sogenannten Meeresjungfern, und ist mit den reichsten, ins Dunkelblaue übergehenden langen Haaren versehen; über welchen Haaren sich dann noch ein drei Ellen langer Hals mit einem euren Schwänen nicht unähnlichen Kopf befindet, welcher Kopf diesem Vogel dieselben Dienste tut, als wie der Rüssel einem Elefanten.

14. Durch diesen zweiten Kopf nimmt dieser Vogel keine Nahrung und kann auch keine nehmen, da dessen Hals mit keinem Schlund versehen ist. Dessen ungeachtet hat auch dieser Kopf seine zwei Augen, und da er sehr beweglich ist, so kann sich dieser Vogel mit dieses oberen Kopfes Augen überall beschauen, wohin er mit den Augen des unteren Kopfes nicht hingelangen kann. Mit den Augen des unteren Kopfes, welche sehr scharf sind, kann er aber wieder [bis] in die weitesten Entfernungen alles sehr genau ausnehmen. Das Gesicht des unteren Kopfes ist aber nicht etwa nackt, sondern ist ebenfalls mit sehr kleinen, blaßroten Federchen besetzt; nur die Lippen sind frei, und die Mündungen der etwas plattgedrückten Nase. Alles andere aber ist befiedert. Die Augen des unteren Kopfes sind groß und hellblau, und die Stirn geht gegen den oberen Hals ins Blendendweiße über. Der Hals des oberen Kopfes aber ist hellviolett und der Kopf ganz feuerrot. Der Schnabel aber ist bläulichweiß und sehr fest zum Halten ergriffener Gegenstände.

15. Wie nimmt denn dieser Vogel hernach seine Nahrung zu sich? Und wie trinkt er? Dieses geschieht auf eine sehr einfache Art. Er löst mit dem oberen Kopf die Früchte vom Baum ab und hält sie dann vor den Mund des unteren Kopfes, welcher dann natürlicherweise mit seinen scharfen Zähnen, gleich den Affen bei euch, sehr hurtig und munter hineinbeißt und also dieselben auch bald verzehrt. Will nun der Vogel trinken, so bedient er sich des oberen Kopfes statt eines Trinkglases. Er schöpft nämlich in den ziemlich großen Raum des unteren Kopfes das Wasser aus dem oberen Kopf heraus.

16. Seht, das ist also unser zweiter, freilich wohl etwas unvollkommener Sänger, indem er nur einen Ton singen kann. Aber dieser Ton ist

dennoch so schön und wohlklingend, dass er auf eure Ohren noch immer effektvoller wirken dürfte als ein ganzes komplettes irdisches Konzert.

17. Denn ihr könnt es sicher glauben, dass selbst die Musik der Himmel, wenn sie am reizendsten ist, nicht in einem Konflikt von vielen Tönen besteht, sondern in einem ganz einfachen Ton. Diese Musik ist die ergreifendste und die wirksamste. Denn prüft es nur bei euch, was euch im Grunde lieber ist: ein allerschönster Ton eines Sängers oder einer Sängerin – oder ein kreischender Instrumentalakkord? Wenn aber jemand hat eine überaus reine und höchst wohlklingende Stimme, ist's da nicht schade um jeden Ton, der da verdeckt wird durch die anderen kreischenden Töne? Es liegt also nicht in der Vielheit der Töne, sondern in der Qualität des einzelnen Tones die ergreifende Wirkung der Musik. Denn ein vollkommener Ton ist ja in sich selbst schon die allerreinste Harmonie, da er nicht einzeln für sich zur vernehmbaren Erscheinung gelangt; sondern, wenn er als Grundton auftritt, so sind in ihm schon die ihm entsprechenden und von ihm abgeleiteten Töne in gerechtem Klangverhältnis da, wie ungefähr bei einer reinen Glocke.

18. Alsonach müsst ihr euch auch den Ton dieses unseres nun bekannten zweiten Sängers im Saturnus vorstellen; aber nur in einer ziemlich tiefen Oktave, so wie z. B. das g, a und h in der großen Oktave bei euch. So könnt ihr euch eine ziemliche Vorstellung vom Gesang dieses Vogels machen. Wenn er zu singen anfängt, so fängt er höchst pianissimo an, steigert dann den Ton, ohne nur im Geringsten höher oder tiefer zu werden, bis zu einer solchen Stärke, als wäret ihr mit euren Ohren knapp an einer Glocke, wenn sie geläutet wird. In dieser Kraft hält er den Ton einige Sekunden lang; dann aber lässt er ihn wieder schwächer und schwächer werden bis zum gänzlichen Verschwinden. Wenn dann zwei, drei oder vier solcher Vögel beisammen sind, und sind, wie ihr zu sagen pflegt, zufällig gutgestimmter Kehlen, so gibt das oft einen überraschend wundervoll klingenden Akkord, welcher die Saturnusbewohner allzeit ergötzt.

19. Freilich bleibt es dann nur immer bei einem und demselben Akkord und steht dann diese Art Musik auch bei weitem nach derjenigen unserer bekannten Hauptsänger; aber dessen ungeachtet verfehlt diese

einfache Musik dennoch nie ihren Zweck. Es möchten zwei Saturnusbewohner noch so erbittert gegeneinander rücken, was in diesem Planeten hier und da nicht selten der Fall ist, so braucht's dann nichts mehr als eines solchen einfachen Gesanges und die zwei Feinde werden sich im Augenblick zu den innigsten Freunden. Aus diesem Grund werden auch diese Vögel sehr häufig „Ruhestifter" genannt.

20. Aus diesem Grund auch lassen sie sich zähmen und vertreten da die Stelle eurer Pfauen und werden als Zierdevögel angesehen; dessen ungeachtet aber gibt es auch eine bedeutende Menge ungezähmter. Die gezähmten haben zwar einen stärkeren Ton in ihrer Kehle, aber dafür gewöhnlich etwas rauer; während die ungezähmten höchst reine Töne von sich hören lassen. Die gezähmten werden manchesmal auch als Seltenheit in die südlichen Gegenden gebracht. Dort verlieren sie aber bald ihre Stimme, zufolge anderer Kost, und werden auch traurig und krank und gehen dann gewöhnlich auch bald zugrunde; darum die nördlichen Bewohner, welche diesen Vögeln sehr zugetan sind, nicht leichtlich zu bewegen sind, einen oder den anderen Vogel hintan zu geben.

21. Was noch die Geburt dieser Vögel betrifft, so bringt das Weibchen lebendige Junge zur Welt und säugt sie mit einer sehr vollen Brust, welche unter dem Hals des unteren Kopfes fast so wie bei einem Weib hängt; nur ist die Brust ebenfalls nicht nackt, sondern mit leichten Federchen bekleidet.

22. Jetzt habt ihr alles von diesem Vogel. Nach ihm wollen wir noch einiges Hausgeflügel betrachten und uns dann sogleich zu den Landtieren und sonach zum Menschen selbst wenden.

Kapitel 22

Die Haushenne. Die Goldene Kugel. Die Riesengans

1. Wie bei euch auf der Erde, so auch in diesem Planeten spielt die Haushenne die vorzüglichste Rolle der Hausvögel. Nur sieht diese Henne im Saturnus bei weitem anders aus als wie die bei euch auf eurer Erde. Es gibt aber schon auf dieser Erde in den verschiedenen Ländern und Weltgegenden auch ebenso verschiedene Arten und Gattungen dieses Geflügels. Solches ist demnach auch im Saturnus der Fall; dessen ungeachtet aber gibt es dort dennoch einen gemeinsamen Vogel, der dort als die fast überall gleichartig vorkommende Henne bekannt ist.

2. Wie sieht denn diese Henne aus? Fürs Erste ist sie wenigstens um hundert Mal größer als die bei euch auf eurer Erde; fürs Zweite ist eine jede Henne gleichfarbig. Die Flügel sind hochblau; der Rücken ganz weiß; der Schweif geht ins Hochrote über; der Bauch der Henne ist also gefärbt wie eine Muschel, welche euch unter dem Namen die Perlmutter bekannt ist; die Füße sind lichtrot; und der Hals, vom Kopf angefangen, ist lichtgrün bis in die Gegend der Füße, welche bei dieser Henne nahe an dem Kopf angebracht sind, so dass der bei weitem größere Teil des Leibes hinter den Füßen angebracht ist. Also ist der Vogel gefärbt.

3. Wie sieht es denn bezüglich der Form aus? Hier wird es wieder ein wenig schwer halten, euch ein richtiges Bild zu geben, nachdem auf der Erdoberfläche fast kein Vogel existiert, der dieser Henne im Saturnus gliche. Sonach müssen wir uns schon mehr ins Sonderheitliche einlassen. Kennt ihr dann solches, so wird es euch nicht zu schwer werden, den ganzen Vogel sich vorstellig zu machen.

4. Der Kopf ist sehr groß, im Verhältnis noch größer als der einer großen Nachteule bei euch zu ihrem sonstigen Leib. Zu beiden Seiten des Kopfes stehen zwei weiße Ohren in der Gestalt, wie sie ein Elefant bei euch auf der Erde hat, aber nicht so herabhängend. Vor den Ohren sind zwei verhältnismäßig große und sehr scharfe Augen, welche durch einen dunkelgrünen Federkamm geschieden sind. Ein wenig unter den Augen sitzt ein starker, etwas stumpfer, grauer Schnabel, auf welchen zwischen den Nasenlöchern, wie bei euch bei den indianischen

Hühnern, eine Art Rüssel herabhängt, welcher aber jedoch von diesem Vogel mehr in der freiwilligen Gewalt gehalten wird als der bei den indianischen Hühnern bei euch. Seine Farbe ist blutrot. Dieser also gestaltete Kopf ist mittels eines ziemlich langen, aber verhältnismäßig dicken Halses mit dem übrigen Leib verbunden.

5. Der Leib der Henne aber hat an und für sich ohne die Flügel und Füße eine vollkommen eirunde Gestalt. Die Flügel sind verhältnismäßig kurz und haben statt der festen Schwungfedern nur lange und mit weichen Flaumen versehene Stiele. Derjenige Teil der Flügel aber, welcher dem Kopf zugewendet ist, oder wenn ihr es leichter versteht, der obere Flügelrand, ist durchaus mit solchen Federn besetzt, wie sie auf der Erde die Strauße haben.

6. Vermöge dieser etwas stiefmütterlichen Behandlung der Flügel sind diese Vögel auch wohl nicht geschickt zu einem Flug. Da sie aber sehr lange und feste Beine haben, so können sie am Boden herum so schnell laufen, dass dieselben mit natürlicher Laufkraft der Saturnusbewohner nicht leichtlich eingeholt werden können. Wenn daher die Saturnusbewohner eine solche Henne frei abfangen wollen, so tun sie solches allzeit durch die Kraft ihres festen Willens, wovon zu seiner Zeit schon noch mehreres erwähnt wird. Der Schweif dieses Vogels ist ein Radschweif, aber nicht etwa auf die Art wie er da sich vorfindet bei den indianischen Hühnern bei euch, sondern so wie bei den Pfauen; nur ist er im Verhältnis größer und viel dichter als wie bei den Pfauen bei euch.

7. Nun setzt euch den Vogel also zusammen, wie euch dessen Einzelteile gezeigt worden sind, so könnt ihr euch einen ziemlich guten Begriff machen, wie dieser Vogel alldort aussieht. Nur müsst ihr den angegebenen Federfarben den schönen metallischen Glanz hinzufügen, dann habt ihr den ganzen Vogel vor euch.

8. Das Männchen unterscheidet sich nur durch die Größe von dem Weibchen und durch seinen oft lästig gellenden Gesang, während die Henne nur kurz abgebrochene Töne von sich stößt, welche eben auch nichts Angenehmes an sich haben – darum auch ein gemeines Sprichwort bei den Saturnusbewohnern ist, wenn sie einen recht schlechten Gesang bezeichnen wollen, dass sie nämlich sagen: „Höre auf mit Singen, denn deine Stimme ist schlechter als die einer Henne!"

9. Welchen Nutzen gewährt aber den Saturnusbewohnern dieses Tier? Fast denselben, welchen euch eure Haushühner gewähren. Diese Hühner legen nämlich sehr viele und sehr große Eier, welche von den Saturnusbewohnern sogleich, als roh, ausgetrunken werden; denn die Substanz dieser Eier schmeckt so süß wie bei euch eine recht gute Kuhmilch und ist auch im Saturnus viel schmackhafter als die ihrer großen Hauskühe. Die Schale des Eies, da sie sehr fest ist, wird beim schmaleren Teil gut und rein abgenommen und sodann als Trinkgefäß gebraucht, gewöhnlich für edle Säfte, von denen der Saturnusbewohner nur, wie er zu sagen pflegt, tropfenweise Kost nimmt, obschon ein so ausgehöhltes Ei ganz gut fünf Eimer nach eurem Maß fasst.

10. Für dieses Hausgeflügel bauen die Saturnusbewohner gewöhnlich einen lebendigen Stall, d. h. sie pflanzen für sie den euch schon bekannten Wandbaum an, machen dadurch einen länglichrunden Garten, der nicht selten eine halbe Quadratmeile Raum fasst. In diesem ziemlich großen Stall werden dann allerlei Gras[arten] und andere Pflanzen angesät und mitunter auch einige euch schon bekannte Regenbäume gesetzt, und es halten in einem solchen Stall sich dann manchmal bei einem vermögenderen Saturnusbewohner einige tausend solcher Vögel auf, welche dann auch einen bedeutenden Reichtum des sie innehabenden Saturnusbewohners ausmachen. Da aber diese Vögel nur unter sich verträglich sind, keinen fremden Gast unter sich dulden, so ist denn ein solcher Stall gewöhnlich allein für diese Vogelgattung errichtet. Dieser Stall wird aber dennoch stets ziemlich entfernt von der Hauptwohnung der Menschen errichtet. Warum solches, [das] könnt ihr euch leicht vorstellen, so ihr einen Rückblick auf den eben nicht sehr angenehmen Gesang dieses Vogels werft.

11. Es gibt aber neben diesem Vogel noch mehrere Gattungen anderer Hausvögel, welche jedoch weniger nützlich sind als dieser. Denn von diesem uns schon bekannten wird alles gar und nützlich verwendet, und es wird auch sein Fleisch gegessen, und aus seinen Federn werden, so wie bei euch, nicht selten weiche Lager bereitet, wogegen von den anderen Hausvögeln sehr wenig gebraucht wird; daher sie auch mehr der Unterhaltung und der Zierde wegen gehalten werden. Mancher wohlhabende Saturnusbewohner hat nicht selten alle möglichen

Gattungen solcher zahmer Vögel bei seiner Haushaltung. Mancher beschränkt sich aber nur allein auf die Haushühner. Aus den übrigen zahmen Vögeln wollen wir aber nur noch ein paar flüchtig betrachten.

12. Einer, die sogenannte Goldene Kugel, ist derjenige Vogel, welcher von den Saturnusbewohnern wegen des großen Glanzes seiner Federn als eine Hauptpracht der Haushaltung gerne gehalten wird. Dieser Vogel sieht geradeso aus, als wenn ihr nehmen würdet eine Kugel, welche wenigstens zwölf Klafter im Durchmesser hat, unter dieser Kugel aber [denkt euch] zwei starke Säulenfüße, mit strahlenartig ausgehenden Zehen versehen. Diese Darstellung beschreibt schon die ganze Form dieses Vogels; es versteht sich von selbst, wenn er seine Flügel geschlossen hat.

13. Er hat beinahe gar keinen Kopf, sondern auf der vorderen Seite einen breiten, aber sehr kurzen Schnabel, welcher nach eurem Maß kaum eine halbe Elle lang ist, aber wohl bei vier Ellen breit und dunkelrot. Über dem Schnabel hat er zwei ovale Augen, wovon ein jedes über eine Klafter lang und dreiviertel Klafter breit ist. Die Farbe des Gefieders dieses Vogels ist ganz vollkommen goldgelb, die Füße aber gehen anfangs ins Grüne und verlieren sich endlich ins Rote. Das ganze Gefieder des Leibes als auch der Flügel ist vollkommen gleich groß und ganz flach, wie eine allerfeinst polierte Goldfläche. Am Tag sind diese Vögel für den Saturnusbewohner oft kaum anzuschauen und nehmen sich da aus, als wenn ihr eine Menge vergoldeter Turmknöpfe auf eurer Erde herumwandeln sähet.

14. Von diesem Vogel, wenn er stirbt, wird nichts benutzt als seine Haut, welche ihm die Saturnusbewohner ganz geschickt abziehen können. Was wird denn daraus verfertigt? Diese Häute samt den Federn dienen bei feierlichen Gelegenheiten den Weibern als Achselschmuck, welcher sich auf ihren vollen und runden Armen sehr gut und sehr reich ausnimmt. Die Eier dieses Vogels werden aufbewahrt für die Nachbrut, bei welcher Gelegenheit aber gewöhnlich unter zwanzig Eiern kaum eines eine lebendige Frucht gibt.

15. Das ist somit das Ganze dieses beliebten Prachtvogels bei der Haushaltung der Saturnbewohner. Dann aber haben sie noch einen Vogel, der auch ziemlich häufig gezogen wird. Dieser Vogel kommt dem

Leib nach gleich einer Riesengans, was die Form betrifft; das ist aber eben seine Auszeichnung nicht, sondern diese besteht in seinem ungewöhnlich langen Hals, welcher vom Leib aus nicht selten eine Länge von dreißig oder vierzig Klaftern hat. Die sonstige Leibfarbe ist bläulichgrau; die Füße aber sind, was auf diesem Planeten zu einer großen Seltenheit gehört, ganz kohlschwarz. Die Farbe des Halses aber ist zinnoberrot, aber dabei nicht matt, sondern sehr stark metallisch glänzend. Der Kopf ist ebenfalls dem Kopf einer Gans bei euch ähnlich, nur natürlich in verhältnismäßiger Größe des Vogels, dessen Leib ungefähr die dreimalige Größe eines Elefanten bei euch aufwiegt; den Schweif dieses Vogels betreffend hat er durchaus keinen Vogelschweif, sondern vom Hinterteil seines Leibes hängt eine Art Pferdeschweif, dessen Mähnen nicht selten bei fünf Klafter lang sind. Was die Füße betrifft, so sind diese ebenfalls im Verhältnis mehr auf der langen als auf der kurzen Seite und sind, wie ihr zu sagen pflegt, baumstark.

16. Das ist nun das ganze Ausgezeichnete dieses Vogels. Warum wird er denn gehalten? Wie es schon früher erwähnt wurde, gewöhnlich nur aus Prachtliebe. Sonst hat dieser Vogel gar nichts, was der Saturnusbewohner gebrauchen möchte. Hier und da werden wohl die Mähnen des Schweifes gesammelt und werden daraus Schnüre und Stricke geflochten, welche aber eben nicht gar zu fest sind. Das übrige Gefieder wird nicht benutzt.

17. Dieser Vogel wird aber jedoch nur von denjenigen Bewohnern dieses Planeten gehalten, welche an den Seen oder Flüssen wohnen; denn er ist ein Wasservogel und nährt sich zumeist von den Gewürmen der Gewässer, darum er auch einen so langen Hals hat, mit welchem er sehr leicht bis zum Boden reicht und allda seine ihm zusagende Nahrung sucht und sie auch, wenn er sie gefunden hat, alsbald verzehrt. Das Männchen zeichnet sich nur durch einen reichhaltigeren Mähnschweif aus vor dem Weibchen.

18. Dieser Vogel legt seine Eier ins Wasser und lässt sie dann eine Zeit lang herumschwimmen, bis ihm sein Instinkt sagt, dass sie vollkommen abgekühlt sind. Dann breitet er aber seine Flügel über ein oder mehrere gelegte Eier aus und rudert dann mit denselben einer ruhigen

Wasserstelle zu, bei welcher Gelegenheit sie dann durch seine Beobachtung bald und sicher von selbst ausgebrütet werden.

19. Wenn dieser Vogel seine Eier bewacht, dann ist es eben nicht ratsam, sich einer solchen Stelle zu nähern; denn da schwingt er sobald seinen langen Hals pfeilschnell an einen solchen Frevler hin, und versetzt ihm mit seinem festen Schnabel einen so derben Hieb, dass sich jeder für allezeit den Appetit vergehen lässt, diesen Hausvogel noch einmal bei seinem allerwichtigsten Geschäft zu stören.

20. Das ist nun das Wichtigste und Denkwürdigste aus dem Geschlecht der gefiederten Bewohner dieses Planeten. Dass aber alle diese jetzt vorgeführten Gattungen und noch tausend andere in den verschiedenen Ländern und Saturnusweltteilen auch in der mannigfaltigen Abartung vorhanden sind, könnt ihr euch sehr leicht vorstellen. Und so wollen wir uns denn zu den Landtieren wilder und zahmer Art wenden.

Kapitel 23

Das größte Landtier, das Mud

1. Auch bei den Landtieren wollen wir ihrer gattungsmäßigen und artenweisen Vielheit wegen nur diejenigen betrachten, welche in diesem Planeten vorkommen.

2. Mud, so heißt das größte lebende Landtier dieses Planeten; findet sich aber jedoch nur in wenigen Saturnusweltteilen vor, und daselbst nicht häufig, so dass auf dem ganzen großen Planeten kaum zehntausend solcher Tiere zusammengenommen sich vorfinden dürften. Diejenigen Länder, wo dieses Tier zu Hause ist, sind sehr wenig bevölkert. Denn wegen der Größe und starken Gefräßigkeit dieses Tieres haben nicht viele andere Wesen neben demselben Platz. Und um dieselben mit diesem Riesentier zu kämpfen – dazu besitzt kein Saturnusbewohner den Mut. Daher überlassen die Saturnusbewohner dasjenige Land, welches von solchen Tieren bewohnt wird, auch ohne weiteres Bedenken ganz denselben, und nennen es daher ein unbewohnbares Mudland. Auf den Hauptkontinenten kommt es zwar nicht vor; aber es gibt noch neben diesen Hauptkontinentländern sowohl südlich als nördlich andere große Eilande, und diese Länder sind auch zumeist allerlei Gattungen solcher und anderer Tiere überlassen. Jedoch keines wird von den Saturnusbewohnern so sorgfältig vermieden als eben ein solches Mudland.

3. Wie sieht denn aber demnach dieses Tier aus? Gibt es etwas Ähnliches auf dieser Erde? Ja, es gibt auch hier ein ähnliches Tier; jedoch auf der Erde bildet dieses Tier eine sehr untergeordnete Rolle, während es in diesem Planeten den ersten und fürchterlichsten Rang in jeder Hinsicht einnimmt, sowohl was dessen Riesengröße wie auch seine Wildheit und Gefräßigkeit betrifft.

4. Welchem Tier auf eurer Erde sieht denn demnach dieses Tier ähnlich? Einem euch sehr wohlbekannten, nämlich einem Schwein. Aber was dessen Größe betrifft, so wäre euer Erdschwein kaum groß genug dazu, um ein Schmarotzertier auf dieses Saturnusschweines Leib zu machen. Ja selbst die großen Saturnusmenschen kommen sich selbst beim

Anblick dieses Riesentieres wie kleinwinzige Zwerglein vor. Ich sage euch, wenn dieses Tier auf der Erde hinter einer hohen Alpe stünde, so müsstet ihr wie zum Beispiele von der euch schon bekannten Choralpe, eure Blicke noch ziemlich aufwärts tragen, um den Scheitel des Rückens dieses Tieres zu erschauen.

5. Dieses ungeheuer große Tier, d. h. für eure Begriffe, ist ebenso gefräßig wie euer kleines Schwein und hält durchaus nichts auf Leckereien, sondern was ihm zunächst unterkommt, sei es Gras oder auch so manche Bäume oder Tiere anderer Art oder auch Menschen wie auch Wassertiere, verzehrt es sogleich mit einem und demselben Appetit.

6. Weil aber dieses Tier mit seiner Größe auch eine verhältnismäßige Kraft besitzt, so ist es auch vergeblich, sich mit demselben in irgendeinen Kampf einzulassen. Es haben schon wirklich einmal einige kühne Saturnusbewohner einen Versuch gemacht, mittels sehr langer, scharfer Spitzen, die sie auf über hundert Klafter langen Stangen befestigt haben, eines oder des anderen solcher Tiere Meister zu werden, und strengten dabei ihre volle Willenskraft an; sind aber dabei ganz übel zugerichtet worden. Das Tier wurde zwar auf manchen Stellen verwundet, da aber diese Verwundung ihm nicht das Leben nehmen konnte, so wurde das Tier durch den Schmerz der Wunden wild und wütend und stürzte sobald in einen sehr breiten Fluss, um daselbst seine Wunden zu kühlen. Als daselbst dessen Schmerz etwas gelindert wurde, so stand das Tier sobald wieder auf in dem Fluss, schöpfte aus diesem in seinen weiten Rachen eine übergroße Menge Wasser und mitunter auch ganz riesig große Steine aus dem Grund des Flusses und überspie sobald mit diesem Inhalt seines großen Rachens seine schon siegesfrohen Verfolger, dass diese durch solche wiederholten Manöver so übel zugerichtet wurden, dass davon nur wenige wieder in ihre Heimat zurückgelangen konnten. Einige Getötete aber wurden vom Tier, welches dann bald wieder ans Land stieg, auch sogleich mit wenig Bissen beim letzten Beinchen, wie ihr zu sagen pflegt, aufgezehrt.

7. Damit ihr euch aber einen kleinen Begriff machen könnt, wie viel ein solcher Rachen fasst, so sage Ich euch: Wenn es daselbst Nüsse gäbe, die noch etwas größer wären als euer Schloßberg, so wäre eine solche Nuss eben für einen Zahn dieses Tieres nicht zu groß, um mit

derselben mit einem Druck fertig zu werden. Wenn dieses Tier demnach einen vollen Rachen Wasser und Steine nimmt und speit dieselben aufs Land, wahrlich, so es solches täte auf der Erde in eures Vaterlandes oberem Teil, so würde ein solcher einmaliger Ausspeier für den unteren Teil eures Vaterlandes eine solche Überschwemmung verursachen, die sogar ihre Wellen über die höchsten Türme eurer Stadt treiben würde.

8. Wenn ihr das also ein wenig beachtet, so wird euch die Antwort auf die Frage, ob die Saturnusbewohner einen solchen Kampf wiederholen, von selbst in der allergediegensten Verneinung kund werden. Ja, aus diesem Grund sind von den Saturnusbewohnern seit allen Zeiten der Zeiten nur drei solche allzeit verunglückte Versuche gemacht worden. Für jetzt aber ist ihnen alle Unternehmungslust vergangen. Und ihre Weisen sagen auch:

9. „Der Mensch kann mit seiner Kraft sehr viel vermögen, allein die Monde, den großen lichten Kreis, die Ströme, die Stürme des Meeres, den großen Fisch und das Mud kann der Mensch mit seiner Kraft nicht bändigen. Darum wolle er seine Kraft da anwenden, wozu sie gemessen ist. Anderes aber soll der Mensch nicht versuchen mit seiner gemessenen Kraft."

10. Und noch eine andere Lehre der Weisen dieses Planeten lautet also: „Hört, ihr Menschen! Der Große Geist hat uns gegeben zu bewohnen eine große Welt, und wir kennen nicht, wo sie anfängt und wo sie endet. In dem Land aber, wo wir geboren sind, kennen wir die Dinge, wie sie sind im Wasser, am Land und in der Luft, und wir wissen und haben es allzeit erfahren, dass sie unserer Kraft nach Maß und Verhältnis zu Diensten stehen; wir wissen aber, dass das Mud derselben gespottet hat mit großer Leichtigkeit, da wir dasselbe uns untertänig machen wollten. Also ist es ja so hell und klar wie die Sonne, die uns scheint den Tag hindurch, dass der Große Geist außer uns noch andere Kräfte gesetzt hat, die unserer Kraft nicht dienen sollen. Und wir sollen sie uns nicht zinsbar machen. Daher bleiben wir in den angewiesenen Grenzen unserer Kraft und lassen andere große Kräfte walten daselbst, allwo sie der Große Geist hingesetzt hat. Ferne sei daher von uns, wissen zu wollen, was der lichte große Kreis über uns ist und was die Monde sind. Und ein Mudland bleibe von uns aus für alle Zeiten der Zeiten unbetreten."

11. Wenn ihr diesen Weisheitsspruch ein wenig beachtet, so wird es euch sicher noch einleuchtender werden, welch eine Bewandtnis es da mit der riesigen Größe und der großen Kraft dieses Tieres hat. Es wäre unnötig, euch weiter die Gestalt dieses Tieres zu beschreiben, sondern eines jedweden eigener Phantasie und Einbildung sei es überlassen, sich dieses besagte Tier, so gut es nur immer geht, vorzustellen.

12. Wird dieses Tier von den Saturnusbewohnern zu öfteren Malen gesehen? O nein, solches geschieht äußerst selten, und wann es geschieht, so geschieht es nur so, dass es von den Saturnusbewohnern entweder bei der Gelegenheit einer weiten Schifffahrt oder von irgendeinem, solchem Mudland nicht gar zu ferne gelegenen Vorgebirge eines Hauptkontinentlandes aus gesehen wird. Denn gar zu sehr einem Ufer eines solchen Mudlandes zu nahe zu kommen, ist eben nicht sehr ratsam, denn dieses Tier, wenn es eben nicht zu ferne von seinem Land etwas auf dem Wasserspiegel schwimmend ersieht, macht sobald einige Riesenschritte in das Meer hinein, und wenn dasselbe eben nicht gar zu tief ist, so gelingt es ihm auch, mit wenigen Schritten so etwas auf dem Meere Schwimmendes einzuholen und es zu begrüßen.

13. Etwas für den Saturnusbewohner ganz eigentümlich Abschreckendes und Schauerliches ist das Gegrunze dieses Tieres; davon könnt ihr euch wahrlich keinen Begriff machen. Ich kann euch davon nur so viel sagen, dass, so sich dieses Tier z. B. im tiefen Ungarland befinden würde, richtete da seinen Rachen gegen euer Land herauf und möchte also einige Male grunzen, so würde durch ein solches Grunzen die Erde bis zu euch und noch ziemlich weiter in eine solche Mitbebung versetzt werden, dass nicht nur kein Gebäude eurer Stadt vor lauter Erdbeben stehen bleiben möchte, sondern es würden auch einige benachbarte Alpen ihre nur einigermaßen lockeren Felsenspitzen einbüßen. Aus dieser kleinen Schilderung kann euch schon ein wenig klar sein, warum die Saturnusbewohner eben nicht die größten Freunde dieses sehr stark rührenden Gesanges vonseiten des besagten Tieres sind.

14. Übrigens hat dieses Tier trotz seiner immensen Größe sehr scharfe Sinne; vorzugsweise aber ist der Geruchs- und Gehörsinn dieses Tieres scharf, daher es auch schon von weiter Ferne empfindet, ob sich auf dem Wasserspiegel etwas für seinen Rachen Taugliches nähert. Im

Übrigen aber ist es bei weitem nicht so unreinlich wie das Erdschwein. Besonders was das Unrat-von-sich-Lassen betrifft, da übertrifft es an Reinlichkeit fast jedes euch bekannte Tier auf der Erde. Denn bevor es seinen Unrat von sich lässt, wühlt es in das Erdreich ein sehr tiefes Loch oder, nach euren Begriffen, ungefähr einen Krater im Umfang von einer kleinen halben Stunde und nicht selten mehrere hundert Klafter tief. Ist nun ein solches Loch gegraben, da kehrt es seinen After an dieses Loch, lässt da seinen Unrat hinein, welcher aber nicht vom angenehmsten Geruch ist, und scharrt dann über denselben sogleich wieder die vorher aufgegrabene Erde. Dadurch reinigt fürs Erste dieses Tier sein ihm eigentümliches Land und düngt es auch ganz zweckmäßig für einen folgenden Graswuchs, welcher gewöhnlich in diesen Mudländern bei weitem mehr sagen will als die dichtesten Urwälder auf eurer Erde.

15. Nun bleibt uns nur noch eine kleine Frage übrig, nämlich: Wozu ist ein so kolossales Tier auf diesem oder auch auf einem anderen Planeten wohl nütze? Die Antwort auf diese Frage werdet ihr schon bei der Erklärung des großen Fisches finden. Wie jener da bildet einen allgemeinen Übergang des Wassergetiers zum Luftgetier, also bildet auch dieses Tier einen ähnlichen allgemeinen Übergang aus allen Tier- und Pflanzenstufen in eine edlere, dem Menschen näherstehende Tiergattung. Nun wisst ihr alles, was dieses Tier betrifft. Nächstens aber wollen wir erst in kürzerem Durchflug unsere Betrachtungen über die Landtiere weiter ausdehnen.

Kapitel 24

Der Saturnus-Elefant Sisterkihi. Dessen Tötung durch die
Saturnusbewohner. Der Schöpfungszweck dieses Tieres

1. Sisterkihi, so heißt das Tier, welches wir nächst dem Mud betrachten wollen. In welcher Rangordnung steht denn dieses Tier in unserem Planeten? Dieses Tier ist der eigentliche Elefant dieses Weltkörpers, steht aber dennoch in allem dem Mud bei weitem nach. Seine Größe beträgt kaum den hundertsten Teil des euch schon bekannten großen Landtieres. Was aber seine Gestalt betrifft, so ist es dem ersten völlig unähnlich. Dieses Tier hat eine ziemliche Ähnlichkeit mit dem Elefanten eurer Erde; aber dennoch nicht ganz so wie manche andere Tiere, von denen ihr noch hören werdet.

2. Wie sieht es denn demnach aus? Dieses Tier hat vier überaus kolossale Füße, wie nahe ein Elefant bei euch, nur natürlich zu seiner Größe im Verhältnis. Aber es hat den Tritt nicht also gestaltet wie der Elefant bei euch, sondern ungefähr so wie ein Löwe, mit außerordentlich starken Krallen versehen. Sein Leib ist außerordentlich umfangreich, so zwar, dass ein solches Tier, wenn es ausgewachsen ist, von der unteren Bauchgegend bis zu seinem Rückgrat siebzig bis achtzig Klafter misst. Sein Schweif ist also lang im Verhältnis zu diesem Tier mit seinem ziemlich massiven Hals, dessen Kamm bis in die Gegend der Vorderfüße mit sehr starken Mähnen versehen ist.

3. Der Kopf gleicht einem Pferdekopf; nur ist im Verhältnis die Stirn viel breiter. Über der Stirn zwischen den zwei Ohren sitzt ein langer, beweglicher Rüssel, welcher bis zu einer Länge von vierzig Klaftern ausgedehnt werden kann; im Gegenteil aber wieder bis zu einem Drittel seiner Länge zusammengezogen. In diesem Rüssel besitzt dieses Tier eine außerordentliche Hebekraft, vermöge welcher es mit diesem seinem dehnbaren Arm Bäume von bedeutender Größe zu entwurzeln vermag.

4. Mittels dieses Rüssels reißt dieses Tier auch, allda es sich vorfindet, Äste von den Bäumen und verzehrt dieselben oft samt den Früchten, besonders wenn es so recht heißhungrig ist. Seine Farbe ist lichtgrau, sein Rüssel aber dunkelgrau. Seine Halsmähnen spielen ins Blaue

und sein Schweifbusch ins Lichtgraue. Seine Augen sind düster und von sehr dunkelbrauner Farbe. Auch dieses Tier hat einen sehr großen Rachen, welcher mit überaus starken Hauzähnen versehen ist, welche Zähne überaus weiß sind. Im Hintergrund des Rachens aber besitzt es überaus starke Quetschknochen, welche nicht als Zähne, sondern als wirkliche, sowohl vom Ober- als Unterkiefer weit hervorstehende und zusammenhängende Knochen dastehen. Mit diesen hervorstehenden Quetschknochen kann dieses Tier selbst bedeutend harte Steine mit einer Leichtigkeit zermalmen, dicke Äste also zerquetschen, dass sie in seinem Mund zu einem Brei werden.

5. Dieses Tier ist zwar ein Pflanzenfresser, wenn es aber vom Hunger zu sehr geplagt wird, so schont es auch andere Tiere und im höchsten Notfall selbst den Menschen nicht, aus welchem Grund die Saturnusbewohner auch von diesem Tier nicht eben die größten Freunde sind. Allein dieses Tieres, wo es sich vorfindet, können sich die Saturnusbewohner wohl bemächtigen, obschon mit sehr großen und gefährlichen Schwierigkeiten.

6. Auf welche Weise aber geschieht solches, und wie machen diese Menschen Jagd auf dieses Tier? Mit der Kraft geht es durchaus nicht. Denn auch dieses Tier hat in seinem Rüssel allein so viel Kraft wie tausend der stärksten Saturnusmenschen zusammengenommen. Daher nehmen diese Menschen zur List ihre Zuflucht. Zuvor aber müsst ihr wissen, dass sich dieses Tier vorzugsweise da aufhält, wo sich große Wälder von dem euch schon bekannten Pyramidenbaum befinden, welchem Baum dieses Tier nicht geringen Schaden zufügt, indem es demselben soweit die Äste wegreißt, so weit es nur immer dieselben mit seinem Rüssel erlangen kann.

7. Wenn nun die Saturnusbewohner in irgendeinem Land bemerken, dass dieser fast in allen Saturnusländern vorkommende Riesenbaum nacktstämmig dasteht, so gilt ihnen das für ein sicheres Zeichen, dass sich in einem solchen Wald ein oder mehrere solche Tiere aufhalten. Was tun nun die Saturnusbewohner? Sie umzingeln den Wald von allen Seiten und versehen sich mit Feuerbränden und zünden den Wald ringsherum an. Da dieses Tier nichts so sehr scheut wie das Feuer und den Rauch, so flüchtet es sich sobald aus diesem Wald oder vielmehr es

sucht ringsherum einen feuerlosen Ausweg, welcher aber gewöhnlich nur auf einer solchen Seite offensteht, an welche entweder irgendein breiter Strom, ein See oder wohl gar das Meer selbst stößt. Findet dieses Tier eine solche Stelle, so geht es alsbald ins Wasser.

8. Wie aber dieses Tier ins Wasser kommt, so wird es außerordentlich unbehilflich und plump und hält seinen sonst geschäftigen Rüssel kerzengerade in die Höhe. Die Saturnusbewohner lassen es nun tiefer und tiefer ins Wasser steigen, indem sie es auf Kähnen mit auf langen Stangen befestigten Feuerbränden verfolgen. Hat dieses Tier einmal im Wasser die Tiefe erreicht, dass es nur noch mit seinem Kopf über der Oberfläche des Wassers sich befindet, so eilen die Saturnusbewohner mit großer Schnelligkeit dahin und hacken dem Tier mit ihren riesigen und scharfen Beilen den Rüssel wurz ab. Wann aber dieses Tier diesen seinen Arm verloren hat, dann ist es auch um sein Leben geschehen. Bei dieser Gelegenheit sinkt es dann im Wasser sobald zusammen und verwest im selben, und dessen Fleisch wird zur Speise sehr vieler im Wasser vorfindiger hungriger Tiere.

9. Was geschieht aber dann, wenn unglücklicherweise ein solcher Wald auf kein bedeutendes Gewässer stößt? Da ist diese Operation freilich wohl etwas gefährlicher und bedenklicher. Greift das Feuer von allen Seiten gut zusammen, so dass das Tier oder auch mehrere seinesgleichen in der Mitte eines solchen zusammenbrennenden Waldes überrascht oder vielmehr eingeholt werden, und [die Tiere] auf keiner Seite einen feuerlosen Ausweg sehen, so werden sie hier unter großem Toben und Wüten erstickt, und wenn das Feuer sehr heftig ist, auch zum größten Teil verbrannt. Hat aber das Feuer nicht gut zusammengegriffen, so rennen sie der wenig befeuerten Stelle zu und brechen daselbst mit großer Heftigkeit ins Freie hinaus.

10. Dann wehe denen, die diesem Tier irgend begegnen. Da nimmt es mit seinem Rüssel Menschen oder Tiere und schleudert sie mit einer solchen Heftigkeit entweder in die Höhe oder wieder auf den Boden der Erde zurück, dass von dem so Geschleuderten kaum eine Spur seines Daseins übrigbleibt. Denn die Heftigkeit des Wurfes, welchen dieses Tier in seiner Wut mittels seines Rüssels ausführt, übertrifft die Heftigkeit einer aus dem Rohr einer Kanone geschossenen Kugel. Würde

dieses Tier auf eurer Erde hier einen solchen Wurf ausführen, so wäre es ihm nur ein Leichtes, einen hundert Zentner schweren Stein über zwanzig Meilen weit zu schleudern, und zwar mit solcher Heftigkeit, dass der Stein diesen Weg in wenigen Sekunden zurücklegen müsste. Möchte es ihn aber zur Erde niederschleudern, dann dürftet ihr versichert sein, dass es denselben über hundert Klafter tief in das Erdreich treiben würde.

11. Aus dieser kurzen Schilderung aber könnt ihr leicht entnehmen, welchen Respekt daher die Saturnusbewohner vor diesem Tier haben und welche Sensation das nicht selten auf einem ganzen großen Kontinent macht, wenn ein oder wohl gar mehrere solcher Tiere einer solchen Feuerjagd entronnen sind. Daher wird ein solcher Wald allzeit gehörig überschaut, ob er allein dasteht oder ob er an irgendein bedeutendes Wasser stößt. Steht er allein da, so werden da sehr viele Beschlüsse gemacht, ob und wann es zu wagen wäre, den Wald anzuzünden.

12. Ist der Wald in einem gut brennbaren Zustand und ist er zugleich von bedeutender Ausdehnung, so wird das Feuer gelegt. Wenn aber solches nicht der Fall ist, so lässt man dem Tier lieber den Wald über, trägt aber sorgfältig von allen Seiten her dürres Holz und macht somit einen förmlichen Wall um den Wald, welcher erst dann angezündet wird, wenn die Bäume des Waldes selbst brennbarer werden, welches gewöhnlich zu geschehen pflegt, wenn irgendeine Gegend unter den ziemlich lang anhaltenden Schatten des Ringes zu stehen kommt, welcher Schatten nach eurer Zeitrechnung über eine Gegend, wo er eintritt, stets mehrere Jahre dauert; zu welcher Zeit dann die Bäume zumeist, so wie die eurigen des Winters, ohne Saft dastehen. Alsdann wird dieser Wall von allen Seiten zu gleicher Zeit angezündet, und nach der Anzündung aber von der menschlichen Seite auch so schnell als möglich verlassen.

13. Seht, das ist alles, was dieses denkwürdige Tier dieses Planeten betrifft. Es dürften aber im Saturnus kaum zehn Kontinente mehr von diesem Tier sehr sparsam bewohnt sein.

14. Was die Nützlichkeit dieses Tieres betrifft, so ist sie in physischer Hinsicht dieselbe, nur in geringerem Umfang, wie die des Mud und des

euch bekannten großen Fisches. Es hat aber dieses Tier einen anderen natürlichen Zweck und ist nicht wie alle anderen Tiere als Bedingung der Erhaltung anderer Wesenheiten auf einen Planeten gesetzt, sondern die Übergänger können auch ebenso gut durch andere Stufen gehen; aus dem Grund auch kein Land etwas verliert, wenn in selbem solche große, starke und dem Menschen gefährliche Gäste aussterben.

Kapitel 25

Der Blaue Bär Ihur. Dessen Aussehen, Charakter und
Nahrung. Seine Nützlichkeit als Urbarmacher wilder
Gegenden

1. Nachdem wir sonach diese zwei Riesentiere dieses großen Planeten haben kennengelernt, so wollen wir zu noch einigen anderen Tieren
uns wenden, welche, wenn auch nicht mehr so großartig, dessen ungeachtet aber dennoch von bedeutender Denkwürdigkeit sind.

2. Auf der Stufe dieser Tiere nimmt der sogenannte Ihur oder nach
eurer Sprache der Blaue Bär den ersten Rang ein. Dieses Tier, wenn es
vollkommen ausgewachsen ist, ist nahe so groß wie ein Saturnusmensch, d. h. wenn er [(der Bär)] sich, was er meistens zu tun pflegt, auf
seine Hinterbeine stellt und gleich einem Menschen aufrecht einher-
geht. Der Name dieses Tieres besagt schon, wie es gefärbt ist, nämlich
ganz durchaus hellblau.

3. Wie sieht er denn sonst aus? Bis auf den Kopf so ziemlich ähnlich
einem Goldbären bei euch. Der Kopf ist bei diesem Tier ganz anders gestaltet.

4. Wie sieht er demnach denn beim Kopf aus? Das wird wieder ein
wenig schwer halten, euch davon eine rechte bildliche Vorstellung zu
geben, weil ihr diejenigen Tiere der Erde nicht kennt, die einen ähnlichen Kopf haben wie nämlich unser Saturnusbär. Dessen ungeachtet
aber wollen wir dennoch eine Form entwerfen, in welcher ihr den Kopf
dieses Tieres beschauen sollt.

5. Denkt euch einen ziemlich runden, bei anderthalb Klafter im
Durchmesser habenden Knaul, von dem zu beiden Seiten ziemlich in der
Mitte dieses Knauls zwei sehr lange Ohrlöffel hintanstehen, von denen
ein jeder eine Länge von dritthalb und eine Breite von einer guten Klafter misst. Dann denkt euch ferner am obersten Teil dieses Knauls zwei
ungefähr eine halbe Klafter voneinander entfernte, bei drei Klafter
lange, gewundene, wie mattpoliertes Gold aussehende Hörner; ungefähr 5/6 Klafter unter den Hörnern zwei verhältnismäßig große, ganz
nach menschlicher Art gebildete Augen. Unter diesen aber denkt euch

ein verhältnismäßig großes Löwengebiss oder, wie ihr sagt, eine Löwenschnauze. Und denkt euch ferner noch, dass dieser Kopf mittels eines verhältnismäßig dicken, langen und starken Halses mit dem übrigen Leib verbunden ist.

6. Denkt euch dann schließlich noch hinzu, dass hinter den Hörnern zu beiden Seiten des Halses zwei bis drei Klafter lange, mehr dunkelblaue Mähnen hinabfallen, so habt ihr die ganze Gestalt dieses Tieres. Der Schweif desselben aber hat ein wenig längeres und dunkleres Haar.

7. Wenn ihr nun das alles zusammennehmt und euch noch dazu die Vorstellung macht, dass dieses Tier von den Hörnern angefangen bis zum Schluss der Hinterbeine nicht selten einige fünfzig Klafter eures Maßes lang ist; wenn es aber auf allen Vieren steht, bis zum obersten Rückenscheitel nahe zwanzig Klafter misst und ein jeder seiner Füße für sich bei sechs Klaftern und ihre Dicke ein Zehneimerfass übertrifft, so habt ihr das Tier ganz vollkommen vor euch. Was die Tatzen dieses Tieres betrifft, so seht nur die eines schon bekannten Bären bei euch, so habt ihr die gleiche Form bis auf die Größe und Farbe, welche natürlich mit der übrigen Größe und Farbe des Tieres im genauen Verhältnis steht.

8. Näher wird es hoffentlich nicht nötig sein, dieses Tier darzustellen. Und so wollen wir sogleich den Charakter und die Lebensweise und dessen Tauglichkeit noch ein wenig durchgehen.

9. Dieses Tier ist gewöhnlich gutmütiger Art; nur muss es nicht gereizt und verfolgt werden. Wenn es aber gereizt wird, dann lässt es sobald seinen gutmütigen Charakter fahren und wird sehr grausam und wütend, in welchem Zustand dann nichts von ihm geschont wird. Was ihm da unterkommt, wird sogleich angefallen und weidlich zugrunde gerichtet. Denn dieses Tier hat, obschon es eben nicht größer ist als ein Mensch, aber dennoch eine Kraft für zehn Menschen in seinem festen Körper; aus welchem Grund es einem mutwilligen Saturnusbewohner allzeit ganz übel ergeht, wenn er allein mit einem solchen Tier, so es sich in einem gereizten Zustand befindet, in einen Konflikt gerät.

10. Da die Saturnusbewohner das Tier bei aller seiner Gutmütigkeit dennoch scheuen, so suchen sie dasselbe durch allerlei Mittel auch gar emsig zu verscheuchen und zu vertreiben aus den von Menschen

bewohnten Gegenden. Aus diesem Grund kommt dieses Tier auch äußerst selten vor das Angesicht unserer Saturnusmenschen.

11. Wovon nährt sich dieses Tier? Es nährt sich von Gras, Wurzeln und jungen Ästen der Bäume und der Gesträuche. Fleisch verzehrt es nicht, auch nicht einmal im äußersten Notfall. Wenn es aber gereizt ist, da zerreißt es Menschen und Tiere, lässt aber dann die so zugrunde Gerichteten unversehrt [unverzehrt] liegen und begibt sich sobald zu [von] seinem Kampfplatz.

12. Das Merkwürdigste dieses Tieres ist, dass es eine ganz eigentümliche Furcht vor seinem eigenen Zorn hat, aus welchem Grund es dann auch so viel nur immer möglich, durch seinen eigenen Instinkt geleitet, jede Gelegenheit sorgfältig vermeidet, bei welcher es in einen gereizten Zustand geraten könnte. Ein solcher Instinkt wäre auch so manchen Menschen auf eurer Erde nicht überflüssig; besonders für jene ehrsüchtigen Stänker und kriegslustigen Patrone, welche nur jede Gelegenheit aufsuchen, bei der es etwas zu kämpfen gäbe. Jedoch wollen wir uns nicht länger hier verweilen, sondern noch einen Blick auf unser Tier werfen und sehen, wozu es denn taugt.

13. Dieses Tier kann mit allem Recht der Urbarmacher wilder Gegenden genannt werden; denn es lockert in kurzer Zeit mit seinen außerordentlich starken Krallen eine weite Strecke des Saturnuserdreichs so gut auf, dass sie, die Saturnusmenschen nämlich, solches mit allen ihren guten Werkzeugen kaum zu bewirken imstande sind. Was tut das Tier aber hernach, wenn es das Erdreich so aufgelockert hat? Da geht es auf fruchtbare Stellen und sucht dort allerlei ihm genießbare Wurzelgewächse und legt dieselben in diese aufgelockerten Furchen. Geschieht solches von dem Tier auch nicht in der Absicht, als wolle es einen Acker bestellen, sondern nur, um sich einen Nahrungsvorrat zu sammeln, so bleiben aber fürs Erste dennoch oft die so hineingelegten Wurzeln liegen und treiben dann aus und wachsen sehr üppig fort. Und so wird dadurch fast allzeit ein ganz wüster, unfruchtbarer Ort fruchtbar gemacht, und das umso mehr, weil dieses Tier, wenn es diese seine Vorratskammer gehörig angefüllt hat, nicht leichtlich eher eine solche Stelle verlässt als bis es gewahrt, dass sein Vorrat nahe aufgezehrt sein dürfte.

14. Weil es aber immer auf dieser Stelle, solange noch da etwas Genießbares vorhanden ist, herumwandelt, so lässt es sich auch kreuz und quer auf einer solchen Stelle auf mehrere Jahre andauernd gefallen.

15. Wenn dann Menschen bei ihren häufigen Fortwanderungen in so manchen großen Kontinentländern unseres großen Planeten auf solche Stellen treffen, so wissen sie alsbald, dass sie sich in der Nachbarschaft eines solchen Tieres befinden, bei welcher Gelegenheit sie dann längere Zeit abwarten und sehen, ob ein solcher Einwohner etwa nicht mehr einen Gebrauch von seinem Acker macht. Entdecken sie nach längerer Zeit nichts, so gilt das für einen bleibenden Beweis, dass ein solches Tier diese Stelle verlassen hat; und sobald auch wird dann eine solche Stelle in Besitz genommen.

16. Geschieht es dann und wann aber dennoch, dass ein solches Tier von irgendwoher einen solchen Platz der Wurzeln wegen aufsucht, so müssen dann die Saturnusbewohner entweder ruhig zusehen, wie dieser Ackersmann ihren Grund von neuem auffurcht und bei solcher Gelegenheit nicht selten ihre eigenen Anpflanzungen verdirbt – oder sie müssen diesen ungebetenen Gast mit Gewalt angreifen, bei welcher Gelegenheit es dann immer zu einem bedenklichen Gefecht kommt. Denn das Tier will hier auch seine angewohnten Vorrechte geltend machen und sich nicht gerne abweisen lassen. Und den Menschen kommt es ebenfalls nicht gar zu leicht vor, ein neues fruchtbares Land so bald wieder räumen zu müssen.

17. Ist aber ein solches Tier dennoch besiegt worden, so sind die Einwohner vor jedem künftigen Besitz seitens desselben sicher. Können sie auch das Tier nicht völlig töten, so bringen sie es aber durch ihre Neckereien bei diesem Tier dennoch dahin, dass es sich merkt, wo es gereizt worden ist. Da aber dieses Tier in seinem ruhigen Zustand seinen eigenen Zorn fürchtet, so kehrt es zu dieser Stelle nicht wieder zurück, da es gereizt wurde.

18. Das ist alles, was bei diesem Tier als denkwürdig zu beachten ist, und so wollen wir wieder auf ein anderes übergehen.

Kapitel 26

Der Saturnus-Löwe Horud. Er dient zur Jagd und zum
Holzfällen. Fang der Jungen

1. Horud, so heißt dasjenige Tier, welches wir nun wieder flüchtig
betrachten wollen. Welchen Rang nimmt denn dieses Horud im Saturnus ein? Blickt auf euren Löwen; was dieser ist auf der Erde, dasselbe
auch ist der Horud im Saturnus. Sieht er aber auch so aus wie euer Erd-
löwe? Auf diese Frage kann weder eine gänzlich bejahende noch ebenso
wenig verneinende Antwort gegeben werden. Denn dieses Tier hat so
manches Ähnliche mit dem Löwen der Erde, so manches aber auch wieder gar nicht. Die nähere Darstellung aber wird es schon ohnehin zeigen,
inwieweit er verschieden ist bezüglich seiner Gestalt von der des Erdlö-
wen.

2. Wie sieht denn dieses Tier demnach aus? Was fürs Erste seine
Größe betrifft, so ist es ebenso groß wie der euch schon bekannte Blaue
Bär. Was aber die Farbe betrifft, da ist dieses Tier von mehrfacher Farbe,
je nach der Verschiedenheit seiner Leibesteile. So ist sein Rücken hochrot bis nahe in die Mitte des Bauches. Die Schulterblätter und die Füße,
sowohl die vorderen als hinteren, sind blassgrün. Der Bauch aber ist
mehr dunkelgrün oder, wie ihr zu sagen pflegt, üppig grasgrün. Sein
Schweif ist weiß, zu Ende desselben aber prangt ein hellroter Mähnenbusch. Die weiße Farbe des Schwanzes ist auf der oberen Seite durch
regelmäßige rote Flecken verziert. Die Krallen an seinen Füßen sind
ebenfalls weiß, an ihren Rücken aber mit einem roten Streifchen verbrämt.

3. Insoweit wir die Farbe des Tieres jetzt beschrieben haben, sieht
es der übrigen Form nach völlig ähnlich einem Löwen eurer Erde. Aber
was den Hals und den Kopf dieses Tieres betrifft, so ist es sehr verschieden der Form nach von eurem Löwen. Es gibt aber schon wieder auf der
Erde kein Tier, das da hätte einen diesem Tier ähnlichen Kopf. Wie sieht
denn hernach der Kopf dieses Tieres aus? Dieses Tier hat einen nahe
viereckigen Kopf, ungefähr so wie da viereckig ist ein an den Kanten etwas abgerundeter Würfel. Dieser Kopfwürfel sitzt mit der einen Fläche

am Hals, so zwar, dass der Hals die hintere Fläche aufnimmt, aber nicht also ganz die vordere, welche gleich einer Kinnlade über den Hals um ein Drittel ihres Durchmessers hervorragt. An den beiden Seitenflächen dieses Kopfwürfels sind zwei halbkreisförmige Ohrtrichter angebracht, welche von der Fläche aus auf jeder Seite des Kopfes über eine Klafter hintanstehen und so gefärbt sind wie ein Regenbogen in sehr hellen Farben.

4. Auf der oberen Fläche dieses Kopfwürfels befindet sich ein nahe eine halbe Klafter langes, kegelartiges, ganz schwarzes Horn; d. h. in der Grundfarbe ganz vollkommen schwarz; auf welcher schwarzen Fläche aber sich dennoch in einer schneckenartigen Windung regelmäßig runde Scheibchen befinden, welche aber einen sehr starken metallischen Glanz haben. Um den Fuß dieses Horns ist ein längerer Haar- oder Mähnenkranz von hellblauer Farbe so angebracht, dass dieses Horn gewisserart wie eine Säule aus selbigem hervorragt. Am Hinterhaupt und gegen den hinteren Teil, der sich an den Hals anschließt, werden diese Haare stets länger und dichter, vorwärts gegen die Stirn aber werden sie kürzer und gekrauster.

5. An der Vorderfläche des Kopfes sind in einer verhältnismäßigen Vertiefung zwei im Verhältnis zum Tier sehr große Augen sitzend, wovon jedes einen Durchmesser von einer halben Klafter nach eurem Maß hat, d. h. bloß nur das eigentliche Auge gerechnet; denn mit der Höhlung und mit den Augenwinkeln dürfte jedes Auge wohl nahe eine ganze Klafter Durchmesser haben. Die Augendeckel sind von sehr dunkelroter Farbe, über den Augendeckeln aber sind ebenfalls, so wie bei einem Menschen, verhältnismäßig große und starke Brauen angebracht, die auch so gekraust sind wie die Haare um das schon beschriebene Horn, namentlich auf der vorderen Stirnseite.

6. Jetzt aber kommt das eigentlich Merkwürdigste von diesem Tier, und das ist sein Mund. Ihr werdet schon sicher öfter von einem sogenannten Vogel Greif gehört haben. Seht, das ist unser Tier (bis auf den Abgang der Flügel) fast so ziemlich. Denn statt einen gewöhnlichen Rachen hat es einen ungemein starken Habichtschnabel, welcher von ähnlicher Farbe ist wie das Horn auf dem Haupt; nur sind die runden Flecken nicht schneckenartig, sondern reihenförmig von der Schnabelwurzel bis

zur Spitze desselben in abnehmender Größe angebracht. Der obere Teil des Schnabels ist so wie bei jedem Vogel, den ihr kennt auf eurer Erde, unbeweglich. Der untere Teil des Schnabels aber ist samt der unteren Würfelfläche bis über die Gegend des Halses beweglich. Allda, wo der Schnabel aufhört, hat auch dieses Tier sehr mächtige Quetschzähne in seinem Rachen. Statt der Hau- und Schneidezähne aber bedient es sich überaus vorteilhaft seines mächtig starken Schnabels, welcher nahe anderthalb Klafter über die vordere Hauptfläche hervorragt, an der Wurzel aber nahe so breit ist wie die Hauptfläche selbst.

7. Dieses Tier hat auch eine überaus ins Lange dehnbare Zunge, welche ungefähr die Eigenschaft eines Rüssels hat, und daher kann das Tier mit dieser seiner Zunge verschiedene Sachen mächtig ergreifen und hineinziehen in seinen Rachen. Die Wurzel des Schnabels ist ebenfalls mit gekrausten lichtblauen Haaren verbrämt, welche gegen den Hals zu mehr ins Grünliche übergehen.

8. Was ist aber die gewöhnliche Farbe des Kopfes? Die gewöhnliche Farbe des Kopfes ist licht-aschfarben und unter den Augen wie auch auf der Stirn mit drei übereinanderstehenden Kreisen von hochroter Farbe geziert. Was die anderen Hauptflächen betrifft, so sind nur die beiden mit den Ohren versehenen Seitenflächen sichtbar und sind ebenfalls von aschgrauer Farbe, aber ohne weitere Verzierung. Die hintere Fläche aber ist schon, wie ihr wisst, von der oberen Fläche angefangen, mit langen Haaren verziert, deren blaue Farbe immer lebhafter wird, je mehr sie sich dem Hals nähert. Der Hals ist verhältnismäßig stark und bis zum Kopf gerade so lang wie der hintere Leib, d. h. von den Schultern der Vorderfüße angefangen bis zum Schweif hin, und ist durchaus mit reichlichen Mähnen von leuchtendblauer Farbe bedeckt. So sieht unser Tier aus.

9. Was ist denn seine Tauglichkeit, und was hat es für einen Charakter; wo ist es zu Hause, und in welchem Verhältnis steht es zu den Saturnusbewohnern? Diese viergliedrige Frage wollen wir ganz kurz beantworten. Dieses Tier, da es gemeiniglich sonst ganz sanfter Natur ist, wird von den Saturnusbewohnern häufig zahm gehalten und dient ihnen durch seine Pracht und seine Arbeitsamkeit, wenn es dazu gehörig abgerichtet worden ist.

10. Zu welchen Arbeiten wird es denn verwendet? Gewöhnlich zur Jagd verschiedener anderer Tiere, welche kleiner und manchmal sehr schädlicher Art sind. Auch wird dieses Tier zur Schattenzeit zum Holzfällen verwendet; denn mit seinem Schnabel beißt es so dicke Äste, namentlich von dem Pyramidenbaum, den es mit großer Leichtigkeit bis zum Gipfel erklettert, mit einem Biss wurz ab. Ja ihr müsst euch die Äste nicht selten in einer Dicke vorstellen, dass sie bei euch fünf Männer kaum umfassen dürften; und ein solcher Ast ist diesem Tier geradeso, als wann ihr in einen mürben Apfel beißen würdet.

11. Wenn es von einem Baum der Äste in hinreichender Menge herabgerissen hat, dann zieht es auf ein gegebenes Zeichen, dieselben mit seinem Schnabel erfassend, auch zu den Wohnungen der Menschen und zerbeißt sie da in angegebene Stücke, welche dann unsere Saturnusbewohner alsbald zur Feuerung benützen können. Und so wird dieses Tier noch zu allerlei anderen zerbeißenden und tragenden Arbeiten verwendet.

12. Nur muss aber dieses Tier jung gefangen werden, wenn es so abgerichtet werden soll. Denn wenn das Alte sich fangen ließe, so würde es nicht sich also an solche Arbeiten gewöhnen. Allein es ist da mit dem Fangen eines alten Tieres so viel wie nichts zu machen; denn fürs Erste flieht es im ungereizten Zustand jede menschliche Annäherung, wird es aber irgend umzingelt, so ist ihm eben nicht für die Länge der Zeit gar zu viel zu trauen. Denn sobald es einmal anfängt mit seinen starken Krallen in den Boden zu graben, so ist das ein Zeichen, dass die Jäger die höchste Zeit haben, sich zu entfernen. Tun sie solches nicht, so macht dieses Tier gar bald einen mächtigen Sprung um den anderen, brüllt dabei, und auf wen es da stößt, dem macht es die Kraft seines Schnabels also fühlen wie einem Baumast. Daher ziehen sich die Jäger auch alsbald zurück, wann sie das Tier in einem solchen bedenklichen Zustand erblicken.

13. Wie werden aber bei dieser Bedenklichkeit des Tieres seine Jungen gefangen? Das geschieht durch eine List. Denn die Saturnusbewohner derjenigen Gegenden, wo dieses Tier zu Hause ist, wissen gar wohl, dass dasselbe ein großer Freund von berauschenden geistigen Getränken ist, aber nur zu der Zeit, wenn es Junge hat, und da sowohl das

Männlein als das Weiblein, die sich nur durch die Geschlechtsteile unterscheiden. Bei dieser Gelegenheit bringen dann die Saturnusjäger in ziemlich viel innehaltenden Gefäßen solche Getränke in die Nähe, da sie wissen, wo sich ein solches Tier aufhält. Da braucht es dann nicht lange zu warten und das Tier ist schon mit vollem Appetit bei dem Köder. Wann es die Gefäße geleert hat, kehrt es sich ganz sanft wieder um und geht zur Stelle, da seine Jungen sind, deren dieses Tier gewöhnlich zwei, drei bis vier zur Welt bringt. Hat es nun diese Stelle erreicht, dann legt es sich alsbald nieder und schläft so fest ein, dass es vom Raub seiner Kinder nichts merkt. Die Kinder werden da in die Wohnungen der Menschen gebracht und für ihre Tauglichkeit abgerichtet. Die alten aber werden zur ferneren Fortpflanzung am Leben erhalten.

14. Seht, das ist das Ganze unseres nun bekanntgegebenen Tieres, nur wisst ihr noch nicht, wo es zu Hause ist. Es wohnt nur allein in den südlichen Gegenden des Saturnus und daselbst nur in denjenigen Kontinentländern, welche sich nicht über den 45. Grad der südlichen Breite ausdehnen. Denn da dieses Tier nur die Meeresgegenden liebt, so ist es auch nur daselbst zu Hause, wo das Land nicht den besagten Grad übersteigt, wo es dann auch die diesem Tier zusagende hinreichende Wärme hat. Übersteigt aber das Land bedeutend besagten Grad, so wird es natürlicherweise auch kälter daselbst, wo es mit dem Meer zusammenstößt, aus welchem Grund es dann für dieses Tier durchaus nicht mehr taugt.

15. Denn dieses Tier hat den eigenen Instinkt, dass es weder westlich noch östlich ein Land bewohnen will, sondern nur allein die südliche Mitte. Befindet sich diese im gerechten Verhältnis, so lebt auch dieses Tier in einem solchen Land. Ist aber dieses Verhältnis nicht da, so kommt es auch in einem solchen Land ganz und gar nicht fort und lässt sich auch nicht erhalten; daher dieses Tier auch nie im Innern eines Landes gesehen wird, und wird es manchmal aus Seltenheit dahin gebracht, so geht es auch in kurzer Zeit sicher zugrunde.

16. Nun habt ihr ganz vollkommen alles Denkwürdige von diesem Tier. Und somit auch wollen wir uns wieder zu einem anderen, nur diesem Planeten allein eigentümlichen Tier wenden.

Kapitel 27

Zigst, die Saturnus-Antilope. Wink über den Grund von
Fressen und gefressen werden. Über
Geheimmittelschwindel

1. Zigst, oder nach eurer Erdsprache, die ihr sprecht, Spitz- oder
Stechfuß, ist dasjenige Tier, das wir so eben betrachten wollen und das
nur diesem Planeten ganz allein eigentümlich ist. Dieses Tier steht in
diesem Planeten Saturnus ungefähr auf derjenigen Stufe wie die Antilope auf eurer Erde. Denn es bewohnt auch dieses Zigst im Saturnus nur
die höchsten Gebirge.

2. Warum wird es denn eigentlich der Spitzfuß genannt? Ihr müsst
euch nicht denken, als hätte dieses Tier etwa gar vier spitzige Spieße an
der Stelle der eigentlichen gegliederten Füße; sondern darum wird es
der Spitzfuß genannt, weil die Vorderfüße dieses Tieres in der Gegend
des gewöhnlichen Gliedes über den Klauen gar kein Glied haben, sondern ein geradeausgehendes Horn, welches nach unten zu ziemlich zugespitzt ist. Dieses geht sogleich als eine ganze feste Klaue von der Knie-
gegend fort aus, die Hinterbeine aber hat es regelmäßig gleich einem
anderen Tier; nur sind die Klauen nicht gespalten und ebenfalls ziemlich
spitzig.

3. Das wäre nun die Ursache des Namens dieses Tieres. Wie sieht es
denn sonst aus? Auf eurer Erde gibt es unter den größeren Tieren durchaus kein ähnliches Exemplar, wohl aber unter den kleineren. Sonach ist
der Mittelleib vollkommen dem Leib einer euch wohlbekannten Fisch-
otter ähnlich; der Schweif dieses Tieres aber wieder dem Schweif des
Ochsen. Der Hals und der Kopf haben eine ziemliche Ähnlichkeit mit
dem Hals und Kopf eines Tigers; nur ist das Gebiss nicht dem Gebiss eines Tigers, sondern dem der grasfressenden Tiere ähnlich.

4. Auf dem Scheitel des Kopfes aber hat es ein einzelnes, etwas nach
rückwärts gebogenes Horn. Und so wäre die Gestalt dieses Tieres bis
auf seine Größe und Farbe dargetan.

5. Wie groß ist aber dieses Tier? Wenn ihr dessen Größe nach irdi-
schem Maßstab bemessen würdet, da hätte die Erde wirklich nicht ein

Beispiel von einem Tier aufzuweisen, das diesem Spitzfuß an der Größe gleichkäme. Aber auf unserem Planeten, allda alle Verhältnisse ums Hundertfache und manchesmal um sehr vieles darüber gesteigert sind, gehört unser Spitzfuß nur den kleineren Tieren dieses Planeten an; denn es hat in allem kaum ein Drittel der Größe von dem vorgehenden Tier, das wir als den Löwen dieses Planeten haben kennengelernt. Aus dem Grund ist es auch jedem Saturnusbewohner ein Leichtes, ein solches Tier, wenn er es gefangen hat, auf seinem Rücken nach Hause zu tragen.

6. Was hat es denn für eine Farbe? Die Hauptfarbe ist blendend weiß, vom Kopf aber angefangen bis zum Schweif hin zieht sich ein hellblauer, verhältnismäßig breiter Streifen. Gegen den Bauch hin ist dieses Tier goldgelb, die Füße gehen nahe ins Rötliche über – bis auf die Spitzklauen, welche ganz vollkommen schwarz sind, so wie auch das Horn auf dem Kopf. Der Hals, das heißt der untere Teil desselben, aber ist vom Unterkiefer angefangen bis zur Brust hin gestreift, und zwar mit Streifen von dunkelroter Farbe.

7. Jetzt habt ihr die ganze Gestalt dieses Tieres, welches in dieser Art und Form auf keinem Planeten wieder vorkommt. Was ist aber die Tauglichkeit dieses Tieres? Was ist dessen Nahrung? Und wird es auch häufig gefangen von den Saturnusbewohnern?

8. Was die Tauglichkeit betrifft, so ist diese für den Saturnusbewohner ebenso wenig von einem Belang wie die Tauglichkeit einer Gämse oder einer Antilope bei euch Erdbewohnern. Dessen ungeachtet aber hat es dennoch in der Ordnung der Dinge seinen gehörigen Platz, den es unbewusst nutzwirkend ausfüllt. Wer aber sieht die Tauglichkeit einer Gämse bei euch ein; wer kann da einen Grund aufstellen, warum dieses Tier auf den Felsenspitzen herumspringt? Wer es aber glauben will, dem will Ich auch den Grund kundgeben.

9. Ihr wisst, dass auf den hohen Gebirgen eurer Erde zur Auflösung des Gesteins allerlei Moos und Pflanzen wachsen. Ihr wisst auch, dass sowohl die Moos- als die Pflanzengattungen nichts als Produkte geistiger Potenzen und geistiger Intelligenzen sind. Wenn sie aber solche Produkte sind, so ist es ja auch ersichtlich klar, dass sich in ihnen irgendein intelligentes Leben hat zu äußern angefangen. Wenn sich aber ein Leben einmal äußert, so äußert es sich nicht, um wieder in den Tod

zurückzusinken, sondern nur darum, dass es sich in einer Form ausbildend kräftige, um dann die Form zu verlassen und in eine höhere Form überzugehen.

10. Welche lebenäußernde Form aber steht da auf einer Alpe über den kleinbelebten Formen des Mooses, des Grases und der sonstigen Alpenpflanzen? Hier seht unsere Alpentiere an! Das sind die höheren lebendigen Formen, in welche das Pflanzenleben solcher Hochgebirge übergeht.

11. Dass dieses eine vollkommene Richtigkeit ist, könnt ihr ja daraus leicht ersehen, dass das Leben von diesen Tieren eben dadurch erhalten wird, so sie das Leben der Pflanzen in sich aufnehmen. Und demnach heißt nähren von einer dem Wesen des Tieres zusagenden Kost nichts anderes, als das zerstreute Leben der kleineren, unteren Potenzen in sich aufnehmen und vereinigen zu einem vollkommeneren Leben. Oder für euch noch verständlicher gesprochen:

12. Sich nähren heißt, das von Mir immerwährend ausgehende Leben als in ein Gefäß ansammelnd aufnehmen, damit es von Stufe zu Stufe intensiver und vollkommener wird auf dem Rückweg zur Urquelle, da es dereinst ausgegangen ist.

13. Wenn ihr nun dieses bereits Gesagte nur einigermaßen begreift, so geht mit diesem Begriff auch ganz ungehindert auf unser Saturnustier über. Übertragt auf diesen Spitzfuß dieselbe Tauglichkeit und ihr habt dann alles, was ihr zu wissen braucht, über diesen Punkt nämlich, was die Tauglichkeit dieses Tieres betrifft.

14. Nun hätten wir noch eine Frage zu beantworten übrig, nämlich ob dieses Tier von den Saturnusbewohnern auch gefangen wird? Darauf sage Ich, dass sehr kühne Saturnusbewohner wohl nicht selten auf die Jagd dieses Tieres ausgehen, aber nur höchst selten eines fangen. Denn dieses Tier ist so geschickt in Erklimmung der höchsten Felsenspitzen dieses Planeten, dass da kein Saturnusbewohner einem solchen Tier nachzukommen mehr imstande ist. Vermöge seiner zugespitzten Klauen kann dieses Tier auf einer eurer flachen Hand gleich großen Fläche vollkommen stehen. Wo aber einmal die Felsen in solche zu schroffe Spitzen zusammenlaufen, da hört für unsere großen Saturnusmenschen

auch alle Möglichkeit auf, ihre Jagd auf ein solches Tier weiter fortzu-
setzen.

15. Wenn sich, was höchst selten der Fall ist, ein solches Tier von
einer hohen und steilen Felsenspitze herabstürzt und zufolge dieses
Sturzes einen unglücklichen Fall macht, und dazu auf einen solchen
Platz fällt, den noch ein Saturnusbewohner erreichen kann, so ist der
Fang eines solchen Tieres, aber natürlicherweise nur im toten Zustand,
möglich. Lebend aber hat noch nie ein Saturnusbewohner ein solches
Tier gefangen.

16. Ihr werdet da wohl auch selbst fragen: Ja, wenn dieses Tier so
schwer zu fangen ist, warum geben sich denn die Saturnusbewohner so
viele Mühe, um eines solchen habhaft zu werden? Seht, dazu treibt die
Saturnusbewohner eine Art Aberglaube. Aber dieser Aberglaube gehört
nach euren Begriffen in das sogenannte quacksalberische medizinische
Fach. Denn die Saturnusbewohner sind der Meinung: Weil dieses Tier
die allerkräftigsten und wohlriechendsten Kräuter genießt, so ist dessen
Fleisch so etwas Gesundes, dass derjenige, der davon nur etwas Weniges genossen hat, nimmermehr zu sterben vermöchte. Das also ist der
Grund, warum dieses Tier so fleißig gejagt, aber nur höchst selten gefangen wird oder werden kann.

17. Es geht aber den Saturnusbewohnern mit diesem medizinischen
Glauben nicht viel besser als so manchen Menschen auf dieser Erde,
welche auch allerlei Mittel kennen, wodurch sie das Leben des Leibes
zu verewigen glauben; die Erfahrung aber belehrt sie doch tagtäglich,
dass der Tod der Materie durchaus nicht abgehalten werden kann.

18. Was tun aber solche Menschen trotz der täglichen Erfahrung,
die ihre Mittel fortwährend zuschanden macht? Sie tun ein solches Mittel in ein außerordentlich geheimnisvolles Fach ihrer belebenden Wissenschaft und sagen: Dieses Mittel muss genau um Mitternacht eingenommen werden, und zwar in der höchst genau vorgeschriebenen Portion. Ein tausendstel Gran darunter oder darüber macht das Mittel un-
wirksam.

19. Reicht dieser medizinisch pfiffige Weisheitskniff nicht aus, so
wird, um die Sache noch verwickelter und schwerer zu treffen zu machen, zum Einfluss der Gestirne die Zuflucht genommen. Wo dann ein

solcher mystischer Lebensmediziner mit großer, höchst unverständiger Beredsamkeit dartut, wie da der Mond stehen, in welchem Viertel, in welchem Zeichen die Sonne übergehen muss, und das zwar gerade um die Mitternacht. Wenn z. B. die Sonne gerade um Mitternacht nicht in das Zeichen des Löwen und der Mond nicht in das Zeichen des Steinbocks, ein anderer Planet nicht in dieses oder wieder ein anderer Planet nicht in ein anderes Zeichen zur nämlichen Zeit übergeht, so ist das ewige Lebensmittel ohne Kraft und Wirkung.

20. Leichtgläubige Menschen glauben dann solchen mystischen Weisheitspredigern und kaufen sich stets zu einem hohen Preis ein solches ewiges Lebensmittel, und schauen sich hernach im Besitz dieses Mittels in den Kalendern fast zu Tode, wann der Mond, die Sonne und alle übrigen Planeten gerade um die Mitternacht in die vorbestimmten Zeichen übergehen würden. Da aber, was ihr auch ohne tiefe mathematische Kenntnisse leicht einseht, diese astronomischen und astrologischen Zeichenstands- und Übergangsverhältnisse wohl entweder gar nie oder vielleicht höchstens nur in einer oder mehreren Millionen von Jahren einmal annähernd eintreffen können, so hebt sich nach der mystisch-klugen Spekulation eines solchen ewigen Lebensbringers die Wirkung solcher außerordentlicher Mittel so gut wie von selbst auf; er aber bleibt unverantwortlich, weil er immer sagen kann, es sind ja nicht alle Umstände eingetroffen.

21. Seht, gerade so wird in unserem Saturnus das Fleisch dieses Tieres benützt. Nur sagen da die Saturnus-Lebensärzte, wenn ein solches Mittel nicht die bedungene Wirkung hervorgebracht hat, dass von dem Menschen, der ein solches Mittel gebraucht hat, eine große Unvorsichtigkeit dadurch begangen wurde, wenn er das Mittel etwa nicht in der Schattenzeit des Ringes, sondern im Sonnenlicht eingenommen habe, bei welcher Gelegenheit es dann ohne Wirkung sein muss.

22. Sagt aber ein Verwandter des Verstorbenen einem solchen Lebensbringer, dass der Verstorbene das Mittel wohl unter dem Schatten des Ringes eingenommen habe, so fragt ihn der Mediziner gleich, wie bei dieser Gelegenheit die Monde gestanden sind. Kann der Befragte darüber die Auskunft erteilen, so wird natürlich der Stand der Monde vom Lebensbringer allzeit als seinem Mittel höchst nachteilig mit großer

Beredsamkeit erklärt. Weiß aber der Befragte darüber keinen Bescheid zu geben, so ist das ohnehin das beste Wasser auf die Mühle unseres „Ewiges Leben" Bringers.

23. Manchmal geschieht es aber auch, dass ein Verwandter eines solchen an einem ewigen Lebensmittel verstorbenen Menschen zu einem anderen ewigen Lebensbringer fragen geht, warum dieses Mittel schon wieder fehlgeschlagen habe. Da könnt ihr euch schon von selbst denken, welche Auskunft ihm dieser andere Lebensbringer über das verunglückte Heilmittel seines Kollegen erteilen wird; nämlich keine andere, als dass er sagt: „Warum seid ihr nicht zu mir gekommen? Denn es ist ja bekannt, dass sich dieser Mensch mit falschen Mitteln abgibt!" Und um den anderen zu überzeugen, dass das Mittel sicher muss falsch gewesen sein, zeigt er ihm sogleich ein anderes gefärbtes Mittel, und das ist für den Fragesteller genug, um einzusehen, warum das Mittel des anderen nichts gefruchtet habe.

24. Bei solchen Gelegenheiten geht dann ein solcher Verwandter des Verstorbenen nicht selten auch wieder zu demjenigen Lebensbringer zurück, den er als einen Betrüger ansieht. Wie zieht sich aber dann dieser aus der Schlinge? Der führt unseren Rechenschaftsforderer sogleich zu einem gleichgesinnten und gleichunterrichteten Nachbarn und sagt dann zu ihm, nämlich zu dem Rechenschaftsforderer: „Siehe, dieser und dieser und dieser haben mein Mittel gerecht gebraucht, frage sie, wie alt sie schon sind!" Wenn nun der so Aufgeforderte einen oder den anderen um sein Alter fragt, so bekommt er gewöhnlich eine so „hochalterliche" Antwort, dass ihm darob das Hören und Sehen vergeht. Gewöhnlich aber sagen solche nach dem Alter Gefragte nie die Zahl der Jahre an, sondern sie führen gewöhnlich außerordentliche Fakta, die sie alle schon erlebt hatten, als Beweis ihres Alters an. So sagt z. B. einer, er wisse noch gar gut, dass dieser oder jener hohe Berg noch gar nicht bestanden ist. Ein anderer zeigt wieder auf den lichten weißen Streifen über dem Himmel und sagt, er habe gesehen, wie dieser Ring von dem Großen Geist ist über das Firmament gespannt worden. Ein Dritter weiß noch die Zeit gar gut, wo noch kein Mond am Firmamente sich befand. Und so weiß einer um den anderen einen besseren Grund seines Alters als sein Vorgänger anzugeben. Wenn dann unser

Rechenschaftsforderer mehrere solche Aussagen vernommen hatte, dann gibt er sich gewöhnlich zufrieden und kauft noch obendrauf vom Doktor, der nicht jünger ist als seine Nachbarn, ein solches Mittel und geht damit vergnügt nach Hause.

25. Seht, das ist nun alles, was sich bei der Gelegenheit der Betrachtung dieses Tieres kundgeben lässt. Daher wollen wir uns auch von diesem Tier zu noch einem nicht zahmen Tier dieses Weltkörpers wenden und sodann auf einige zahme Haustiere übergehen.

Kapitel 28

Der Bauor, das Einauge. Sein Schweifarm und
Waffenauge. Jagd auf dieses Tier. Seine Haut als
Patriarchenmantel

1. Das Tier, welches wir noch betrachten wollen, kommt nur äußerst selten vor. Auf den Kontinent-Ländern ist es ein ganz vollkommener Fremdling. Nur auf einigen bedeutenden südlichen Inseln ist es zu Hause. Wo aber dieses Tier haust, dorthin machen die Saturnusbewohner auch ebenso seltene Visiten wie auf die Inseln, da das Mud zu Hause ist. Warum – solches wird die Folge zeigen.

2. Bauor heißt dieses Tier; nach eurer Sprache würde das ungefähr so viel heißen wie das Einauge. Zuerst wollen wir darüber einen Blick machen, warum dieses Tier das Einauge heißt. Hat dieses Tier denn wirklich nur ein Auge? Nein, sondern es hat also zwei Augen zum Schauen wie jedes andere Tier. Aber auf der breiten Stirn über den zwei Augen, gerade in der Mitte, besitzt es noch ein Waffenauge. Und von diesem sehr gefährlichen Auge hat dieses Tier auch seinen Namen.

3. Bevor wir aber jedoch dieses Auge näher betrachten wollen, werden wir das ganze Tier seiner Gestalt nach beschauen und sodann erst auf das sonderbare Auge übergehen.

4. Wie sieht also das Tier aus? Wie groß ist es und wie gefärbt? Bis auf den Hals und den Schweif sieht dieses Tier einem Pferd bei euch sehr ähnlich. Nur müsst ihr euch den Leib des Pferdes ums Hundertfache größer denken.

5. Was aber den Schweif anbelangt, so sieht dieser einer Schlange ähnlich, wann ihr der Kopf abgeschlagen wäre, und hat nicht selten eine Länge von 120-130 Klaftern, und in der Gegend des Afters, da er anfängt, einen Dicke-Durchmesser von anderthalb Klaftern eures Maßes. Am Ende des Schweifes sind, also wie bei einem Schiffsanker, drei starke Widerhaken. In dem Schweif hat dieses Tier die meiste Kraft und sucht sich mittels desselben die Nahrung im Wasser, darum es sich auch beständig an den Meeresufern aufhält und allda seinen langen Schweif fast unterbrochen im Wasser herumschwärmen lässt, um sich

irgendeinen tüchtigen Fisch oder ein anderes bedeutendes Wassertier mit den Angeln seines Schweifes zur wohlschmeckenden Nahrung zu fangen, zu welchem Fang dieses Tier auch eine große Fertigkeit besitzt. Denn wie es nur in irgendeinem Wasserwinkel etwas ihm zusagendes Lebendiges wittert, so fährt es mit seinem Schweif unter dem Wasser pfeilschnell dahin und macht diesen seinen Schweifwurf so sicher, dass es seine Beute nie verfehlt. Das wäre somit sein Schweif.

6. Wie aber sieht es denn beim Kopf aus? Der Kopf dieses Tieres ist äußerst merkwürdig. Er sitzt auf einem langen und starken Hals und hat fast ganz die Gestalt eines Seekalbkopfes auf eurer Erde. Nur ist auch der Kopf in eben dem Verhältnis größer als der Kopf eines Erd-Seekalbs, als da ist größer sein Leib als der eines Erd-Pferdes. Also bis auf das Waffenauge sieht sein Kopf dem Kopf eines Seekalbes gleich.

7. Was hat es denn hernach mit dem sogenannten Waffenauge für eine Bewandtnis? Seht, dieses Auge ist an und für sich kein Auge zum Schauen; aber es ist ein Auge zum Fühlen oder Festhalten. Dieses Auge ist sonst gewöhnlich geschlossen; wann sich aber dem Tier irgend etwas Feindseliges naht, so öffnet es dieses Auge; wie aber dieses Auge geöffnet wird, so bricht alsbald ein so intensiver roter Lichtstrahl aus eben diesem Auge hervor, dass es ein Leichteres ist, frei in die Mittagssonne zu schauen als in dieses Auge.

8. Wenn dann dieser Strahl auf irgendein lebendiges Wesen geleitet ist, wird dieses alsbald von einer Art Unbehilflichkeit so gefangengenommen, dass es sich wie gebannt empfindet und die Stelle nicht verlassen kann, auf welcher es von diesem Augenlicht unseres Tieres angefallen wurde. Wann dann das Tier sieht, dass der so beleuchtete Feind gehörig gefestet oder gebannt ist, so nähert es sich demselben langsamen Schrittes auf eine so weite Distanz, als wie weit sein mächtiger Schweif reicht, in welcher Distanzberechnung sich dieses Tier nie verrechnet. Sodann aber wirft dieses Tier mit Blitzesschnelle seinen Schweif auf den Feind hin, angelt ihn und trägt ihn mit dem Schweif, der diesem Tier auch als ein Arm dient, sogleich in seinen überaus weiten Rachen, zermalmt ihn da mit seinen starken Zähnen und verschlingt ihn dann zu seiner Sättigung. Es macht da gar keinen Unterschied, ob es ein Tier oder Mensch ist; denn seiner großen Gefräßigkeit zufolge schont es

keines einzigen lebenden Wesens, sei es ein Bewohner der Luft oder ein Bewohner der Erde oder ein Bewohner des Wassers.

9. Das wäre somit bis auf die Farbe alles samt und sämtliche Denkwürdige dieses Tieres.

10. Was hat es denn für eine Farbe? Am Bauch ist es hellblau; durch die Mitte des Bauches der Länge nach aber zieht sich ein dunkler, ziemlich breiter Streifen. Der Rücken aber ist von hellroter Farbe mit kleinen zebraartigen, gelben Streifen durchzogen. Die Füße sind pomeranzengelb von da angefangen, wo sie den Leib verlassen. Die Hufe aber sind ganz vollkommen schwarz. Die Haare des Leibes sind im Verhältnis durchaus sehr kurz, darum auch schon einige Saturnusbewohner der Meinung waren, als sei dieses Tier ganz nackt. Nur durch einige gefangene Exemplare wurden sie erst eines andern belehrt.

11. Aber dieser Fang kam und kommt den Saturnusbewohnern allzeit ziemlich teuer zu stehen. Denn wenn sie es fangen wollen, so müssen sie demselben früher bedeutende Opfer bringen, als da sind eine ziemliche Menge großer Haustiere. Erst wann sich dieses Tier durch den Genuss vieler solcher Haustiere übersättigt hat, dann wird es schläfrig und matt, legt sich dann irgend auf einem Platz neben dem Wasser nieder, ringelt seinen Schweif zusammen und verdaut seine reichlich zu sich genommene Kost. Wann die Saturnusbewohner sehen, dass sich dieses Tier zur Ruhe begeben hat, dann müssen sie auch eilen, so viel als nur immer möglich, damit sie eben sobald Meister des Schweifes werden, welchen sie gewöhnlich mit einem Hieb vom Leib trennen. Wann aber diese Operation vollbracht ist, so müssen sie sodann ebenso geschwinde wieder die Stelle verlassen. Denn da der Schweif, auch getrennt von seinem Tier, noch lange fortlebt und sich mit den schauerlichsten Krümmungen hin- und herwirft, das Tier aber vor Schmerz ebenfalls wütend wird und mit seinen Hufen umherschlägt, so ist es durchaus nicht ratsam, sich nach der Operation in der Nähe dieses Tieres aufzuhalten. Solches wissen die Saturnusbewohner, daher entfernen sie sich sogleich und warten die Zeit auf ihren Schiffen auf der Oberfläche des Wassers ab, wann dieses Tier regungslos zusammenstürzt und der Schweif sich krampfhaft ausgestreckt hat.

12. Ist solches einmal vor sich gegangen, alsdann nähern sich unsere Saturnusschiffer wieder dem Ufer, hauen noch den Schweif auf mehrere Stücke entzwei, bei welcher Gelegenheit da noch die zerhauenen Stücke eine ziemliche Zeit lang hin und her springen, nähern sich dann dem Tier selbst und versuchen dasselbe an der Rückengegend durch Stiche, ob im selben sich noch irgendein verborgenes Leben vorfindet. Macht das Tier bei solchen Stichen keine Bewegung mehr, so wird demselben sobald die schöne Haut abgezogen, der Kopf aber wird ihm zuvor abgehauen und sehr schnell ins Wasser geworfen. Denn diese Jäger sind der Meinung, es möchte das Tier während der hautabzieherischen Operation das schreckliche Auge zufällig öffnen, und dann würden sie alle vergiftet; was aber natürlich gar nie der Fall sein könnte, fürs Erste, weil dieses Auge durchaus kein Gift enthält, fürs Zweite aber, weil das heftige rote Licht des Auges sobald vollkommen erlischt, sobald das Tier alle Lebenskräfte vollkommen verloren hat.

13. Ist die Haut einmal von dem Tier herabgezogen und auf ihre Fahrzeuge gebracht, dann lassen sie alles andere liegen und von sich selbst verwesen. Damit aber diese Verwesung desto schneller vor sich gehe, so gibt es da an einer solchen Ufergegend auch schon sobald allerlei hungrige Gäste, welche daher fürs Erste ihren Hunger stillen, manche aber fürs Zweite auch an ihrem wohlbekannten Feind sich ihre Rache kühlen.

14. Wozu aber benutzen dann die Saturnusbewohner eine solche mühsam erlangte Haut? Eine solche Haut wird dann mit Öl gut eingerieben, dass sie nimmermehr steif werden kann. Ist solche Bearbeitung gut genug zu Ende gebracht, so wird die Haut zubereitet oder vielmehr beschnitten und danach zu einem Halbmantel verwendet. Ein solcher Mantel gilt auf einem Rücken des Mannes mehr als bei euch ein ganzes Kaisertum. Denn da heißt es dann sprichwörtlich: Der Bauor macht den Fürsten oder alldort den vorzüglichsten Patriarchen des Landes erst vollkommen ansehnlich als das, was er sein soll.

15. Es gehört für die Saturnusbewohner aber auch im Ernst zu einer der größten Wagetaten, die sie ausführen. Wer demnach sich einen solchen Mantel gefangen hat, der zeigt allen seinen Mitmenschen, von welch großem Mut er beseelt ist. Dieses Zeugnis aber gilt bei dem

Saturnusbewohner am meisten. Denn mit einem mutlosen Anführer und Leiter ist ihnen nicht gedient. Dann aber bezeugt ein solcher Mantel auch noch, welche großen Opfer es dem Erringer eines solchen Mantels gekostet hat. Daraus schließen dann die Saturnusbewohner, dass ein solcher Bauor-Mantelinhaber auch bei seiner großen Tapferkeit ein sehr freigebiger Mensch ist, darum er zum Wohle seiner Brüder nicht gescheut habe solch große Unkosten. Und endlich aber schließen sie aus dem Besitz eines solchen Mantels noch auf die große Klugheit eines solchen Menschen, da er es so weise angestellt hat, Meister dieses Ungeheuers zu werden, welches bei den Saturnusbewohnern noch in einem viel entsetzlicheren Ansehen steht als bei euch der sogenannte Drache oder Lindwurm.

16. Wenn demnach ein Mensch ein solches Tier besiegt hat, so wird er auch bei jeder anderen Gelegenheit jedes Unternehmen mit großer Klugheit zu leiten imstande sein. Daher macht dieser Bauor-Mantel einen Saturnusmenschen unfehlbar allzeit zu einem Großpatriarchen, wenn er auch sonst noch ums Drei- bis Vierfache jünger wäre als irgendein anderer Kleinpatriarch. Solange aber hernach dieser Mantel dauert, so lange auch dauert das Großpatriarchentum.

17. Da aber dieser Mantel sonach stets die Großpatriarchenwürde verbürgt, so wird auch mit nichts so sprechend [sparsam] und schonend umgegangen, als wie mit einem solchen Mantel; aus welchem Grund ein solcher Mantel von einem solchen Großpatriarchen nur bei höchst außerordentlichen Gelegenheiten umgehängt wird. Wie es aber überall in unserem Planeten kleine Betrügereien gibt, so gibt es auch solche namentlich mit der dort fast allgemein ewig geglaubten Dauer eines solchen Mantels, welcher, wenn er schon lange morsch geworden ist, aber dennoch durch einen falschen Mantel von anderen Tierhäuten als ein echter Bauor-Mantel forterhalten wird.

18. Ein solches, zufolge dieses Bauor-Mantels errungenes Großpatriarchat vererbt sich dann so lange auf alle Kinder und Kindeskinder des Großpatriarchen, solange noch der Mantel als daseiend vorgewiesen werden kann. Nur so da jemand zu einer frischen Unternehmung sich zum Besitz eines neuen Mantels verhilft und weist solchen im ganzen Land auf, so ist es mit dem alten Patriarchat zu Ende. Jedoch bleibt

der alte Patriarch dessen ungeachtet noch immer ein angesehener Mann im Volk. In diesem Fall gilt selbst noch der letzte Fleck eines solchen Bauor-Mantels als ein vollkommen gültiges adeliges Diplom, durch welches der Inhaber so lange solche Bauormantel-Vorrechte genießt, so lange er nur noch ein Stückchen von einem solchen Mantel als Diplom aufzuweisen hat. Haben aber einmal einige gutgesinnte Motten das letzte Fleckchen zernagt, so haben sie auch die Würde eines solchen Urpatriarchen also zerstört, dass ihm am Ende nichts mehr davon übrigbleibt als allein die leere Erinnerung für sich selbst.

19. Jedoch wir wollen diese saturnuspolitischen Verhältnisse vorderhand nicht weiter verfolgen, indem wir noch nicht beim Menschen sind – sondern wollen uns dafür wieder sogleich zu den Tieren wenden. Bevor wir aber jedoch die Haustiere vornehmen wollen, werden wir jenen allgemeinen Überblick über das gesamte nicht-zahme Saturnus-Tiervolk werfen.

Kapitel 29

Geheimnisse der Tonlehre erklären die Harmonie der Weltkörper. Übereinstimmung der wilden Tierwelt von Saturnus und Erde

1. Nachdem wir, wie ihr wisst, nur die außerordentlichen Tiere jeder Gattung sonderheitlich betrachten, so ist es euch aus dem bereits Enthüllten schon bekannt, welche außerordentlichen Tiere diesem Planeten eigen sind. Bei der Darstellung dieser außerordentlichen Tiere werdet ihr aber bemerkt haben, dass sie zuallermeist schon solcher Art sind, dass ihnen im Ganzen kein Tier sowohl eurer Erde als irgendeines anderen Planeten vollends ähnlich ist.

2. Es besteht aber zwischen einem und dem anderen Planeten eine immerwährende Harmonie in allem, ohne welche zwei Weltkörper, in einer noch so unendlichen Entfernung voneinander abstehend, nicht bestehen könnten. Damit ihr aber dieses so viel als möglich richtig auffasst, so muss Ich euch vorerst darauf aufmerksam machen, dass Harmonie nur ist und sein kann, wo eine und dieselbe Ursache die Wirkung hervorbringt.

3. Wenn ihr z. B. über ein flach gehobeltes Brett eine Saite spannt und schlagt dann dieselbe an, so wird die Saite allzeit einen Ton von bestimmbarer Höhe oder Tiefe geben. Spannt ihr die Saite mehr und mehr, so wird der Ton intensiver oder, wie ihr zu sagen pflegt, höher. Je weniger aber die Saite gespannt wird, desto tiefer auch wird der Ton. Was ist da wohl die Ursache der tönenden Wirkung? Ihr könnt mir durchaus keine andere finden und angeben, als das Brett und die über demselben gespannte Saite. So oft ihr nun immer diese Ursache erneuert, so oft auch werdet ihr immer dieselbe Wirkung haben. Die Modifikationen der Höhe und der Tiefe machen hier durchaus keinen Unterschied. Denn Ton bleibt Ton, ob er da ist ein hoher oder ein tiefer. Ihr würdet hier freilich wohl fragen, was da eigentlich den Ton bewirkt – ob das glattgehobelte Brett oder ob die Saite? Und Ich sage euch, weder das Brett allein für sich, noch die Saite allein für sich, sondern beide also gemeinschaftlich, dass das gehobelte Brett als ein

zusammenhängendes Ganzes alle nur denkbaren Formen zur Bildung des Tones in der allzeitigen Bereitschaft hat. Die über demselben sich schwingende Saite aber ruft diese Formen voneinander wohl unterscheidbar hervor. Und so ist das gehobelte Brett der Inhalt aller denkbaren Tonformen. Die darüber gespannte Saite aber ist, um dieselben zu wecken und sie dann in die vernehmbare Erscheinlichkeit überzuführen. Damit aber solches möglich ist, so muss ja zwischen dem gehobelten Brett und der Saite eine unleugbare Harmonie obwalten.

4. Wenn da etwa jemand auch die Luft wollte als ein Mittel zur Bildung des Tones betrachten, dann muss fürs Erste doch gezeigt werden, dass da bei der Hervorbringung irgendeiner Wirkung nie und unmöglich je mehr denn zwei polarische Ursachen in einen gegenseitig produzierenden Konflikt treten können. Das Medium aber kann nie als eine Ursache angesehen werden, sondern nur als ein Weg, auf welchem die von den zwei Polaritäten hervorgebrachte Wirkung zur Erscheinung kommt.

5. Nehmt z. B. das magnetische Fluidum. Kann sich dieses denn nur polarisch vorfinden, wann es von irgendeiner Eisenstange aufgenommen wurde, oder ist es nicht vielmehr in sich selbst polarisch freiwirkend durch die ganze Unendlichkeit da? Seht, somit ist eine Eisenstange ja nur ein Weg, auf welchem dieses Fluidum sich euren Sinnen fühlbar äußern kann. Die Stange an und für sich selbst aber kann ja doch unmöglich je als das angesehen werden, das da hervorbringen möchte das magnetische Fluidum selbst.

6. Oder sind die Luft und der Äther zwischen der Sonne und einem Planeten dasjenige, was da bewirkt das Licht; oder sind sie nicht vielmehr nur der Weg, durch welchen das Licht, von einer Sonne ausgehend, zu einem Planeten gelangt, wenn der Planet so gestaltet ist, dass er fähig ist, das auf ihn überkommende Licht aufzunehmen?

7. Sonach wollen wir auf diese Weise auch die Luft bei unserer Tonbildung nicht als ein tonbewirkendes Mittel ansehen, sondern nur als den Weg, auf welchem die Tonformen, wie jene da zwischen der Saite und dem gehobelten Brett gebildet werden, von dem Ohr wahrgenommen werden können.

8. Ihr müsst euch unter Ton überhaupt nicht den Klang denken, sondern nur eine Form, welche durch einen gewissen Grad von Schwingungen irgendeiner glatten und elastischen Fläche entlockt wird. Der Klang an und für sich ist bloß nur Zeuge, dass da durch regelmäßige Schwingungen irgendeines schwingbaren Körpers die Formen eines anderen ihm zugrundeliegenden Körpers entwickelt worden sind. Ich sage euch: Obschon ihr in der Tonkunst bewandert seid, so seid ihr aber nahe in keinem Fach so schlecht bewandert als eben in der Tonkunst. Denn da versteht ihr nichts mehr, als was die Würmer verstehen, die da an der toten Rinde eines Baumes nagen. Demnach stellt ihr zwar wohl einzelne verschiedene hohe oder tiefe Töne zusammen und ergötzt euch an dieser Musik also, wie sich die Würmer ergötzen, wenn sie die tote Rinde eines Baumes benagen. Welcher von euch aber hat es sich noch je beifallen lassen, dass der Ton eine der allerwunderbarsten Formen ist?

9. Seht, so ihr irgendeinen Ton singt oder mit einem Klanginstrument hervorbringt, so wisst ihr dabei nichts mehr zu sagen als: Dieser Ton heißt entweder c oder a und ist entweder in einer oder der anderen Oktave, und dass ihr noch auch dabei bestimmt, durch welches Klanginstrument irgendein solcher Ton bewirkt worden ist. Seht und gesteht, ob ihr von dem Ton viel mehr wisst – außer dass ihr noch die Qualität des Tones taxiert und seine Verhältnisse gegenseitig mit eurem Ohr bemesst, ob sie wohl- oder unwohlklingend sind. Habt ihr solches getan, so seid ihr auch mit dem Ton vollkommen fertig.

10. Damit ihr aber desto gründlicher einseht, wie am allerwenigsten ihr in der Tonkunst bewandert seid, so will Ich euch nur im Vorübergehen etwas Weniges über den Ton selbst sagen.

11. Ihr wisst, dass über ein und dasselbe Brett eine Menge Saiten gespannt werden können, und eine jede Saite wird nach dem Grad der Spannung einen verschieden hohen oder tiefen Ton von sich geben, und das alles auf einem und demselben Brett. Wenn aber auf einem und demselben Brett alle nur denkbaren Nuancen der Töne hervorgebracht werden können, so müssen ja auch in eben und demselben Brett unendlich viele Formen vorhanden sein, damit sie durch jeden möglichen Grad der Spannung einer Saite vollkommen vernehmbar in die Erscheinlichkeit treten können.

12. Wenn ihr nun das Brett an und für sich betrachtet, was findet ihr darauf? Nichts als einen gleichförmig elastischen Faden, entweder aus Metall oder aus den Gedärmen der Tiere. Und so habt ihr nichts als zwei platte Einförmigkeiten, aus denen sich nichts herabphilosophieren lässt vor euch. Und dennoch liegt in diesen zwei platten Einförmigkeiten eine solche Mannigfaltigkeit, dass davon alle Tondichter von Davids Zeiten her noch nicht den milliardsten Teil in allen ihren Kompositionen aufgegriffen haben – da doch diese äußeren Töne an und für sich nichts anderes sind in Hinsicht des eigentlichen wahren Tones, als was da ist die tote Rinde eines Baumes gegen dessen inneres, unsichtbares geistiges Leben.

13. Was also demnach ist der Ton? Der Ton ist nichts anderes als ein Sichkundgeben der endlos vielen harmonischen geistigen Formen, wie da dieselben innewohnen der Materie oder wenigstens in dieselbe hineinragen. Demnach ist das resonierende Brett eines Klanginstrumentes eine unendliche Welt voll geistiger Formen. Und wann ihr z. B. einen Ton unter dem Namen c oder a angeschlagen habt, so hat sich durch den einfachen Klang nichts mehr oder weniger als eine ganze Schöpfung mit einer ewig unzählbaren Zahl der Wesen aller Art für euer Ohr einförmig vernehmbar gemeldet.

14. Ihr klebt dann nur an dem, was ihr vernehmt. Was aber hinter dem Vernommenen steckt, das beachtet ihr nicht. Und wenn euch bei mehreren nacheinander folgenden harmonischen Klängen auch eine große Ahnung ergreift und euch die geistig lebendigen Formen förmlich am Genick packen, so seid ihr noch blind und nagt dafür an der Rinde, ohne bei jedem einfachen Ton zu bedenken, dass eben durch den vernehmbaren Ton eines alleinigen Wortes alle Dinge, welche da erfüllen die ganze Unendlichkeit, hervorgegangen sind. Nun alsdann könnt ihr wohl euch einen kleinen Begriff machen, was da ist ein Ton und wie unterschieden seine große Bedeutung vom einförmigen Klang, den ihr Ton nennt, ist.

15. Da wir aber zuvor von den harmonischen Verhältnissen ausgegangen sind und dargetan haben, wie da zwischen einem glatten Brett und einer darüber gespannten Saite eine stetige Harmonie obwaltet und dass eben aus dieser Harmonie dem Äußeren nach dieselben

Wirkungen entstammen, so können wir auch unserem ersten Satz dadurch volle Geltung verschaffen, in welchem Satz da gesagt wird, dass zwischen zwei sich noch so entfernten Weltkörpern die stetige Harmonie sich vorfinden muss.

16. Warum denn? Denkt euch die Sonne als das resonierende Brett, die Planeten aber als Saiten über das Brett gespannt. Wenn nun diese um das resonierende Brett der Sonne schwebenden Planetensaiten durch das ausgehende Licht von der Sonne angeschlagen werden, so nehmen sie auf diese Weise alle die in der Sonne schon zugrunde liegenden Formen auf, nachdem sie dieselben früher auf dem Weg des Lichtes überkommen haben, und setzen sie dann in die äußere formelle Erscheinlichkeit.

17. Wenn ihr nun darauf einen Blick macht, dass die Saite des Saturnusplaneten über dieselbe Sonne gespannt ist, wie die Saite der Erde, die ihr bewohnt, so muss es euch ja auch anderseits einleuchtend sein, dass dieselbe Ursache, welche auf eurer Erde wirkt und ihre Formen auf derselben in die Erscheinlichkeit treten lässt, auch als ebendieselbe Ursache im Saturnus ebendasselbe bewirken wird.

18. Wann ihr z. B. nehmen möchtet ein nahe siebenoktaviges und zugleich ein fünfoktaviges Klavier, so wird da niemand in Abrede stellen, dass das mehroktavige Klavier sicher noch tiefere und höhere Töne haben wird als das fünfoktavige. Wann aber das mehroktavige Klavier mit seiner Skala da eintritt, wo des fünfoktavigen Instrumentes tiefster oder höchster Ton liegt, so wird es hernach mit demselben gleichtönend so lange die Skala harmonisch fortsteigen oder fallen lassen, wie das fünfoktavige; nur werden natürlich die Töne des größeren Instruments sicher stärker, größer und ausgebildeter klingen als auf dem kleineren Instrument.

19. Nun seht, jetzt haben wir eigentlich schon alles. Ich sagte gleich anfangs, dass wir zuvor noch einen allgemeinen Überblick über das sämtliche unzahme Saturnustiervolk werfen wollen, bevor wir noch zur sonderheitlichen Darstellung des zahmen Getiers übergehen werden. Und Ich sage euch, einen solchen allgemeinen Überblick haben wir nun schon gemacht. Denn diese anatomische Darstellung der produktiven Kraft der Sonne war zuvor notwendig, damit das noch zu Sagende nicht

als eine Faselei oder als eine nötigende Darstellung der Dinge in diesem Planeten erscheint also, als wäre demjenigen, der solches kundgibt, der Phantasiefaden ausgegangen, demzufolge er dann zu dem die Zuflucht nehmen müsste, was da die Erde als Planet an formellen Erscheinlichkeiten bietet und sagen: Alles Getier der Erde findet sich auch in diesem Planeten mit weniger Abweichung vor; nur dass es im Verhältnis ist größer und stärker und zufolge des schon mehr geteilten Lichtes der Sonne auch buntfarbiger.

20. Da aber solches anatomisch zergliederte Darstellen der harmonischen Verhältnisse vorangegangen ist, so wird da niemand, der gläubigen Herzens ist, darüber etwas einzuwenden haben, so Ich da nun sage: Von eurem größten Urelefanten angefangen bis zur allerkleinsten Maus hat auch der Saturnus alle diese Tiere vollständig auf seiner Oberfläche, nur sind sie im Verhältnis größer und stärker und wechseln ihre Farben zwischen blau, grün, rot, weiß und schwarz, während die Farben der Tiere eures Erdkörpers darum nur selten vollkommen ausgebildet sind, weil die Strahlen der Sonne noch zu intensiv und daher wenig gesondert auf den Boden fallen. Die Färbung ist ja allzeit eine Folge des Lichts. Eure Blumen sind zwar ebenfalls mit allerlei vollkommenen Farben gefärbt, aber es geht der Farbe dennoch der gewisse lebendige Glanz ab, durch welchen eben alle die Blumen unseres Saturnus so lebendig werden, und sonach auch alle anderen Färbungen sowohl der Tiere wie auch der Menschen dieses Planeten.

21. Dieses genügt somit für den allgemeinen Überblick der vierfüßigen und auch anderen Tierwelt dieses Planeten. Demnach werden wir auch von den zahmen Tieren nur diejenigen wenigen einer kurzen näheren Betrachtung unterziehen, welche das fünfoktavige Erdklavier nicht enthält.

Kapitel 30

Die zahme Kuh Buka und ihre Nützlichkeit

1. Das zarte Tier, das wir betrachten wollen, ist die große, zahme Kuh der Saturnusbewohner, von ihnen Buka genannt. Ihr werdet euch vielleicht mit der Zeit denken: Warum muss denn gerade von der Kuh zuerst die Rede sein und warum nicht zuerst vom Stier? Es ist aber hier nicht eine zoologische Aufzählung des Tierreiches, wo nach der gelehrten Ordnung der sogenannten Zoologen nahe allzeit das Männlein vor dem Weiblein einhergehen muss, sondern hier ist eine Aufzählung der Tiere des Planeten nach dem Rang ihrer Tauglichkeit und sonach auch ihrer Denkwürdigkeit. Da also aber die Kuh in diesem Planeten ein viel tauglicheres Tier ist und also auch viel denkwürdiger, so lassen wir es auch wohlgeordnetermaßen vor dem Männlein, das heißt vor dem Stier einhergehen.

2. Was ist also unsere Buka für ein Tier? Wie sieht es aus, wie groß ist es, und wo ist es überall zu Hause?

3. Die Buka oder die Saturnuskuh ist ein riesenhaft großes Tier, aber bei seiner Riesengröße dennoch ungemein zahm. Und im Verhältnis zu seiner riesenhaften Größe verzehrt es sehr wenig Futter, aber es trinkt um desto mehr Wasser.

4. Dieses Tier ist unter allen Tieren dieses Planeten das allernützlichste und macht mit seiner sehr reichlichen und überaus wohlschmeckenden, etwas gelblich aussehenden Milch den vorzüglichsten Nahrungszweig der Saturnusbewohner aus. Ihr möchtet wissen, wie viel nach eurem Maß eine solche Kuh in einem Tag gibt, d. h. in einem Saturnustag? Nachdem der Saturnustag ohnehin nicht viel unterschieden ist von einem Erdtag, so muss es euch nicht gar zu sehr übermäßig wundernehmen, wenn Ich euch sage, dass diese Kuh bei regelmäßig guter Melke des Tages nicht selten eintausend Eimer Milch nach eurem Maß gibt.

5. (NB! Eine solche Kuh dürfte hier auf eurem Erdkörper manchen wirtschaftlichen Industrierittern nicht unerwünscht sein, vorausgesetzt, dass sie eben nicht viel mehr des Futters bedürfte als eine gewöhnliche

Erdkuh, des Wassers aber dazu trinken könnte, so viel sie nur wollte und möchte. Allein nachdem sich solche sehr ökonomische Menschen bei einer solchen Kuh im Geiste allzu sehr verwirtschaften möchten, so lassen wir sie nur im Saturnus – ungeachtet dessen es Uns nicht gerade unmöglich wäre, auch auf der Erde eine Saturnuskuh zu erschaffen.)

6. Wie sieht denn hernach im Saturnus eine solche Kuh aus? Was die Form betrifft, so hat sie eine ziemliche Ähnlichkeit mit der sogenannten Auerkuh. Was aber dann deren Größe betrifft, da ist der Unterschied freilich wohl unvergleichbar groß; ja so groß ist er, dass da eine gewöhnliche Kuh eurer Erde auf dem Rücken einer Saturnkuh sich kaum größer ausnehmen dürfte als eine Fliege auf dem Rücken eurer Kühe. Das Männlein oder der Stier ist nach dem Mud beinahe das größte Tier dieses Planeten. Die Kuh jedoch ist bedeutend kleiner als das Männlein. Wenn eine solche Saturnuskuh hier auf eurer Erde stünde, so würdet ihr von ihrem Rücken aus eine bei weitem größere Aussicht haben, als so ihr euch auf eurem Plabutschberg befindet, obschon die Größe dieser Kühe in diesem Planeten selbst sehr unterschieden ist.

7. Die größte Gattung dieser Kühe befindet sich namentlich in jenem großen Kontinentland, welches gleich anfangs der Enthüllung dieses Planeten angezeigt wurde. In diesem Kontinentland ist demnach eine solche Kuh nicht selten bei vierhundert Klafter hoch und vom Kopf bis zum Schweif doppelt so lang. Ihr Leib aber befindet sich auf vier verhältnismäßig festen Füßen, welche jedoch kürzer sind, zum übrigen Leib verglichen, als die Füße einer Erdkuh bei euch zu ihrem Leib. Zwischen den beiden Hinterfüßen hängt ein außerordentlich großes Euter, welches mit acht verhältnismäßig langen Zitzen versehen ist. Die Zitzen hängen aber dennoch über vierzig Klafter hoch über dem Boden, da eine solche Kuh steht.

8. Wie wird denn dann eine solche Kuh gemolken? Nicht so wie bei euch; sondern eine solche Kuh gibt die Milch von selbst. Denn vermöge ihres Organismus steht das Geben oder das Verhalten der Milch bei dem Instinktwillen dieses Tieres. Wie merken aber die Saturnusbewohner, wenn die Kuh die Milch geben will? Solches merken sie fürs Erste aus der aufgedunsenen Völle des Euters und fürs Zweite wann das Tier sich

selbst zur Ruhe gestellt hat, nachdem es zuvor gewöhnlich ein großes Quantum Wasser verzehrte.

9. Wenn eine solche Kuh sich sonach ruhig gestellt hatte, da eilen die Saturnusbewohner sobald mit ihren großen, euch schon bekannten Kürbisgewächsen her und halten deren weite Öffnungen unter die Zitzen der Kuh und fangen dann sorgsam in denselben die Milch auf, welche die Kuh freiwillig von sich gab. Hat sich aber die Kuh einmal ihrer Milch entledigt, so gibt sie das allzeit durch einen donnerartigen Murrer zu verstehen.

10. Nach einem solchen Murrer eilen dann auch die Milchsammler mit ihren vollen Gefäßen sogleich unter dem Bauch der Kuh hinweg, damit, wenn die Kuh sich wieder zu bewegen anfängt, da niemand zertreten werden möchte durch den überaus riesigen und schweren Fuß unserer Buka. Bei einer mehrere Jahre alten Kuh ist zwar dergleichen nie zu befürchten; diese setzt solange keinen Fuß von der Stelle, so lange sich nur ein Mensch noch unter ihrem Bauch befindet. Aber bei einer jungen Kuh, die natürlicherweise viel lebhafter ist, muss da viel vorsichtiger zu Werke gegangen werden.

11. Wie genießen denn die Saturnusbewohner die äußerst wohlschmeckende Milch dieser Kuh? Nahe geradeso, wie ihr die Milch eurer Kühe genießt. Nur zu keinem Kaffee gebrauchen sie dieselbe, denn dergleichen extra närrische Speisen kennen die Saturnusbewohner nicht. Sie kochen zwar wohl auch einige ihrer Speisen, aber den Saft einer verkohlten Frucht fliehen sie wie die Pest, weil sie es wohl wissen, dass die Speisen samt und sämtlich also am gesündesten und nahrhaftesten sind, wie Ich sie in der Natur zubereitet und am reinen Feuer meiner Sonne gekocht habe.

12. Sonst aber machen diese Saturnusbewohner ebenfalls Butter und Schmalz und Käse aus dieser Milch, welches alles sie vorzugsweise gerne genießen, besonders aber die Käse mit der Butter und mit dem Honig bestrichen, welcher Honig aber in diesem Planeten nicht von einer Art Bienen herrührt, sondern von einer Art großkelchiger, überaus wohlriechender Blumen, welche nahe über die Hälfte ihrer ziemlich weiten Kelche mit dem Honig gefüllt sind.

13. Also wüssten wir auch in aller Kürze, wie die Saturnusbewohner ihre Milch genießen. Demnach bleibt uns nichts mehr übrig, als allein nur noch, was diese Kuh für eine Farbe hat. Der Leib dieser Kuh ist bis zur unteren Bauchgegend, welche vollkommen weiß ist, blaugrau. Die Füße aber, da sie den Leib verlassen, gehen nach und nach ins Dunkelblaue über, sowohl die vorderen als auch die hinteren. Der Schweif dieses Tieres ist ebenfalls dunkler als der Leib und ist an seinem Ende mit einem überaus starken, zinnoberroten Mähnenbusch verziert. Der Hals ist im Verhältnis zu dem Tier mehr schlank als massiv und ist, vom Kopf angefangen bis zu den Vorderfüßen, nach jeder Seite hin mit so starken und langen, ebenfalls zinnoberroten Mähnen behangen, dass davon ein Haar nicht selten bei fünfhundert Klafter lang ist. Also ist auch der Kopf im Verhältnis zu dem übrigen Leib des Tieres mehr klein – und hornlos. Das Männlein aber hat wohl zwei aufrechtstehende kleine Hörner, die nach rückwärts gebogen sind wie bei einer Gämse bei euch.

14. Etwas Ausgezeichnetes am Kopf der Kuh sind ihre Ohren, davon ein jedes nicht selten eine Länge von dreißig bis vierzig Klaftern eures Maßes hat, und ungefähr ein Drittel der Breite des Ohrlöffels von dem Maß der Länge des Ohres. Die Ohren aber sind ganz von blendendweißer Farbe. Die Stirn dieses Tieres ist lichtgraublau, um die Gegend der verhältnismäßig großen Augen aber etwas dunkler. Die Schnauze dieses Tieres ist geradeso gebaut, wie die Schnauze einer Kuh bei euch. Sie ist ebenfalls nackt und von dunkelgrauer Farbe. Alles Übrige ist vollkommen ebenmäßig und ähnlich einer schon benannten Auerkuh auf eurer Erde.

15. Wird diese Kuh etwa auch in einem Stall gehalten? O nein; dieses Tier ist zu groß, als dass man über ihm einen zweckmäßigen Stall bauen könnte. Wohl aber wird sie in einem lebendigen Garten gehalten. Bei den Saturnusbewohnern aber ist dies nichts anderes als wie die Umzäunung einer bedeutend großen Wiesenfläche mit dem sogenannten Wandbaum, über welchen dann unsere Kuh trotz ihrer Größe dennoch nicht kommen kann, da sie, wie ihr es schon wisst, im Verhältnis zu ihrem Leib nur fürs Erste kurze Füße hat und fürs Zweite diese Füße bei ihrem Fortschreiten nie höher als nur fünf Klafter eures Maßes vom Boden des Saturnuserdreichs erheben kann. Das ist somit der Stall für eine

solche Kuh. Freilich wohl ist eine solche umzäunte Wiese nicht selten so groß wie der dreifache Flächenraum eures Vaterlandes.

16. Wie viele Kühe hat denn hernach ein Saturnusbewohner? Ich sage euch, der Inhaber von zehn solchen Kühen und zwei Stieren daneben wird allda schon für den allerreichsten gehalten; sonst aber bleibt es gewöhnlich bei der Einfachheit.

17. Das ist nun alles, was ihr von diesem Tier als denkwürdig zu betrachten habt. Und somit wollen wir uns auch wieder von diesem Tier zu einem anderen, ebenfalls sehr nützlichen Haustier wenden, und das zwar zur sogenannten Blauen Hausziege, welche wir bei der nächsten Gelegenheit erst näher betrachten wollen.

Kapitel 31

Die Blaue Ziege. Das Ziegenfest. Kommunikation der Saturnusbewohner mit dem Großen Geist

1. Was ist unsere schon vorbestimmte Blaue Ziege für ein Tier? Fürs Erste ist sie besonders für den wenig bemittelten Teil der Menschen dieses Planeten ein überaus nützliches und unentbehrliches Tier; besonders bei denjenigen Bewohnern der Gebirge dieses Planeten, auf denen unsere große Kuh durchaus nicht gut fortkommt, nachdem alldort zu wenig Futter für sie wächst, und vorzüglich aber viel zu wenig Wasser vorhanden ist, womit diese Kuh sich nach Bedarf ihren großen Durst löschen könnte.

2. Wie sieht dieses Tier denn aus? Ebenso wie irgendeine Ziege auf dieser Erde? O nein, das mitnichten! Wohl aber fast so wie ein Elentier, welches da bei euch die nördlichsten Teile der Kontinente bewohnt; nur ist es natürlicherweise wohl ums Hundertfache größer, das heißt kubischen Maßes, als da ist ein Elentier auf der Erde. Diese Blaue Ziege hat zwischen ihren beiden Hinterbeinen ein ihrer Größe nach verhältnismäßig sehr starkes Euter, welches mit sechs Zitzen versehen ist, aus welchen bei guter Melkzeit die Saturnusbewohner sehr leicht zehn bis zwanzig Eimer Milch, nach eurem Maß genommen, bekommen.

3. Diese Milch ist zwar nicht so süß wie die der großen Kuh, aber sie ist dafür desto wohlriechender, oder wie ihr zu sagen pflegt, substanziöser. Daher geschieht es auch häufig, dass die Gebirgsbewohner nicht selten ihre guten Milchprodukte in die Täler und Ebenen bringen, um manche andere für sie unentbehrliche Sachen einzutauschen. Denn in diesem Planeten gibt es durchaus keinen anderen als nur den Tauschhandel. Und es kommt eben dieser Tauschhandel den Gebirgsbewohnern sehr gut zustatten, dass eben diese Ziege in den Tälern und Ebenen durchaus nicht fortkommt, aber desto üppiger auf den Höhen, allda sie sich nicht selten ihr Futter unter dem Schnee mit ihren schaufelartigen, nach vorwärts gebogenen Hörnern sucht. Denn solches müsst ihr wohl verstehen, dass auch in dem Planeten Saturnus, so wie auf der Erde, die

höchsten Gebirgsspitzen, besonders zur Zeit des Ringschattens, mit Schnee und Eis bedeckt sind.

4. Dieses Tier ist an und für sich zwar etwas scheuer Natur; wenn es aber von dem Menschen gut behandelt wird, wird es so zahm und einheimisch, dass es ihnen beinahe überall gleich den treuen Hunden bei euch nachläuft; darum sie es auch zur Zeit, wann sie sich von ihrer Heimat begeben wollen, anbinden müssen an irgendeinen Baum mittels eines langen und starken Grasstrickes, damit es dadurch daheimgehalten wird. Bei den Saturnusbewohnern, namentlich bei demjenigen Teil derselben, welche die Gebirge bewohnen, gibt es sogar im Jahr ein Fest, welches sie zur Danksagung für dieses nützliche Tier dem Großen Geist darbringen.

5. Zu diesem Fest werden eine Menge der schönsten solcher Ziegen hinzugeführt, und zwar mit vollem Euter. Allda auf der bestimmten Stelle werden sie erst in einen Kreis gestellt und sodann in die schönsten und reinsten Geschirre gemolken. Ist diese Arbeit nach kurzer Zeitfrist verrichtet, sodann werden die Tiere zu einem allzeit in der Nähe befindlichen Regenbaum-Teich geführt und werden da gewisserart zur schuldigen Danksagung mit dem äußerst wohlschmeckenden und reinen Wasser getränkt. Sodann aber werden sie freigelassen, damit sie sich weiden können an den allzeit sehr üppigen Grastriften, welche da um einen solchen Regenbaumteich liegen. Die Menschen aber gehen dann zu jener Stelle zurück, allda in den schönen Gefäßen die frisch gemolkene Milch ihrer harrt.

6. Ein jeder nimmt da sein Gefäß und trägt dasselbe in einen zu diesem Fest schon eigens dazu errichteten Tempel, welcher gewöhnlich entweder aus den Strahlenbäumen oder, wenn der Spiegelbaum fortkommt, auch aus den Spiegelbäumen angepflanzt ist. Ich sage darum „angepflanzt", weil in diesem Planeten alle gottesdienstlichen Tempel aus den schönsten Bäumen bestehen, welche aber nicht etwa übereinander, wie bei euch, gezimmert sind, sondern lebendig aus dem Erdboden wachsen, nur werden sie nahe auf die Art wie bei euch in den Gärten die sogenannten Spalieralleen, fürs Erste ordnungsmäßig gesetzt und dann künstlich und regelmäßig beschnitten, dass dann ein solcher vollkommen fertig ausgewachsener Tempel so wunderherrlich und

schön aussieht, besonders zur Zeit, wann solche Bäume blühen, dass ihr euch davon auf der Erde unmöglich einen Begriff machen könnt. Ein solcher Tempel ist aber auch gewöhnlich so groß, dass ihr vom Eingang bis zum entgegengesetzten heiligen Ausgang nahe eine kleine Tagreise brauchen würdet, um diese Strecke durchzuwandern.

7. Wenn sonach die Menschen ihre mit Milch gefüllten Gefäße samt und sämtlich in einen solchen Tempel gebracht haben, so danken sie zuerst daselbst dem Großen Geist für die Gabe dieses nützlichen Haustieres und sodann auch für die von diesem Tier genommene Milch. Nach dieser Handlung erhebt sich dann der Älteste aus ihrer Mitte und heißt die also andächtig Versammelten sich auf den Boden niederlegen, und zwar mit dem Gesicht zur Erde gekehrt.

8. Er aber blickt auf und fleht den Großen Geist an, dass Er es nun zulassen möchte, auf dass da über ihn käme ein Geist des Lichtes und ihm kundgebe, was da wohlgefällig wäre dem Großen Geist, das sie tun möchten in dem Heiligtum. Und weil die Saturnusbewohner, vorzugsweise aber die Höhenbewohner, im fast ununterbrochenen Verband mit den Geistern ihres Himmels stehen, so geschieht es auch allzeit, dass nach einer solchen Bitte eines Ältesten ein leuchtender Geist in menschlicher Gestalt zu ihm kommt und ihm kundgibt, wie sich das Volk zu betragen habe.

9. Ist solche Kundgebung geschehen, alsdann stehen die Menschen wieder auf und der Älteste gibt ihnen kund, was er vernommen hatte. Nach einer solchen Predigt wird dem Großen Geist wieder ein Dank dargebracht. Ist auch dieses mit wirklich allzeit großer Andacht geschehen, so begeben sich dann die Menschen beiderlei Geschlechts wieder zu ihren Milchgefäßen, tragen sie zum Ältesten, damit er darüber spreche den Segen des Großen Geistes. Dann gehen sie wieder in den Tempel mit ihren Gefäßen zurück, umarmen ihn dann, und einer ladet den anderen zu seinem Milchgefäß ein, neben welchem Gefäß auch noch ein jeder eine gehörige Menge anderer essbarer Dinge gestellt hat. Nach solcher Einladung wird sodann in dem Tempel gespeist und sich mit allerlei gegenseitigen Belehrungen unterhalten.

10. Ist bei dieser Gelegenheit den Tag hindurch fast alles vom Butz bis zum Stängel aufgezehrt worden, so wird wieder dem Großen Geist

ein Dank dargebracht, welchen die Saturnusbewohner nicht selten durch den Gesang der euch schon bekannten Vögel, wo dieselben zu haben sind, zu erhöhen suchen – aber nicht durch die Hauptsänger, sondern durch die euch schon bekannten Sänger der zweiten Art.

11. Nach dieser Danksagung geht dann wieder alles aus dem Tempel; aber wohlgemerkt, nie beim vorderen heiligen Ausgang, sondern beim rückwärtigen, der da bestimmt ist für das Volk, während der heilige nur für den Ältesten und für die Geister des Lichts bestimmt ist. Wenn die Menschen nun wieder außer dem Tempel sind, so rufen sie wieder ihre sich noch behaglich um den Regenbaumteich weidenden Ziegen, welche dann auch alsbald dem Ruf ihrer Herren und Inhaber folgen.

12. Seht, das ist das gemeinste Fest, das diese Saturnusmenschen begehen. Was aber die Hauptfeste und den Hauptgottesdienst betrifft, das wird euch erst bei der Gelegenheit der Darstellung der Saturnusmenschen bekanntgegeben werden.

13. Wenn dann die Saturnusbewohner mit ihren Tieren nach Hause kommen, so werden sie wieder gemolken und dann wieder freigelassen. Denn für diese Tiere errichten die Saturnusbewohner durchaus keinen Stall, und es eignet sich auch nie einer dieses oder dasjenige Tier vollkommen an; sondern wenn das Tier mit einem vollen Euter allzeit zur Wohnung des Menschen kommt, so wird es gemolken und sodann wieder freigelassen. Es braucht sich auch da nie einer für die Fütterung dieser Tiere zu sorgen und braucht ihnen auch nie einen Wächter zu halten; denn fürs Erste versorgen sich diese Tiere selbst, fürs Zweite sind sie so zahm, gutmütig und einheimisch, dass sie allzeit zur rechten Zeit zu den Wohnungen der Menschen kommen, und fürs Dritte brauchen sie auch darum keinen Wächter und Wärter, weil es im Saturnus, besonders auf den Bergen, überhaupt schon gar keine sogenannten reißenden Tiere gibt.

14. Was aber die euch schon bekanntgegebenen, etwas feindselig gesinnten wilden, unzahmen Tiere betrifft, so leben sie gewöhnlich nur in solchen Gegenden, die entweder von den von Menschen bewohnten großen Kontinentländern ganz entfernt und durch das Wasser isoliert sind, oder sie bewohnen auf den Kontinentländern nur jene Teile,

welche von den Menschen entweder gar nicht oder bei gewissen Gelegenheiten entweder bewohnt oder aber nur dann und wann aus Wissbegierde, Fürwitz und nicht selten auch aus einer Art Habsucht betreten werden. Auf den Höhen aber lebt, wie ihr wisst, nur höchst selten ein wildes oder anderes unzahmes Tier als allein unser schon bekannter scheuer, medizinischer Spitzfuß.

15. Aus diesem nun Gesagten könnt ihr gar leicht von selbst entnehmen, wie leicht es demnach ist einem Saturnusbewohner, dieses Tier zu halten, und wie nützlich es dem Menschen dieses Planeten ist. Und so hätten wir alles Denkwürdige dieses Tieres auch damit erfahren.

16. Es wird wohl nicht notwendig sein, euch noch einmal zu sagen warum dieses Tier die Blaue Ziege heißt. Denn wie der Name, so ist auch die Farbe des Tieres. Wohl aber könnt ihr euch noch hinzumerken, dass dieses Tier eine überaus feine und reichliche Wolle gleich euren Schafen gibt, aus welcher Wolle sich die Saturnusbewohner, namentlich der Berge, allerlei nützliche und für die kältere Schattenzeit warmhaltende Kleider verfertigen, nachdem sie zuvor die Wolle reinigen und in schöne, gleichförmig dicke Fäden spinnen und aus diesen Fäden dann auch mit ganz eigentümlich geschickt bereiteten Werkzeugen allerlei geformte Zeuge weben.

17. Was geschieht denn aber mit dem Tier, so es stirbt? Da wird demselben das Fell abgezogen. Das Fleisch aber wird in eine tiefe Grube versenkt, denn die Saturnusbewohner essen fast durchaus kein Fleisch.

18. Das ist nun alles von diesem Tier, und so wollen wir für ein nächstes Mal zu noch einem anderen, sehr beachtenswerten Haustier übergehen.

Kapitel 32

Der treue Hausknecht Fur, eine zahme Affenart. Von Hunden, Pferden, Schafen und anderen Tierarten auf dem Saturnus

1. Was dieses Tier betrifft bezüglich seiner Nutzwirkung, so trägt es dieselbe, so wie das frühere Tier seine Farbe, in seinem Namen, d. h. es liegt in dem Namen dasjenige, was dieses Tier tut und wie es durch diese Tat nützt den Bewohnern unseres Planeten. Was hat denn hernach dieses Tier für einen Namen und wie lautet derselbe? Ihr werdet diesen Namen selbst finden, wenn ihr erst werdet dieses nützliche Haustier ein wenig in seinem Wirken beschaut haben.

2. Was tut sonach dieses Tier? Es tut nahe dieselben Dienste den Saturnusbewohnern, als da auf der Erde ein recht treuer und fleißiger Hausknecht sie tut seiner Herrschaft. Kurz und gut, dieses Tier verrichtet mit großer Genauigkeit nahe alle jene Arbeiten, welche ihr auf eurem Erdkörper zu den schweren Arbeiten rechnet. Dergleichen Arbeiten sind: irgendeinen Acker bestellen, das Wasser nach Hause tragen, das Holz sammeln und es ebenfalls zum Gebrauch der Menschen ihrer Wohnung zutragen, Felder reinigen, auch andere schädliche wilde Tiere jagen, zur Nachtzeit das ganze Hauswesen treu bewachen und dergleichen Arbeiten noch in der Menge.

3. Also seht, nach solcher Nützlichkeit wird auch von den Saturnusbewohnern der Name Fur, oder nach eurer Sprache „Der treue Hausknecht", demselben gegeben.

4. Was somit dieses Tier wirkt und tut und wie es heißt, wüssten wir bereits. Wie sieht aber dieses nützliche Haustier aus? Das ist nun eine ganz andere Frage. Gibt es auf dieser Erde wohl auch ein der Form nach ähnliches Tier? O ja, auch die Erde hat ähnliche Tiere in ziemlich großer Menge in allerlei Abstufungen. Allein auf der Erde sind diese Tiere durchaus wild, was in dem Saturnus wieder gerade der umgekehrte Fall ist, allda eben diese Tiergattung zu den am meisten zahmen Tieren gehört und so gelehrig ist, dass sie sich in kurzer Zeit zu allerlei menschlichen Verrichtungen abrichten und gebrauchen lässt. Wie heißt denn auf

eurer Erde dieses Tier, welches vermöge seiner natürlichen Anlage und körperlichen Beschaffenheit ebenfalls zu den meisten Verrichtungen verwendet werden könnte, so die Menschen es verstünden, dasselbe fürs Erste einheimisch zu machen und dann es abzurichten zu den verschiedensten menschlichen Arbeiten? Seht, das sind auf eurer Erde die Affen; namentlich vorzugsweise diejenigen, die ihr unter dem Namen Orang-Utan kennt.

5. Diese Tiere sind, wie schon bemerkt wurde, in dem Saturnus gerade die allernützlichsten und zu allerlei Arbeiten brauchbaren Tiere aus der ganzen Reihe der Tierwelt dieses Planeten. Kostet den Saturnusmenschen etwa ihre Erhaltung sehr viel? O nein, diese Diener sind die wohlfeilsten Diener der Saturnusmenschen, denn sie verlangen von ihnen nichts anderes als eine gute Behandlung und manchesmal eine Frucht aus der Hand eines Menschen. Das ist aber auch alles, was diese Arbeiter von ihrer Herrschaft verlangen.

6. Nur wenn sie von einem Menschen mehrmals roh behandelt wurden, so rächen sie sich gewöhnlich dadurch, dass sie ihm untreu werden und sein Haus gänzlich verlassen. Will er sie aber aufhalten mit Gewalt, so hat er mit ihnen einen ziemlich schweren Kampf zu bestehen, von welchem Kampf allzeit diese Tiere als Sieger davonrennen. Hat aber irgendein Saturnuseinwohner ein solches Tier wohl irgendwann beleidigt, gibt demselben aber, wenn es fortziehen will, durch mehrere in seiner Hand vorgehaltene Früchte kund, dass er gewisserart seinen Fehler bereuen und dadurch wiedergutmachen will, so kehrt ein oder das andere beleidigte Tier auch sobald wieder um und wird wieder, wie zuvor, ein treuer Diener seines Herrn.

7. Was ist denn die gewöhnliche Nahrung dieses nützlichen Haustieres? Die gewöhnliche Nahrung dieses nützlichen Haustieres besteht in allerlei niederen Baum- und Gesträuch-Früchten, welche samt und sämtlich von den Menschen nur gar selten, aber von den bemittelteren gar nicht genossen werden. Aus dem aber könnt ihr gar leicht entnehmen, wie wenig demnach diese Hausdienerschaft ihre Herrschaft kostet. Wenn ihr euch noch dazu denkt, dass fürs Erste solcher für den Saturnusmenschen nicht genießbarer Früchte es in großer Menge gibt und dass für die unzerreißbare Kleidung dieser Arbeiter Ich sorge, so müsst

ihr das vorher Erwähnte noch um desto klarer einsehen, nämlich wie überaus billig diese Arbeiter den Saturnusbewohnern zu stehen kommen.

8. Da wir jetzt aber schon so vieles über ihre Nützlichkeit gesprochen [haben], so wollen wir denn auch sehen, wie diese Tiere geformt sind. Ich habe zwar schon vorher erwähnt, dass diese Tiere eine große Ähnlichkeit mit den Affen eurer Erde haben. Jedoch aber, da in diesem großen Planeten gewisserart alles der Gestalt nach ausgebildeter und vollkommener ist, sind auch unsere treuen Hausdiener viel vollkommener und ausgebildeter als ein sogenannter Orang-Utan eurer Erde. Diese Tiere sehen demnach einem Saturnusmenschen fast nahe so ähnlich, wie auf eurer Erde die sogenannten Buschmenschen ähnlich aussehen einem wohlgebildeten Bewohner Europas oder des westlichen Teiles von Asien.

9. Nur was die Haut betrifft, so ist diese auch bei diesen Saturnus-Orang-Utans bis auf die Handflächen und bis auf einen kleinen Teil des Gesichtes dicht mit Haaren besetzt; nur sind die Hände und die Füße in der Regel bedeutend schlanker und somit weniger fleischig als bei den Menschen, welche samt und sämtlich sehr vollkommen und wohlgebildet sind, und auch durchaus bis auf das Haupt und auf die Geschlechtsteile vollkommen ohne Haare, und was deren Farbe betrifft, so ist selbe nicht selten blendend weiß, nur hie und da in den Ebenen etwas ins leise Braunrötliche übergehend, während die Farbe der Haare dieses Tieres entweder lichtblau, hie und da aber auch mitunter gräulich ist. Die haarlosen Teile dieses Tieres aber sind allzeit von blassroter Farbe.

10. Wie groß ist demnach ein solches Tier? Es hat nahe die Größe eines Saturnusweibes; aber so groß, als da ist ein wohlgewachsener Mann, hat man noch nie eines gesehen.

11. Wo ist dieses Tier in diesem Planeten denn zuallermeist zu Hause? Wenn ihr bedenkt, dass sich in diesem Planeten alle Kontinentländer unter einem und demselben Himmelsstrich befinden, so wird es euch auch nicht unbegreiflich sein, so Ich euch sage, dass dieses Tier beinahe in allen Kontinentländern und allda vorzugsweise bei den Gebirgsbewohnern gerne zu Hause ist, und das zwar auf dem ganzen Planeten mit sehr geringer Abartung der Form und der Farbe.

12. Doch ist diese Affengattung nicht die einzige, welche diesen Planeten bewohnt, sondern es gibt auch alldort eine nahe für euch unabsehbare Abartungsreihe der Gattungen dieses Tieres, welche aber samt und sämtlich sich beständig im ungezähmten und somit wilden Zustand befinden. In manchen Kontinenten ist dieses Tiervolk so zahlreich, dass es nicht selten herdenweise auf die Gebirge zieht und allda so manche edlen Früchte der Saturnusbewohner eben nicht zu sehr schont.

13. Aber eben bei solchen Gelegenheiten verrichten unsere treuen Hauswächter einen sehr guten Dienst den Saturnusbewohnern. Denn sobald sie eine solche Herde von irgendwoher sich den Fruchtbäumen der Saturnusbewohner nahend erblicken, da lassen sie augenblicklich alles im Stich und rennen, von Zorn und Wut entbrannt, auf diese ungeladenen Schmarotzer los. Wehe da demjenigen Individuum, welches saumseligerweise in ihre außerordentlich starken Hände gerät! Denn das kommt ganz sicher nicht mehr mit dem Leben davon, sondern es wird plötzlich in kleine Stücke zerrissen.

14. Da aber die sämtlichen kleineren Gattungen dieses Getiers instinktmäßig wissen, wie sehr unfreundlich sie von ihren großen Geschlechtsgenossen empfangen werden, so geschehen solche Annäherungen auch nur äußerst selten und dann nur, wenn sie die größte Lebensnot dazu zwingt. Jedoch am Tag wird ein solcher Schritt nie unternommen, sondern nur allzeit dann zur Nachtzeit, wann irgendeine Gegend noch obendrauf unter dem Schatten des Ringes steht, was bei den Saturnusbewohnern ungefähr so viel bedeutet, wie bei euch der Winter.

15. Und somit wüssten wir auch alles Denkwürdige, was dieses Tier betrifft, und wollen uns aus dem Grund nur noch zu einem Haustier wenden, welches bei den Saturnusbewohnern, vorzüglich bei demjenigen Teil, welcher die Ebenen und Täler bewohnt, in großem Ansehen steht.

16. Was ist aber das für ein Tier? Es ist kein anderes, als ein euren Haushunden vollkommen ähnliches Tier. Was aber dessen Nützlichkeit betrifft, so wird es vermöge seiner Stärke und Gewandtheit zu allem dem gebraucht, wozu ihr eure Pferde gebraucht, mit Ausnahme des alleinigen Reitens, was bei den Saturnusbewohnern durchaus nicht

vorkommt, weil fürs Erste ein Saturnusbewohner es weit unter seiner menschlichen Würde halten würde, mit seiner edlen Gestalt eine unedle des Tieres zu besteigen; und fürs Zweite, weil der Saturnusbewohner mit keiner anderen Gelegenheit so schnell weiterkommt, als mit der seiner eigenen Füße.

17. Von diesem Tier gibt es auch im Saturnus sehr verschiedene Abstufungen (oder Rassen, wie ihr zu sagen pflegt), welche in den verschiedenen Kontinenten auch verschiedenartig vorkommen und bis auf einige gar kleine Gattungen fast alle und überall zu einem und demselben Zweck verwendet werden.

18. Schön sind diese Tiere am allerwenigsten. Ihre Farben sind zwar zumeist den Saturnustierfarben ähnlich, aber allzeit etwas schmutziger und weniger lebhaft. Zwischen euren Erdhunden und diesen ist daher fast kein anderer Unterschied als der der Größe, derzufolge eine der größten Gattungen dieser Tiere im Saturnus wohl ums Fünfhundertfache übertrifft die Größe eurer Hunde. Im Übrigen aber sind sie, wie schon gesagt, euren Hunden ähnlich und üben auch im Saturnus, wie bei euch auf der Erde, nebst ihrer übrigen Beschäftigung die Hauswächterschaft aus. Nur ist ihre Stimme nicht ein Bellen, sondern in einem donnerartigen Gemurre bestehend ihnen eigen. Dieses Gemurre ist natürlicherweise bei den größeren Rassen stärker und, wie ihr zu sagen pflegt, imposanter als bei den kleinen.

19. Das ist nun auch schon wieder alles, was von diesem Tier bemerkenswert ist. So ihr etwa fragen würdet, mit der Zeit nämlich: Gibt es denn im Saturnus kein Tier, das da gliche unserem edlen Pferd? Da sage Ich euch, es gibt auch im Saturnus eine Art Pferde, diese aber werden nirgends gezähmt, sondern gehören alldort zu den wilden Tieren.

20. Gibt es im Saturnus keine Schafe? O ja, aber auch diese werden alldort nicht zahm gehalten, sondern als wild betrachtet, auf die da nicht selten der schönen und weichen Felle wegen Jagd gemacht wird.

21. Und so gibt es in diesem Planeten noch eine Menge Tiergattungen in ähnlicher Form, wie sie da bei euch gezähmt vorkommen, jedoch alldort im wilden und ungezähmten Zustand.

22. Und somit hätten wir auch das gesamte Tierreich in möglichster Kürze dargetan. Wenn ihr eure Gefühlsphantasie nur ein wenig

erwecken wollt, so dürfte es euch ein Leichtes sein, zufolge dieser sehr bildlichen Darstellung euch nahe jedes besonders geschilderte Tier so vorzustellen, wie es im natürlichen Zustand vorkommt in diesem Planeten. Die große Mannigfaltigkeit wird euch einen neuen Beleg geben, wie wunderbar reichhaltig Meine endlos vielen Werke sind. Und da diese schon in einem Planeten in solcher großen Mannigfaltigkeit und Schönheit vorhanden sind, um wie viel mehr des Wunderbaren und Großartigen wird da erst eine Sonne auf ihrem weiten Boden bergen – und wie unaussprechlich Wunderbares, Größeres und Mannigfaltigeres erst dann eine geistige Welt, in deren Vergleich eine materielle, natürliche nur kaum die äußere, tote Rinde eines Baumes zur Anschauung darstellt.

23. Jedoch solches und so manches mehreres will Ich euch vergleichungsweise erst bei der Darstellung des Menschen dieses Planeten kundgeben, und somit lassen wir es für heute bei dem bewendet sein.

Kapitel 33

Die Saturnusmenschen und ihre Wohnungen

1. So manches habt ihr schon vernommen, was da belangt den Menschen im Planeten Saturnus, dessen ungeachtet aber bleibt eben auch so manches über den Herrn dieses Weltkörpers darzutun, damit ihr daraus ersehen könnt, in welcher Ordnung sich dieser Planet befindet und wessen Geistes Kind er ist.

2. Da aber eine gute Ordnung noch allzeit und überall aller Weisheit Grund ist, alsdann wollen wir auch hier den Menschen in einer guten Ordnung betrachten, und zwar dieser gemäß den Menschen in seiner äußeren formellen Wesenheit, und dann erst was dessen Geistiges betrifft und somit alles, was in den Bereich des Geistigen greift, als da ist seine Landesverfassung, seine Gewerbe und endlich auch sein Gottesdienst. Und so gehen wir denn nun zur Gestaltung unseres Saturnusmenschen über.

3. Ist im Saturnus auch nur ein Menschenpaar, oder sind etwa zu gleicher Zeit an verschiedenen Orten mehrere Menschenpaare erschaffen worden? Solches gilt für alle Planeten also wie für den Planeten Erde. Und sonach stammen alle die jetzt noch im Saturnus lebenden Menschen von einem Menschenpaar ab. Nur ist die Geschichte des Menschen im Saturnus um mehr denn eine Million von Erdjahren länger als die Geschichte des Menschen auf eurem Erdkörper.

4. Da aber jedoch ein Saturnusmensch durch sein ganzes Leben hindurch mit seinem Weib selten mehr als vier Nachkommen zeugt, so ist es auch begreiflich, wenn Ich euch sage, dass dieser Planet im Verhältnis zum Erdkörper, den ihr bewohnt, ums Vielfache geringer bevölkert ist. Und sonach wohnen auch auf den großen Kontinentländern, von denen nicht selten eines oder das andere größer als Asien, Afrika und Europa zusammengenommen ist, dennoch die Menschen so selten nachbarschaftlich nebeneinander, dass etwa ein solches Verhältnis, wie da bei euch ist das eines Dorfes, im Saturnus zu den größten Seltenheiten gehört.

5. Zuallermeist sind die Wohnungen der Menschen so entfernt voneinander, dass da ihr, so ihr vermöchtet mit eurem Leib in eines dieser Kontinentländer zu gelangen, von einer Wohnung zur Wohnung eines nächsten Nachbars, der von seinem Nachbar am wenigsten weit absteht, zehn bis zwölf Tage zu reisen hättet. Auf den Gebirgen sind solche weit voneinander abstehenden Wohnungen fast das immerwährende Wohnverhältnis dieses Planeten; nur in den tiefer liegenden Gegenden, die da entweder an großen Seen und Strömen ausgebreitet liegen, sind die Wohnungen der Menschen etwas näher aneinandergerückt.

6. Wo aber dann irgendeine Wohnung der Saturnusmenschen aufgerichtet ist, da wohnen aber dann nicht etliche Menschen, sondern eine ganze zahlreiche Familie von nicht selten tausend bis fünftausend Köpfen.

7. Wie sehen hernach die Wohnungen aus, in denen so viele und so große Menschen hinreichend Platz haben? Denn hier muss vorerst bemerkt werden, dass der Saturnusmensch ein großer Freund von recht viel Platzhaben ist. Was diese Wohnung betrifft, so ist deren schon gleich anfangs bei der Darstellung des ersten Hauptbaumes dieses Planeten kundgegeben worden und gesagt, dass eben dieser Baum den Saturnusmenschen das Haus, welches sie am liebsten bewohnen, abgibt. Ich brauche euch nicht noch einmal die denkwürdige Gestalt dieses Baumes zu beschreiben – wie er da ist ein außerordentlich vielstämmiger Baum und wie sich auf dessen breiten und fast allzeit horizontal auslaufenden Ästen die Menschen ihre Wohnungen errichten.

8. Ja, ein solcher Baum zählt in diesem Planeten ebenso viel wie bei euch eine nicht unbedeutende Stadt. Es werden alldort die einzelnen Äste und Nebenstämme also jeder Familie eigentümlich von dem Hauptstammvater zugeteilt, wie bei euch in einer Stadt die Häuser. Der Unterschied besteht nur darin, dass alldort eine solche Baumstadt nur lauter Blutsverwandte bewohnen, während sich in euren Städten was immer für ein bemittelter Fremdling ein Haus um das andere anschaffen kann.

9. Ihr werdet euch vielleicht denken und sagen: Wie können denn die Menschen auf den Ästen schlafen, damit sie allenfalls bei einer Umdrehung im Schlaf nicht vom Baum herabfallen? Seht, solches ist alldort

viel weniger möglich, als dass ihr von eurem Bett herausfallen könntet, so ihr euch umwendet im Schlaf. Denn fürs Erste sind diese horizontal auslaufenden Äste so dick, dass ihr auf einem einzelnen solchen vom Baum auslaufenden Ast alle sämtlichen Häuser eurer Hauptstadt hinaufstellen könntet; und es wäre daneben noch Raum genug herumzufahren und zu reiten für euch.

10. Zudem laufen aber noch von jedem Ast auf dessen breiten Kanten in horizontal parallelen Richtungen eine Menge Zweige aus, welche die eigentlichen Fruchtträger dieses Baumes sind, und sie sind besonders nahe am Stamm von bedeutender Stärke, so zwar, dass ein Mensch, wenn er auch über den Rand des Astes zu gehen, liegen oder stehen käme, er dennoch nicht vermöchte hinabzufallen. Setzen wir aber auch den Fall, es geschähe jemandem dennoch das Unglück, dass er unvorsichtigerweise genug sich sogar über die Seitenzweige hinausbegäbe und dann hinabfiele auf den Boden oder von einem oberen Asttrakt auf einen unteren, so würde ihn dieser Fall dennoch nicht im Geringsten verwunden, und das zwar aus der euch schon bekannten Ursache, weil das Fallen auf diesem Planeten darum von gar keinem Belang ist, da daselbst niemand so fest und stark zu fallen imstande ist, als auf eurem Erdkörper, weil die wechselseitige Anziehung zwischen dem eigentlichen Planeten und dem Ring das spezifische Gewicht eines jeden Körpers, somit auch das des Körpers eines Menschen, ums Bedeutende verringert.

11. Da ihr nun solches wisst, so könnt ihr in dieser Hinsicht schon ganz vollkommen ruhig sein, denn ihr könnt es glauben, dass sich in diesem Planeten durch die Zeit seiner Bewohnbarkeit noch kein Mensch einen Fuß oder Arm gebrochen hat, und auch keiner sich noch ein Loch in den Kopf gestoßen durch einen Fall, was eben bei euch auf der Erde nichts Seltenes ist.

12. Es fragt sich aber nun, ob dieser Baum die einzig alleinige Wohnung oder das eigentliche Wohnhaus bei den Saturnusbewohnern ausmacht? O nein, auch die Saturnusbewohner haben neben einem solchen Hauptwohnbaum noch eine Menge Wohnhäuser, welche sie zur kühlen Schattenzeit bewohnen.

13. Diese Häuser sind unterschiedlich gebaut. Zum Teil sind dieselben gezimmert aus den starken Ästen des euch schon bekannten starken Pyramidenbaumes, zum Teil sind sie auch gewachsen aus den schlanken Baumgattungen. Die gewachsenen oder lebendigen sind vorzüglicher als die gezimmerten. Jedoch werden zwischen den lebendigen auch gezimmerte Häuser gesetzt, weil sie fürs Erste den Saturnusbewohnern als Vorratskammern ihrer Esswaren dienen müssen.

14. Fürs Zweite aber wird auch nur allzeit in diesen gezimmerten Häusern Feuer gemacht, bei welchem sie ihre mannigfachen Speisen kochen, sieden und braten; jedoch nicht etwa auf eine solch raffiniert künstliche Art, wie solches bei euch der Fall ist, sondern wie ihr manchesmal bratet einen Apfel oder siedet einige Birnen oder kocht so manches Kraut und so manche wohlschmeckenden Erdwurzeln. Seht, darin besteht die ganze Kochkunst der Saturnusbewohner. In eben diesen gezimmerten Häusern werden auch ihre Milchprodukte und so manche edle Beerensäfte in den euch schon bekannten Gefäßen aufbewahrt.

15. Gegessen und geschlafen wird jedoch nie in den gezimmerten Häusern, sondern allzeit in den lebendigen. Denn den Saturnusbewohnern ist es unerträglich, dass sie sich aufhalten möchten für bleibend bei einem toten Ding, sei es jetzt ein Baum, ein Tier oder ein Mensch ihresgleichen. Daher gebrauchen sie auch solche gezimmerte Häuser nur als Gerätschaften. Ihre Wohnungen aber müssen durchaus lebendig sein.

16. Ihr möchtet vielleicht erfahren, wie groß denn ein solches gezimmertes Haus wohl ist und wie es allenfalls aussieht? Solchen Wunsch kann Ich euch sogleich befriedigen, wenn Ich euch sage, dass fürs Erste diese Häuser ebenso kranzweise gezimmert sind, wie ungefähr die Häuser eures Landvolkes, nur haben diese Häuser keine Dächer, sondern sind gegen den Himmel zu vollkommen offen. Denn ein durch ein Dach vom Himmel abgesondertes Haus würde ein Saturnusbewohner als einen der größten Gräuel ansehen. Sie sagen, alles, was von oben herabkommt auf den Boden, ist ein Segen des Himmels, der dem Boden ihrer Erde wohltut; sie aber seien ebenfalls aus dieser Erde; warum sollen sie sich demnach absondern und verbergen vor dem Segen des Himmels? Er wird ihnen sicher noch mehr frommen, da sie lebendig sind und somit

mehr des himmlischen Segens bedürfen als ihrer Erde Boden, der da an und für sich tot ist in ihren Augen.

17. Also wüssten wir, wie diese Häuser gebaut sind. Nun geht uns nur noch die Form und die Größe ab. Was die Form betrifft, so sind diese Häuser gewöhnlich sternartig gebaut, ungefähr so, wie ihr nicht selten eine sogenannte Windrose zeichnet; manchesmal mit acht, manchesmal mit sechzehn und manchesmal mit zweiunddreißig spitzigen Ausläufen – von denen eine jede solche Sternspitze ein eigenes Behältnis für ihre Speisewaren und Getränke abgibt. In der Mitte des runden und weiten Raumes aber ist ein runder Herd errichtet, auf welchem daselbst gefeuert wird. Dass ein solcher Herd zu der Größe der Saturnusbewohner im Verhältnis erbaut ist, versteht sich von selbst.

18. Wie groß ist denn demnach ein solches gezimmertes Sternhaus? Ein solches Sternhaus hat nicht selten nach eurem Maß eine solche Ausdehnung, dass ihr von einer Sternspitze zur anderen entgegengesetzten guten Fußes eine gute Stunde zu gehen hättet. Und wie hoch ist zu dieser Größe demnach ein solches Sternhaus? So hoch, dass da jeder Saturnusbewohner, das heißt ein Mann, so er aufrecht steht, ganz bequem über die Wände zu schauen vermag.

19. Sind diese Häuser auch zierlich gebaut? Das eben nicht, außer dass die Menschen die behauenen Bäume mit allerlei schönem Laubwerk behängen. Das ist nun das Ganze, was diese Häuser betrifft; nächstens davon weiter.

20. Da wir somit in diesen gezimmerten Häusern nur ganz eigentlich die Wirtschaftsgebäude unserer Saturnusbewohner haben etwas näher kennengelernt, so wollen wir nun auch noch ein wenig näher ihre lebendigen Wohngebäude beschauen.

21. Wie sehen denn die lebendigen Wohngebäude der Form nach aus? Ihre äußere Form ist vollkommen rund, mit einem einzigen Eingang vom Morgen her versehen. Zur Erbauung dieser Häuser werden nur zwei Gattungen der Bäume verwendet. Die schöneren und prachtvolleren Häuser bestehen aus fest aneinandergereihten, euch schon bekannten Spiegelbäumen; die weniger zierlichen und prachtvollen aber aus einer veredelten Art des euch schon bekannten Wandbaumes.

22. Der inwendige Boden dieser Häuser wird ganz flach und vollkommen eben gemacht, auf welche Ebene dann ein Grassame ausgestreut wird, von dem da ein äußerst dichtes, aber sehr kurzes Gras hervorwächst. Dieses Gras hat das Ansehen wie ein Samt und ist an und für sich so elastisch, dass es nach jedem Tritt der Saturnusmenschen wieder so frisch aufsteht, als wenn niemand dasselbe mit seinem Fuß zu Boden niedergedrückt hätte.

23. Auch in der Mitte der Wohnhäuser ist ein großer, runder, verhältnismäßig hoher Herd aufgeführt, welcher aber ebenfalls nach allen Seiten mit ähnlichem Gras bewachsen ist. Damit ihr euch ungefähr einen Begriff von seiner Größe, dem Umfang nach, und von seiner Höhe etwas bestimmter machen könnt, so sage Ich euch, dass dieser Herd allzeit einen vierfachen Durchmesser hat von der Größe eines Saturnusmannes, und ist so hoch, dass er einem Mann bis etwas über seine Knie, ungefähr auf den halben Schenkel, reicht, einem Weib aber mehr auf den halben Leib.

24. Wozu dient denn den Saturnusbewohnern dieser Herd? Gerade dazu, wozu euch eure Tische dienen, nämlich zur Aufsetzung der Speisen und Getränke.

25. Nach diesem Herdtisch aber, ungefähr in einer Entfernung von einer zweifachen Manneslänge, ist eine eben ganz runde und oben abgestumpfte Pyramide aufgeführt, deren unterer Fuß wohl den dreifachen Durchmesser des Herdes hat. Die obere Fläche jedoch ist nicht größer, als dass ein Mann auf derselben bequem stehen kann. Diese Pyramide hat vollkommen die Höhe der Größe eines Mannes, ist ebenfalls mit demselben Gras überwachsen und dient als ein patriarchalischer Familien-Predigerstuhl, welcher alle Tage vor dem Sonnenuntergang von dem Ältesten einer ganzen Familie bestiegen wird, und wenn er bestiegen ist, sich dann die ganze Familie um denselben versammelt, um zu vernehmen aus dem Mund des Ältesten den Willen des Großen Geistes für die ganze Nacht und für den nächstfolgenden ganzen Tag.

26. Was gibt es denn sonst noch für Einrichtungen in einem solchen Wohnhaus? Vollkommen im Hintergrund, dem Aufgang der Sonne schnurgerade gegenüber, ist noch ein anderer, dieser Pyramide ähnlicher Rundwall aufgeführt und vom gleichen Gras bewachsen; nur ist er

bei weitem nicht so hoch wie der mittlere Predigerstuhl, aber dafür desto umfangreicher und zugleich mit mäßigen Einbiegungen versehen. Was hat denn dieser dritte Rundwall für eine Bestimmung? Seht, das ist das allgemeine Bett oder der Ruheplatz für unsere großen Saturnus-menschen.

27. Wenn sie sich schlafen legen, so legen sie zuvor die Einbiegung auf der oberen Seite mit weichen Polstern aus und lehnen sich dann – ein jeder für sich selbst – in eine solche Einbiegung dieses großen Rund-walles. Die Männer nehmen diejenige Stelle ein, welche gegen den Son-nenaufgang gerichtet ist, die Weiber aber die dem Untergang zuge-wandte. Und haben sich alle so gelagert, dass sie nach eurer Bemessung mit ihrem Leib gegen den flachen Boden einen Winkel von dreißig Grad beschreiben, sodann schlafen sie ein und ruhen in dieser Stellung bis nahe zum Aufgang der Sonne, welchen sie trotz des Ringschattens recht wohl bemerken, weil der Ring die Sonne nie so ganz verdeckt, dass da von derselben gar nichts zu sehen sein soll. Wenn auch es schon hier und da, wo der Ring manchmal etwas breiter wird, die Sonne von sel-bem ganz bedeckt ist, so dauert aber eine solche Totalbedeckung den-noch nicht länger als im höchsten Falle einen halben Tag hindurch; nach Verlauf dieser Zeit aber wird alsbald wieder ein kleiner Rand der Sonne sichtbar.

28. Nun seht, das ist die ganze Einrichtung eines solchen Hauses, welches zur Schattenzeit von den Saturnusbewohnern bewohnt wird. Wie groß ist denn hernach ein solches Haus seinem Umfang nach? Ein solches Haus ist gut noch um die Hälfte größer dem Durchmesser nach, als das uns schon bekannte Wirtschaftsgebäude.

29. Wohnen alle Einwohner eines uns schon bekannten großen Wohnbaumes in einem solchen Haus? O nein, sondern nur eine Familie, das heißt ein Vater und eine Mutter mit den Kindern und Kindeskindern, so wie sie beisammen sind zur Lichtzeit auf einem Ast des Baumes. Wie viel Äste sonach ein solcher Baum hat, ebenso viel solcher Wohnhäuser sind auch um denselben errichtet.

30. Eine solche allgemeine Familienwohnstätte um einen solchen Baum fasst nicht selten mehr Flächenraum in sich als wie groß da ist euer Vaterland. Solche Wohnstätten sind aber dann auch, wie ihr schon

wisst, außerordentlich weit voneinander entfernt, so zwar, dass ihr von einer solchen allgemeinen Wohnstätte bis zu einer anderen ebenso allgemeinen Wohnstätte viele Tagreisen zu tun hättet, um sie zu erreichen; da natürlicherweise um solche allgemeine Wohnstätten erst die Gründe liegen und Weideplätze für die euch schon bekannten Haustiere, welche einen verhältnismäßig großen Raum haben müssen, damit auf ihrem Boden so viel geerntet werden kann, als es zur Erhaltung des Lebens unseres Saturnusmenschen wie auch zur Erhaltung des Lebens so vieler Tiere genügend ist. Dazu kommen noch, besonders an den Grenzgebieten der allgemeinen Familiengründe, die oft sehr weit ausgedehnten Trichterbaumwälder und in den großen Ebenen, besonders an der nördlichen Seite großer Seen nicht selten zwei bis dreitausend Quadratmeilen weit gedehnte Pyramidenbaumwälder und noch andere große Gesträuchwälder. Wenn ihr nun dieses alles mit in den Anschlag bringt, so wird es euch nicht zu sehr wundernehmen über die oft so starke Entfernung zweier allgemeiner Familienwohnstätten.

31. Nun wüssten wir, wie unsere Saturnusbewohner zuallermeist wohnen, vorzugsweise auf den höherliegenden Gegenden; nur wissen wir noch nicht ihre häusliche Verfassung. Da wir aber schon in der Beschauung der Wohnungen zuerst denjenigen Teil vorgenommen haben, der da mehr die Gebirge bewohnt, so wollen wir auch, bevor wir zu den Ebenenbewohnern übergehen, die häusliche Verfassung unserer Hochlandsbewohner fürs nächste Mal in den Augenschein nehmen. Und somit genüge das für heute!

Kapitel 34

Verfassung der Saturnusmenschen. Anpflanzung eines
Tempels. Grundbesitz und Auswanderungen

1. Wer ist denn daselbst Vorstand oder das Oberhaupt einer solchen
oft sehr zahlreichen, allgemeinen Familie?

2. Hier und da findet es sich vor, dass da noch ein Urstammvater
lebt, so ist dann dieser, solange er lebt, das Oberhaupt und zugleich
auch der Oberpriester einer solchen Familie. Stirbt er aber, so tritt da
der zweite Fall ein, wenn nämlich zwei oder mehrere Söhne von ihm da
sind, dass sodann der älteste zum Oberhaupt sowohl in häuslichen als
in kirchlichen Sachen erwählt wird. Stirbt aber auch dieser und ein oder
der andere Bruder von ihm ist noch am Leben, so überkommt da allzeit
der Älteste solche Oberleitung. Stirbt aber auch dieser, so kommt dann
die Oberleitung auf den erstgeborenen Sohn desjenigen Bruders, der da
nach dem Urstammvater als Ältester der Familie alsbald die Oberleitung
übernommen hatte. Und auf diese Weise geht dann solche Oberleitung
immer auf den Ältesten der Familie über.

3. Manchmal, wenn die Familie sehr zahlreich ist, nur bis ins fünfte
Glied; ist aber eine Familie weniger zahlreich, so setzt sich die Über-
nahme solches Oberleitungsamtes bis ins siebente, manchmal auch bis
ins zehnte Glied fort; sodann aber geschieht eine Teilung, dass da zwei
oder drei der Ältesten demjenigen Teil aus ihnen diese allgemeine Fa-
milienwirtschaft überlassen, welcher der älteste ist. Die jüngeren zwei
aber nehmen dann ihre angehörigen Familienglieder zu sich, lassen sich
da von dem bleibenden Bruder aussteuern und ziehen dann mit Sack
und Pack links und rechts und suchen sich irgendeinen solchen, noch
unbewohnten Baum auf, verrichten daselbst ihre Dankgebete und bitten unter dem Vorstand des Ältesten den Großen Geist, dass Er ihnen
dieses lebendige Wohnhaus segnen möchte und sie erhalten samt dem
Wohnhaus.

4. Nach solchem Gebet geht dann der Älteste mehrere Schritte für-
bass und betet da allein, dass der Große Geist ihm möchte zukommen
lassen, so wie Er es seinen Vätern getan hatte, einen Geist des Lichtes,

der ihm kundgeben möchte zu allen Zeiten den Willen des Großen Geistes. Bei solcher Begebenheit fallen dann alle anderen Familienglieder auf ihre Angesichter. Und der Älteste aber hört nicht eher auf mit seinen Anrufungen, als bis der Große Geist ihm gesandt hat den erwünschten Geist des Lichtes.

5. Wenn aber der Geist des Lichtes nun gekommen ist zu unserem Ältesten, sodann bittet der Älteste den Geist, dass er im Namen des Großen Geistes da möchte segnen den neuen, noch unbewohnten Baum, ihn selbst aber führen zuerst auf diesen Baum und ihm anzeigen die Stelle, die er als leitendes Oberhaupt zu bewohnen habe. Ist solches geschehen, so dankt der Älteste in Gegenwart des Geistes dem Großen Geist für solche große Gnade. Sodann aber lässt er sich vom Geist wieder hinabführen bis zu jener Stelle, da der Geist des Lichtes ihm erschien. Auf dieser Stelle nun verlässt der Geist den Ältesten wieder, nachdem er ihm zuvor gestärkt hatte seinen Willen.

6. Wenn dann der Älteste also gestärkt ist in seinem Geiste, dann erst kehrt er zur noch am Boden liegenden Familie zurück und tut einen starken Ruf, auf welchen dann sobald alle erstehen und loben darauf und preisen den großen Geist, darum er sie gewürdigt hatte einer solchen Gnade und hat ihnen gegeben einen eigenen geweckten Patriarchen.

7. Wenn auch dieses vollbracht wurde, sodann teilt alsbald der Älteste die Äste an die Familienväter aus, und sobald auch werden dieselben in den dankbarsten Besitz genommen. Wenn sie nun bestiegen sind, so werden sie auch sobald gereinigt und vollkommen zur Wohnung tauglich gemacht.

8. Bei solcher Gelegenheit, welche in unserem Planeten freilich nur selten vorkommt, geht es dann allzeit ganz fröhlich und bunt zu. Der Baum wäre zwar da und auch vollkommen bewohnt; aber im weiten Kreis um den Baum gibt es noch keine lebendigen Wohnhäuser und keine erbauten Vorratskammern. Darum wird auch nur der erste Tag müßig zugebracht und es wird da alles gehörig überdacht, überlegt und beraten, natürlich unter dem immerwährenden Vorstand des Ältesten; denn ohne seine Zustimmung macht niemand einen Schritt.

9. Wenn aber dann der nächste Tag angebrochen ist, alsdann wird sogleich zum Ausmessen für die noch abgehenden Häuser geschritten. Ist die Ausmessung geschehen, sodann werden alsbald die ausgemessenen Plätze vom Vorstand gesegnet und die Samenkörner derjenigen Bäume, welche tauglich sind für die Errichtung der lebendigen Häuser, in gerechter Ordnung in das Erdreich gesteckt.

10. Ist auch diese Arbeit verrichtet worden, wozu im Allgemeinen selten mehr als ein einziger Tag verwendet wird, alsdann wird am nächsten Tag alsbald in einem benachbarten Wald das taugliche Holz für die Vorratskammern gefällt, bei welcher Arbeit die euch schon bekannten nützlichen Haustiere keinen unbedeutenden Dienst leisten. Und zwar beim Fällen der Bäume dasjenige euch schon bekannte halb wilde und halb zahme Schnabeltier, welches mit seinem überaus kräftigen Schnabel von den Pyramidenbäumen die dicksten Äste herabbeißt, welche Äste dann sobald unsere bekannten Saturnushausknechte ergreifen und sie behände an Ort und Stelle schaffen, wie es ihnen die Saturnusbewohner anzeigen.

11. Sind auf diese Weise die Bauhölzer im Verlauf von wenigen Tagen allerorts herbeigeschafft, dann werden sie auch alsbald behauen und sodann aus ihnen gezimmert die euch schon bekanntgegebenen Vorratskammern.

12. Wenn solches geschehen ist, sodann werden die euch schon bekannten Tierstallungen und Gärten angepflanzt und ausgesucht irgendein oder der andere Regenbaum, um welchen sobald ein ziemlich weiter Damm aufgerichtet wird, damit sich dann innerhalb eines solchen Dammes das Wasser sammle und einen Teich bilde.

13. Sind irgend Gebirgsquellen vorhanden, so werden da auch sobald die euch schon bekannten Wasserleitungen gemacht, durch welche das Wasser in die Gegend der Hauptwohnung geleitet wird. Solche Wasserleitungen geschehen entweder mittels der euch schon bekannten Stangenschnecke; in Ermangelung dieser aber werden auch jene Früchte des Trichterbaumes dazu verwendet, die ihr auch schon kennt, wie sie aussehen.

14. Ist auch solches geschehen, sodann wird erst zu der Ausmessung und Bestimmung anderer Grundstücke geschritten. Stoßen sie bei

solcher Austeilung an etwa zu nahe liegende Wälder von Trichterbäumen, so werden solche abgestockt [gefällt] so weit hin, bis der Grund das rechte Maß hat. Auch bei dieser Arbeit bekommen unsere bekannten Tiere wieder recht viel zu tun. Das Holz solcher abgestockten Bäume wird dann am Ende eines jeder Familie gehörigen Grundanteiles zum Trocknen aufgeschichtet, damit es dann tauglich werde zur Feuerung.

15. Ist auch die Arbeit geschehen, so werden die Gründe vom Ältesten gesegnet und alsdann mit allerlei Früchten besät, welche Ansaat in diesem Planeten gewöhnlich nur alle zehn Jahre einmal geschieht. Wo aber die Gründe fetter sind, da ist eine einmalige Ansaat für alle Zeiten hinreichend; denn die Wurzeln sämtlicher Saturnusvegetation sterben nicht so leicht ab, sondern erhalten sich alsofort lebend im Erdreich, wie bei euch die Wurzeln so mancher Geträuche und Zwiebelgewächse.

16. Ist dann auch diese Arbeit als die letzte wirtschaftliche verrichtet, sodann wird dem Großen Geist wieder ein allgemeines Dankgebet dargebracht und am Ende auch die inständigste Bitte hinzugefügt, dass Er allen diesen Früchten und aller ihrer Arbeit das Ihm allein wohlgefällige Gedeihen möchte hinzukommen lassen.

17. Nach der Verrichtung eines solchen Dank- und Bittgebetes wird erst zu der für den Saturnusbewohner allerwichtigsten Arbeit geschritten, nämlich zur Anpflanzung eines Tempels, darinnen dem großen Gott allein nur ein Ihm wohlgefälliges Opfer darf dargebracht werden. Bei dieser Arbeit aber werden nur der eigentliche Älteste und seine zwei Mitältesten beschäftigt und es darf da niemand anderer an ein solches geheiligtes Werk Hand anlegen.

18. Wie geschieht denn aber solches? Auch bei solcher Gelegenheit begibt sich der Älteste auf diejenige Stelle, da ihm der Geist des Lichtes zum ersten Mal erschien, und bittet da den Großen Geist sobald wieder inständigst, dass Er ihm durch den Geist des Lichtes allergnädigst anzeigen möchte, wo es Ihm wohlgefiele, dass da Ihm errichtet würde ein Tempel. Wenn da der Älteste lange genug gefleht hat und ihm kein Geist erschienen ist, so wird diejenige Stelle, wo ihm der Geist zuerst erschienen ist, zum gerechten Anbau des Tempels verwendet. Wann aber der Geist, was am gewöhnlichsten zu geschehen pflegt, erscheint, so führt er dann den Ältesten entweder auf eine Stelle hin, wo der Tempel

errichtet werden soll, oder der Älteste ersieht den Geist schon auf einer solchen Stelle. Alsdann begibt sich der Älteste alsbald zu jener Stelle hin, da der Geist seiner harrt und ihm den wahren Umriss zeigt.

19. Und allda aber der Geist harrt, wird ein Zeichen gelegt, damit auf derselben Stelle soll jene Erhöhung im Tempel gemacht werden, von welcher der Älteste fürs Erste seine Familie zu belehren hat. Zugleich aber wird ihm auch gegen den rückwärtigen geheiligten Ausgang eine Stelle gezeigt, auf welcher der Älteste nach der gerechten Anrufung des Großen Geistes allzeit dessen Willen erfährt mittels desjenigen Geistes, der da ihm anzeigt solche Stelle in dem Tempel.

20. Wenn solches alles geschehen ist, so wird der Geist sobald wieder unsichtbar. Der Älteste gibt dann ein Zeichen, gewisserart von Mann zu Mann, welche in gewissen Entfernungen voneinander abstehen bis zum Wohnbaum hin, dass er die Bewilligung vom Großen Geist empfangen habe, auf dieser Stelle einen Tempel zu erbauen, und fordert sie darauf auf, mit ihm zu danken dem Großen Geist für solche Gnade und Ihn dann auch zu bitten für das baldmöglichste Gedeihen der Ansaat des Tempels und dass der Große Geist sie allzeit in diesem Tempel für würdig befinden möchte, ihnen kundzutun Seinen heiligen Willen.

21. Wenn solches alles mit großem Ernst verrichtet worden ist, sodann beruft der Älteste die zwei oder drei Nachältesten und teilt ihnen die vom Geist angehauchten Samenkörner zur Ansaat des Tempels aus. Sodann gehen sie auch sogleich an das Werk und stecken mit großer Andacht und großem Vertrauen die Samenkörner der edelsten und schönsten Baumgattungen in das Erdreich.

22. Die zwei oder drei pflanzen den Vorderteil des Tempels an, der da fürs Volk bestimmt ist; der Älteste aber pflanzt an das Heiligtum des Tempels, und das zwar zumeist lauter Strahlenbäume – während der andere Teil des Tempels zuallermeist aus lauter Spiegelbäumen angepflanzt wird.

23. Außer dieser elliptischen Eiform des Tempels wird daher auch noch in gerechter Entfernung, statt einer Ringmauer ein Kreis der edelsten Art des Wandbaumes gesetzt; welche edelste Art des Wandbaumes von der gemeinen Art des Wandbaumes sich darin unterscheidet, dass, wie ihr wisst, die Rinde des gewöhnlichen Wandbaumes aussieht wie

blankes Gold bei euch; die Rinde der edelsten Art dieses Baumes sieht aber so aus als möchtet ihr einen vielfachen Regenbogen übereinander stellen, die Farben aber hätten dabei dennoch den lebhaftesten metallischen Glanz. Die Blätter, die er da an der obersten Kante treibt, haben nahe die Form der Aloeblätter bei euch, nur sind sie natürlich im Verhältnis zu allem, was auf diesem Planeten ist, im gerechten Verhältnisse überaus groß, ja manches Blatt ist nicht selten so groß, dass ihr nach eurem Maß ganz bequem ein ganzes Regiment Krieger hinaufstellen könntet. Die Farbe der Blätter ist ganz blendend weiß; die Blüte aber ist gerade so als wie bei dem gemeinen Wandbaum, nur ist sie zarter und hat einen überaus lieblichen Geruch.

24. Nun seht, wenn demnach unsere Tempelbauer solche Arbeit vollzogen haben, sodann danken sie dem Großen Geist abermals für die Kraft und für die Einsicht, dass sie den Tempel also errichten mochten; und bitten Ihn dann, Er möchte wunderbar dieser Ansaat zu Hilfe kommen, damit der Tempel alsbald wohlbereitet dem Boden aus den gelegten Samenkörnern entwachsen möchte.

25. Nach solchem Dank- und Bittgebet verlassen sie dann mit großer Ehrfurcht die Stelle, da sie den Tempel angelegt haben, und gehen rücklings von selbem weg bis über die Hälfte des Weges bis zu ihrem Wohnbaum. Alsdann erst verbeugen sie sich tief und gehen dann geradeaus nach Hause.

26. Da angelangt, heißen sie alle anderen erstehen vom Boden und besteigen die ihnen eingeräumten Äste des Wohnbaumes, auf welchen dann erst nach der Segnung des Ältesten Speise und Trank zu sich genommen wird. Denn während der Ansaat des Tempels, welche den Saturnusbewohnern eine der erbaulichsten Handlungen ist, wird von niemand etwas gegessen oder getrunken.

27. Wenn die Mahlzeit aber vorüber ist, welche gewöhnlich bei solchen Gelegenheiten wie auch hernach an den bestimmten Geistestagen allzeit nur am Abend gehalten wird, ermahnt der Älteste alle sämtlichen Familienglieder, dass sie da möchten ihren Willen mit dem Willen des Großen Geistes, den er ihnen kundgibt, innigst vereinigen und sollen keinen anderen Willen nun haben, als dass die Ansaat des Tempels baldmöglichst wunderbar gedeihe.

28. Auf solche Ermahnung schärft dann jeder Saturnusbewohner seinen Willen und düngt mit demselben den Boden, allda derselbe angesät ist. Und ihr könnt es glauben, es geht bei einer solchen Gelegenheit wirklich allzeit wunderbar vor sich, so zwar, dass da nicht selten am nächsten Morgen ein solcher vorerst angesäter Tempel schon in aller seiner für euch unbegreiflich großen Pracht vollendet dasteht.

29. Wann aber der Tempel erschaut wird von einer solchen Familie, sodann hat es des frommen Jubelns und Lobens kein Ende, und es dauert oft solches Jubeln, Loben und Preisen mehrere Tage und Nächte hintereinander.

30. Aus welchem Grund sind unsere Saturnusbewohner denn gar so fröhlich, wenn ihr Tempel so schnell und wohl gediehen ist? Der Grund ist mehrfach: Der erste Hauptgrund ist der, dass sie dadurch zur Überzeugung gelangen, dass der Große Geist auch in dieser neuen Wohnstätte so mit ihnen ist, wie Er war zuvor in der alten. Ein zweiter Grund ist, dass sie dadurch nun wieder einen Ort haben, in welchem sie sich durch ihren Ältesten dem Großen Geist nahen können und dürfen. Ein dritter Grund ist der, dass eben durch einen solchen Tempel eine solche nun getrennte Familie als manifestiert dem Großen Geist wohlgefällig erscheint.

31. Und noch ein Grund, der aber mit diesem [dritten] Grund nahe zusammenhängt, ist der, dass eine solche allgemeine Familie dadurch erkennt, dass der eingenommene neue Besitz ein rechtmäßiger und daher auch ein bleibender ist. Denn würde der Tempel nicht so schnell gedeihen, so wäre ihr Besitztum, von ihnen aus betrachtet, nicht ein rechtmäßiger, und sie müssten daher stets bereit sein, wenn da jemand käme und sagte, dass dieser Grund schon von jemand besessen ist, selben sogleich ohne Widerrede abzutreten und sich einen anderen zu suchen.

32. Steht aber einmal der Tempel da, sodann hat ein allfälliger früherer Besitzer alles Recht auf dieses Besitztum verloren, ja er würde sich beim Anblick eines solchen neu entstandenen Tempels auch nicht getrauen, nur die allerleiseste Anforderung auf eine Rückgabe zu machen. Denn da haben sie ein allergrößtes Gesetz unter sich, welches also lautet:

33. „Was jemandem der Große Geist gegeben hat, das gehört vollkommen dem, der es empfangen hatte vom Großen Geist. Und kein Wesen des Himmels, kein Geist des Lichtes und keine Kreatur der Welt hat da mehr das Recht, ihm die allerhöchste Gabe streitig zu machen. Wer da solches täte, der soll sobald hinausgetrieben werden an diejenigen Stellen dieser Welt, da nichts als die ewige Kälte, das ewige Eis, der ewige Schnee seiner harrt."

34. Ein solches Gesetz weiß jeder Saturnusbewohner. Und er hat auch nahe vor keinem Gesetz eine solche Achtung wie vor dem, aus welchem Grund namentlich bei den Gebirgsbewohnern schon gar nie Eigentumsstreitigkeiten vorkommen, denn unter sich beobachten sie immerwährend die schönste Ordnung.

35. Was aber die Verhältnisse zwischen Nachbarn und Nachbarn betrifft, so werden allda nirgends nur von ferne hin Grenzen gezogen, sodann, wenn jemand hinkommt, da ist er auch so gut wie vollkommen auf seinem Eigentum zu Hause. Denn ein jeder Mensch trägt schon in sich selbst das Zeugnis des Großen Geistes, und dieses genügt, um zu bereisen den ganzen großen Weltkörper.

36. Wenn es sodann manchesmal geschieht, dass da irgendein Kontinentland zu viele Einwohner hat, so gesellen sich auch Familien und ziehen also vergesellschaftet auf den euch schon bekannten Wasserfahrzeugen in ein anderes Kontinentland. Allda angelangt, suchen sie sich sobald irgendeine passende Wohnstätte auf. Haben sie sich eine gefunden, so haben sie sogleich das Recht, ein ganzes Jahr dort zu wohnen und zu genießen, was der Boden trägt.

37. Gedeiht die Ansaat des Tempels wunderbar auf die vorbezeichnete Art oder auch nur sukzessiv auf natürlichem Weg, jedoch so, dass die ausgewanderte Familie bei einer allfälligen Anfrage eines abgesandten Eingeborenen demselben die Stelle, wo der Tempel angebaut ist, also zeigen kann, dass die Tempelbäume schon alle in gutem Wachstum begriffen sind, sodann sind sie auch schon vollkommene Eigentümer des Bodens, den sie eingenommen haben. Und der vorige Eigentümer hat dann kein Recht mehr darauf, was die Neuangekommenen Besitz genommen haben, außer das Recht der Freundschaft;

38. welches Recht aber nie ein Saturnusmensch dem anderen verweigert, und sodann sogleich mit ihm gemeinschaftliche Sache macht, worauf dann der Älteste der neuen Ankömmlinge zu ihm sagt:

39. „Bruder im Großen Geist, siehe, wie deine Augen mich ansehen und nichts finden an mir, das da ihnen verweigern möchte den Anblick meiner Person, also soll auch dein Herz in meinem Herzen nichts finden, das dir je etwas verweigern könnte, dessen du bedarfst, darum du bist ein Bruder zu mir in unserem Großen Geist."

40. Nach solchen Worten umarmen sie sich. Und diese Umarmung ist eine bleibende Urkunde der vollkommenen Gütergemeinschaft zweier solcher Familien. Darauf ladet der Abgesandte sogleich die ganze neu angekommene Familie ein, unterdessen von seiner Wohnung einen wohlgefälligen Mitgebrauch zu machen, bis das neue Besitztum vollkommen gediehen ist in allem, und sobald auch folgt dem Gesandten, der gewöhnlich ein Ältester selbst ist, die neu angekommene Familie in dessen Wohnung.

41. Eine solche Gelegenheit ist dann allzeit eines der größten Freudenfeste. Denn für den Saturnusmenschen gibt es nahe nichts Größeres und Erhebenderes, als wann er in einem anderen Kontinentland findet einen Bruder im Großen Geist. Denn so pflegen sich in diesem Planeten die Menschen gegenseitig zu nennen.

42. Geschieht es aber manchmal, dass der Neuangekommene bei der freundschaftlichen Ankunft in der Wohnung des anderen Ältesten sich überzeugt, dass dieser in seinen Verhältnissen nur dürftig ausgestattet ist, sodann trägt er ihm alsbald seine Dienste an zur Urbarmachung und bedeutenden Erweiterung der Gründe, welche Dienste der andere allzeit freundlichst und dankbarst annimmt und im Gegenteil auch dafür seine Dienste seinem neuen Nachbarn anträgt.

43. Sagt aber der Neuangekommene zu ihm: „Bruder im Großen Geist! Ich habe mich nun überzeugt, dass du dürftig bist, siehe darum habe ich beschlossen, dir dein früheres Eigentum wieder abzutreten und mir irgend anderswo eine Wohnstätte zu suchen." — Auf solchen Antrag erwidert dann der andere Älteste: „Bruder im Großen Geist! Eher möchte ich mein eigenes Leben von mir lassen und wünschen, dass ich nicht wäre, bevor ich dich die Stelle soll verlassen sehen, die du, dem

Großen Geist wohlgefällig, eingenommen hast! Du weißt ja, dass nicht der Grund, sondern allein der Große Geist die Mittel zum Leben gibt. Daher ist der Boden, den wir bewohnen, ja groß genug, um zehn oder noch mehrere Familien, wie wir sie haben, vollkommen zu ernähren."

44. Wenn dann gewöhnlich der Neuangekommene von seinem Vorhaben absteht, so gibt das wieder ein großes Freudenfest, und der alte Bewohner bietet da alles Mögliche auf, um seinen neu angekommenen Bruder im Großen Geist für alle Zeiten an sein Bruderherz zu fesseln.

45. Bis hierher für heute, nächstens wollen wir die Verfassungen unserer Gebirgsbewohner noch weiter verfolgen.

Kapitel 35

Die Verfassung: Leben nach dem Willen Gottes.
Behandlung von Sündern

1. Nachdem wir bis jetzt gesehen haben, wie in diesem Planeten namentlich die Gebirgsbewohner unter sich keine abgeschlossenen Eigentumsgrenzen haben und wie das Gesicht eines Menschen allen Saturnusbewohnern ein hinreichendes Zeugnis ist, dass ihm vom Großen Geist das unbestreitbare Recht eingeräumt ist, allenthalben auf dem ganzen Planeten Besitz zu nehmen für sein Bedürfnis, so wollen wir nun wieder zu unserer geteilten Familie unter ihrem neuen Ältesten stehend uns wenden.

2. Den Tempel haben wir gesehen, wie er angelegt wurde, und haben auch gesehen die Möglichkeit, wie solch eine geheiligte Ansaat in wunderbarer Schnelligkeit dem Boden dieses Planeten entwachsen kann, und haben auch gesehen, wie diese Saturnusbewohner alle ihre übrigen Bauten angelegt haben. Sonach hätten wir die Entstehung eines neuen Besitztums vollkommen gut angeschaut und es geht uns hernach nur noch das ab, was ihr bei euch eine politische Verfassung nennt.

3. Worin besteht denn diese bei einer solchen Familie? Seht, alldort ist die politische Verfassung sehr kurz und mit wenig Worten abgetan; denn der Grundsatz dieser Verfassung besteht bloß in dem, dass da kein Glied einer solchen allgemeinen Familie fürs Erste ohne den ihm vom Ältesten bekanntgegebenen Willen des Großen Geistes etwas tun darf und auch nie etwas tut. Wenn aber jemand den Willen des Großen Geistes durch den Ältesten erfahren hat, so darf er nicht eher seine Hand an irgendein Werk legen, als bis er innigst gedankt hatte dem Großen Geist für die Bekanntgebung Seines Willens und bis er dann auch nach dem Dank den Großen Geist gebeten hatte um das rechte und gute Gelingen des unternommenen Werkes.

4. Das ist einmal der Hauptgrundsatz der sämtlichen politischen Verfassung der Saturnusmenschen. Nach diesem Grundsatz handelt dann auch jeder Mensch und kümmert sich dann um nichts Weiteres,

als allein um das, wie er dem Großen Geist nach der Vollendung des Werkes den gebührenden Dank darbringen möchte.

5. Ihr könnt es buchstäblich glauben, dass in diesem kurzen Satz alles Erdenkliche begriffen ist. Denn wer da handelt nach Meinem Willen, der handelt ja allzeit recht.

6. Darum gibt es auch dort durchaus keine weiteren Kommentare über dieses kurze politische Gesetz, welches sich ein jedes Kind auf dreimaliges Vorsagen merken kann. Und dieses kurze Gesetz hat auch durchaus keinen Strafkodex als einen politischen Zuchtmeister zur Seite; sondern der Ausdruck: „Ich handle nach dem erkannten Willen des Großen Geistes!" – ist für jeden Saturnusmenschen die allerkräftigste Beweisurkunde der allerrechtlichsten und dadurch auch niemand anderen beeinträchtigenden Handlungsweise.

7. Wenn es sich, was freilich selten der Fall ist, dennoch manchmal ereignet, dass jemand aus der Tiefe zu den Gebirgsbewohnern kommt und handelt da irgendwo zu seinem Vorteil, ohne dass er sich früher beraten hat mit einem Ältesten einer Familie, so geht da entweder der Älteste selbst oder ein Nachältester sogleich zu ihm hin und fragt ihn: „Aus welchem Willen tust du dieses?" – Sagt dann der Gefragte: „Nach dem Willen des Großen Geistes!" – so wird er nicht mehr gestört in seiner Handlung.

8. Sagt aber der Befragte: „Es war mir ein Bedürfnis zu meinem Frommen, dass ich mich solches zu tun habe unterfangen!" – so gibt ihm der Älteste sogleich folgende Lehre und spricht zu ihm:

9. „Höre, Bruder im Großen Geist! Wie ist solches möglich, dass du über das Bedürfnis, welches allein in dem Willen des Großen Geistes ist, noch ein anderes Bedürfnis haben kannst, welches von dem Bedürfnis nach dem Willen des Großen Geistes getrennt ist? Daher rate ich dir als wahrer Bruder im Großen Geist: Unterlasse sobald das Werk, damit du nicht unglücklich wirst mitten in der Ausführung deines Vorhabens. Bist du dürftig und hast keine Wohnung, siehe, unsere Wohnung ist hinreichend geräumig, nicht nur dich, sondern Hundert deinesgleichen aufzunehmen. Tust du solches Werk aber aus heimlichem Eigennutz, da falle augenblicklich nieder auf dein Angesicht und flehe inständigst und reumütigst zum Großen Geist, dass Er dich verschonen möchte mit einer

gebührenden Züchtigung! Denn der Große Geist ist überaus gut den Guten, aber überaus streng und gerecht dem, der da zuwiderhandelt Seinem über alles heiligen Willen!"

10. Bei einer solchen Anrede lässt ein solcher unbefugter Fremdling auch sogleich sein Werk fahren. Möchte er sich aber sträuben, so sagt der abgesandte Älteste alsbald zu ihm: „So tue denn, was du willst, von mir aus sei es dir für alle Zeiten der Zeiten bewilligt, damit deine Sünde nicht größer werde vor den Augen des Großen Geistes. Siehe aber zu, dass dich die Strafe nicht auf offenem Feld ereilt!"

11. Darauf bietet er ihm die Hand, verlässt ihn dann und lässt ihn forttreiben sein Werk. Wann er aber nach Hause kommt, was tut er da? Ihr werdet hier vielleicht meinen, er wird mehrere hinsenden, etwa wie bei euch, mit Stricken und Lanzen, damit sie den Frevler oder Dieb gefangen nehmen sollen und ihn führen nach Hause zur gerechten Züchtigung? O nein, solches ist bei den Menschen dieses Planeten durchaus nicht der Fall, und namentlich bei den Gebirgsbewohnern schon gar nicht. Sondern bei dieser Gelegenheit gibt der Älteste sobald allen Mitgliedern kund, was da vor sich geht, und fordert sie dann auf, dass alle sich vereinigen sollen in einer inständigsten Bitte an den Großen Geist, Er möchte diesem Bruder, der sich vergessen hatte, darum er handelt wider den Willen des Großen Geistes, gnädig und barmherzig sein und selben wieder zurückführen zu jener wahren Erkenntnis, dass dem Menschen nichts, denn der alleinige Wille des Großen Geistes zum Bedürfnis ist.

12. Wenn alle die Familienglieder eine Zeit lang also inständigst gebetet haben, sodann versammelt sich der Älteste und ruft den allzeit ratgebenden lichten Geist, auf dass er ihm kundgeben möchte den Willen des Großen Geistes zur bleibenden Wohlfahrt des betreffenden verirrten Bruders. Bei solcher Gelegenheit gibt dann auch allzeit der Geist dem Ältesten kund, was da zu tun ist.

13. Ist der Frevler ein verhärteter, eigenwilliger Selbstnützler, sodann wird es dem Ältesten allzeit aufgetragen, dass er den Fremdling solle gefangen nehmen lassen und ihn führen auf die Höhe, allda sich die Familienwohnung befindet. Da solle ihm zuerst Speise und Trank gereicht werden. Dann aber solle er unterrichtet werden in der Erkenntnis

des großen Geistes, und solle solche Belehrung währen sieben Tage lang. Nach dieser Zeit aber solle er geführt werden in den Tempel und solle da aus dem innersten Grunde geloben dem Großen Geist den allerwilligsten Gehorsam, demzufolge er nimmerdar einen Schritt und Tritt tun wolle, ohne den Willen des Großen Geistes.

14. Bekehrt sich ein solcher Frevler, so solches an ihm in der Tat vollzogen wird, so wird er nach vollbrachtem Dankgebet mit verschiedenen Lebensmitteln reichlich beteilt und sodann von dreien geleitet hinab in die Tiefe bis zur Stelle, da er angibt, dass sich daselbst befindet seine Wohnung. Findet es sich, dass allda seine Wohnung ist, wo er sie angegeben hatte, so hat der ganze Prozess ein Ende, bis auf das, dass er von den dreien ganz brüderlich ernstlich zur Befolgung dessen, was er gelobt hatte, wie zu aller Dankbarkeit gegen den Großen Geist, ermahnt wird.

15. Sollte es sich aber ergeben, dass ein solcher Fremdling gar zu entfernt von den Gebirgen seine Wohnung hat, oder er hat gar keine Wohnung, was eben bei den Bewohnern der Tiefen nicht selten der Fall ist, so wird im ersten Fall er am Fuß des Berges zwar entlassen, aber unter einer eindringlichen und äußerst drohenden Ermahnung, sein Gelöbnis ja nie mehr wieder zu brechen. Alsdann wird er gesegnet und auf freien Fuß gesetzt.

16. Ist er aber gewisserart ein Landstreicher und hat somit keine Wohnung, trotzdem, dass er in der Höhe ausgesagt hatte, dass er eine Wohnung besitze, so wird er in diesem freilich äußerst seltenen Fall zwar wohl auch ausgesetzt und auf freien Fuß gelassen; aber es wird ihm dabei bedeutet, dass er dadurch nicht sie, nämlich die Gebirgsbewohner, sondern nur Den, dessen Willen sie allzeit erfüllen, hat täuschen wollen. Dieses aber sei das allergrößte Übel, das ein Mensch begehen kann, darum er nun wohl zusehen wolle, wie er da zurechtkommen wird mit Dem, der alle Gedanken erkennt, bevor sie noch gedacht werden.

17. Sie zeigen ihm da die auf der Erfahrung beruhenden schrecklichen Folgen einer solchen Handlung und verlassen ihn sobald ungesegnet. Denn wer da gefrevelt hat vor ihnen, der wird gesegnet, damit er sich wieder kehren möchte zum Großen Geist. Der aber da gefrevelt hat

vor dem Großen Geist, einen solchen getraut sich niemand zu segnen, bevor an ihm nicht klar ersichtlich wird, dass ihm der Große Geist noch gnädig ist. Ist solches der Fall, alsdann wird er auch wieder von den Menschen gesegnet.

18. Wird er aber, was sehr häufig der Fall ist, vom Großen Geist alsbald mit einer Strafe heimgesucht, sodann bitten die Saturnusmenschen den Großen Geist wohl nahe tagtäglich für die Vergebung seines an Ihm begangenen Frevels; aber zu segnen wagt sich einen solchen Sträfling niemand eher, als bis er entweder auf dem geistigen oder dem natürlichen Weg erfährt, dass ihm der Große Geist die verhängte Strafe zu mildern hat angefangen. Das ist also das Verfahren in dem Fall, wenn ein solcher Frevler verhärtet ist.

19. Ist er aber nicht verhärtet, so lässt der Älteste drei, welche reichlich mit Früchten beladen sind, dahinziehen, allwo der Frevler noch sein Werk verrichtet. Wenn sie nun bei ihm anlangen, so gebieten sie ihm im Namen des Großen Geistes alsbald abzustehen von seinem Werk, belehren ihn dann über den Willen des Großen Geistes, vergeben ihm seine Tat, nehmen ihn in die Mitte und führen ihn hinab, allda er angibt zu wohnen.

20. Dort beschenken sie ihn mit den Früchten und sagen dann zu ihm: „Bruder, damit du fernerhin nicht mehr sündigst an uns und noch viel weniger an dem allerheiligsten Willen des Großen Geistes, so stellen wir dir allhier frei, dass du zu uns kommen kannst, wann du willst, und du sollst nimmerdar leer nach deiner Wohnung ziehen – denn solches zu tun wissen wir aus dem Willen des Großen Geistes. Wann du dich aber je wieder erkühnen würdest, zu sündigen also wie jetzt, so wird dich die Strafe des Großen Geistes beim ersten ungerechten Tritt ereilen."

21. Alsdann reichen sie ihm ihre Hände, segnen ihn und ermahnen ihn zur Dankbarkeit gegen den Großen Geist und entfernen sich endlich von ihm.

22. Seht, das ist das ganze, wie ihr zu sagen pflegt, peinlich richterliche Verfahren bei solchen Vergehungen vonseiten der Saturnusmenschen. Nächstens wollen wir ähnliche politische Verfassungen und Verfahren weiter verfolgen.

Kapitel 36

Metallindustrie und Handwerk. Handel und Wandel nach
dem Willen Gottes und dem Bedürfnis des Nächsten

1. Zur weiteren ordnungsmäßigen Verfassung gehört die Erzeugung
der nötigen metallenen Handwerkszeuge, die sie gebrauchen zum Behauen der Bäume, zur Verfertigung der nötigen Hausgerätschaften, zur
Auflockerung des Erdreichs und zum Schneiden ihrer Speisen und anderer Sachen.

2. Wo und wer aber verfertigt solche Werkzeuge? Seht, dazu sind
auch auf diesem Planeten, besonders an den Füßen der Gebirge, eigene
Fabriken vorhanden, in denen ein solches eurem Eisen ganz wohl ähnliches, nützliches Metall zu allerlei solchen Gerätschaften bearbeitet
wird.

3. Wer aber sind die Fabrikanten? Seht, damit auf die Erzeugnisse
einer solchen Fabrik jede benachbarte allgemeine Familie ihr Recht hat,
dieselben nach Bedarf aus der Fabrik zu nehmen, so muss auch jede benachbarte Familie abwechslungsweise Arbeiter dahin senden, welche
da das Metall unter der Oberleitung eines Fabrikältesten zu bearbeiten
haben. Das Metall aber wird in einer solchen Fabrik nicht schon zu
Werkzeugen selbst gestaltet, sondern bloß nur geschmeidig aus den
Bergen zu fernerer Verwendung gewonnen, ungefähr so, wie bei euch
das Stangeneisen gewonnen und bereitet wird zum ferneren Gebrauch.

4. Hat dann ein oder der andere Arbeiter die bedungene Zeit von
hundert Tagen in einer solchen Fabrik gearbeitet und eine solche Fabrik
hat z. B. hundert Arbeiter, so wird das gewonnene Metall eben auch in
hundert Teile geteilt; nach vollendeter Arbeitsfrist aber dann jedem aus
der Arbeit Tretenden sein gerechter Anteil ausgeliefert und von ihm sobald zum allgemeinen Besitz nach dessen allgemeiner Familienwohnung gebracht.

5. Was geschieht denn dann mit einem solchen gewonnenen Me-
tallteil, welcher nach eurem Gewicht nicht selten zwanzig- bis dreißigtausend Zentner beträgt? Dieses Metall wird hier, wenn noch Werkzeuge vorrätig vorhanden sind, mit Laubwerk umwunden und dem

Ältesten der Familie zur Verwahrung übergeben. Sind aber die früheren Werkzeuge schon sehr abgenutzt geworden, sodann wird nach der Anordnung des Ältesten sogleich zur Erzeugung neuer Werkzeuge geschritten.

6. Wie aber? Meint ihr auch etwa durch ein Essenfeuer, wie bei euch? O nein, sondern auf eine ganz viel merkwürdigere, aber dabei dennoch viel einfachere Art. Die Saturnusbewohner haben da eine kürbisartige Frucht, die auf der unteren Fläche eine ganz regelmäßige Konkavität besitzt, nicht selten von einem Durchmesser von zwanzig bis dreißig Klaftern. Die äußere Rinde dieser Kürbisfrucht, namentlich aber dieser untere, konkave Teil, ist so glänzend glatt wie ein allerfeinst polierter Stahl. Seht, mit diesem Fruchtunterteil fangen die Saturnusbewohner die Strahlen auf und leiten den Brennpunkt auf die große Stange hin. Und es gehört nicht mehr als ein Augenblick dazu, um einen bedeutend großen Teil der Stange ganz vollkommen weißglühend zu machen.

7. Ist solches geschehen, dann wird das weißglühende Metall nach Bedarf von der Stange herabgeschnitten und vermittels eines vorfindigen Ambosses, der gewöhnlich aus einem diamantartigen, harten Stein besteht und sehr glatt ist, und mittels eines metallenen Hammers zu irgendeinem erforderlichen Werkzeug umgestaltet.

8. Wenn ein Schmied bei euch zur Verfertigung einer Sichel die Zeit einer halben Stunde nötig hat, so verfertigt ein Saturnusmensch wenigstens zehn in dieser Zeit, obschon eine ganz verfertigte Sichel im Saturnus nach eurem Gewicht nicht selten hundert Zentner wiegt. Wenn ihr dieses ein wenig bedenkt, so könnt ihr euch wohl vorstellen, wie gewandt in seiner Kunst ein solcher Saturnusschmied ist!

9. Es fragt sich nun nur noch, wer daselbst dieses Handwerk versieht? Die Antwort wird hier nicht schwer sein, so Ich euch sage, dass bei den Saturnusmenschen solches eine häusliche Verfassung ist, dass da ein jeder Mann muss jedes erforderliche Handwerk können, damit es da keinen Unterschied des Standes gibt und ein Handwerker zum anderen sagen könnte: „Ich bin notwendiger als du, und meine Produkte wichtiger als die deinigen!" Sondern ein jeder kann das, was sein Bruder kann. Und somit kann einer dem anderen in allem Erforderlichen

nützen. Und wann allenfalls an einen oder den anderen die Reihe kommt, dass er wird ein Ältester in der Familie, so kann er dann auch durch seine Leitung derselben in allem vorstehen.

10. Da aber alle also in allem Erforderlichen erfahren sind, so hört dadurch auch aller Schacherhandel auf; namentlich bei den Gebirgsbewohnern. Darum sie dann auch nichts im Überfluss bereiten, damit sie es an einen Nachbarn verkaufen oder vertauschen möchten; sondern alle ihre Produkte richten sich nach dem eigenen häuslichen Bedarf.

11. Kommt aber dessen ungeachtet ein Nachbar, darum er haben möchte etwas Nötiges, das ihm aber abgeht, weil er nicht ist so wohlhabend wie ein anderer – so wird er nicht befragt: „Was gibst du für dieses oder jenes, das du bedarfst?" – sondern er wird bei einer solchen Gelegenheit nur befragt um den Preis des Willens vonseiten des Großen Geistes. Hat er dieses im Saturnus nur allein gültige Zeugnis und dieses allein gangbare Geld, sodann wird ihm auch sogleich das vollkommen zu eigen eingehändigt, dessen er nach seiner Angabe bedarf, und darf darauf nie von jemandem an irgendeine Entgeltung gedacht werden.

12. Und das zwar zufolge eines politischen Gesetzes unter ihnen, welches also lautet: „Wer ist mehr als der Große Geist? Was aber haben wir Ihm dafür gegeben, darum Er uns gegeben hat zur Benützung die mit so zahlreich vielen Gütern wohlversehene große Welt? Es geziemt sich aber, dass wir dem Großen Geist danken für jegliche Gabe. So wir aber von unserem Bruder auch nur einen Dank annehmen, wie müssten wir da erscheinen vor dem Großen Geist, so wir das von unseren Brüdern verlangen würden, was nur allein dem Großen Geist gebührt! Wehe daher demjenigen, der sich danken ließe von seinem Bruder für eine dargereichte Gabe, da er doch vielmehr dem Großen Geist danken solle, darum ihn dieser eines Dienstes an einem Bruder gewürdigt hatte."

13. Seht, nachdem der Saturnusmensch aus diesem wohlwürdigen Grund von seinem Nebenbruder nicht einmal den allerleisesten Dank wissentlich annimmt, so nimmt er noch um desto weniger irgendeine andere Entgeltung an. Und sonach ist auch aller Handelsverkehr zwischen den Saturnusmenschen eingerichtet.

14. Es gibt daselbst keine Wechselbuden und auch nirgends Zollämter. Auch gibt es keine Warentaxierer und Warenbeschauer. Und der Wucher ist jedem Saturnusmenschen fremd, namentlich vorzugsweise den Gebirgsbewohnern.

15. Ein Werkzeug, was auf dieser Erde sehr häufig gebraucht wird, ist die Waage. Dieses Werkzeug ist dem Saturnusmenschen ganz fremd; denn er kennt fürs Erste keine andere Waage als den alleinigen Willen des Großen Geistes und fürs Zweite die des Bedarfes seines Bruders.

16. Noch ein zweites Werkzeug, das da bei euch heißt die Elle, ist dem Saturnusbewohner fremd; demzufolge hat er denn auch kein anderes Maß, als wie er hat die Waage, und es wird daher nichts nach der Elle, wie bei euch, gemessen, sondern das Wort des Bruders nach dem Willen des Großen Geistes ist das für die Saturnusmenschen alleruntrüglichste Maß, nach dem sie das bemessen, was ein oder der andere nachbarliche Bruder von ihnen sich erbittet.

17. Ein solcher Handel und Wandel wäre N. B. auf dieser Erde viel besser als die unmenschlichen Korngesetze Englands, und auch viel besser als alle Börsen und Banken und Wechselbuden und Kaufläden und Schankhäuser bei euch – da euch doch schon ein nur einigermaßen reinerer Verstand es sagen sollte: Was haben wir denn Gott für alle die Produkte der Erde gegeben und wie teuer haben wir Ihm denn die Erde selbst abgekauft, darum wir nun auf derselben schalten und walten, als wären wir die unmittelbaren Eigentümer von ihr?

18. Da ihr euch, wie gesagt, nur bei einem ein wenig reineren Verstand solches doch notwendig fragen müsstet, so leuchtet es ja von selbst klar aus allen euren Handlungsweisen heraus, wie unrechtlich in Meiner Hinsicht es ist, auf Meinem Grund und Boden, den Ich allein nur geschaffen und für jedermann gleich eingerichtet habe, sich dessen Produkte oder vielmehr Produkte Meiner Liebehand neidisch, geizig und gewalttätig anzueignen, für einen oder den anderen Zweck zu bearbeiten und sodann dieselben erst um einen unerschwingbar hohen und teuren Preis an seinen Bruder zu geben, so er danach ein Bedürfnis oder ein Verlangen hat.

19. Jedoch lassen wir all das Himmelschreiende auf der Erde und wenden uns wieder zu unserem Planeten, allda die Menschen noch im

Besitz solcher Schätze sind, die der Rost nicht angreift und die Motten nicht verzehren, und beschauen da noch durch mehrere Seiten hindurch ihr durchaus nicht großes politisches Gesetzbuch, welches da geschrieben ist in ihren Herzen.

Kapitel 37

Webstofferzeugung. Unverfälschte Verwendung der
Naturerzeugnisse. Bekleidungsordnung

1. Da wir diese Menschen soeben als Schmiede haben kennengelernt und wie sie im Notfall ihre Gerätschaften oder Fabrikate an einen
anderen Bruder verkaufen, so wollen wir sie nun auch noch als Zeugmacher kennenlernen.

2. Da wir schon sowohl bei der Darstellung des Pflanzenreiches wie
bei der Darstellung des Tierreiches gesehen haben, dass es im Saturnus
Pflanzen gibt, die eine Art sehr langer Haare namentlich aus ihren Blüten und auch Blättern von sich treiben, und haben gesehen, dass sehr
viele Tiere außerordentlich wollereich sind und haben manche bedeutend reichliche und lange Mähnen, so ist es auch andrerseits sicher klar,
dass dieses alles von den Saturnusmenschen wohl benützt wird.

3. Wie aber werden diese Stoffe benützt? Seht, da ist nicht viel Unterschied zwischen euch und den Bewohnern dieses Planeten. Die
Stoffe werden zu Fäden gesponnen, welche freilich wohl etwas stärker
sind als so manche bedeutende Stricke bei euch. Dessen ungeachtet
aber sind sie im Verhältnis dennoch fein genug, um für diese großen
Menschen gar wohl tragbare Stoffe daraus zu weben.

4. Wer spinnt und webt denn die Fäden? Seht, solches tun im Saturnus nur allein die Weiber; aber nicht auf die Art, wie da ihr webt die
Zeuge in Weberstühlen, sondern ungefähr so, wie da euer Weibervolk
mittels der sogenannten Stricknadeln die Strümpfe verfertigt. Sonach
werden alldort schon ganze Kleidungsstücke gestrickt, und das zwar mit
Hilfe zweier langer, allzeit hölzerner Stifte. Die Saturnusweiber haben
darinnen eine große Fertigkeit, so zwar, dass da ein Weib an einem Tag
einen nach eurem Maß mehr denn hundert Ellen langen und fünf bis
sechs Ellen breiten Streifen verfertigt.

5. Werden solche Stoffe auch gefärbt? Solches tut niemand in diesem Planeten. Denn hier besteht schon wieder ein häuslich politisches
Gesetz, welches also lautet wegen so mancher Eitelkeit in der Tiefe:

6. „Wie ist der Mensch doch ein Frevler, wenn er etwas besser, schöner und vollkommener machen will, als es gemacht hat der Große Geist! Wehe dir, so du möchtest rot machen das, was der Große Geist weiß gegeben hatte! Wehe dir, so du möchtest gerade machen das, was der Große Geist krumm gestaltet hatte! Wehe dir, so du möchtest geschmackvoller machen eine Speise, als sie für dich bereitet hatte der Große Geist!

7. Wer da zuwiderhandeln wird darin, wie es nicht ist nach dem Willen des Großen Geistes, so wird ihn dieser zornig ansehen und wird über seinen Leib schicken ein Übel um das andere – wie Er es allzeit zu tun pflegt in der Tiefe, darum alldort die Menschen nicht achten auf das, dass der Große Geist alles überaus weise und gut eingerichtet hat, darum der Mensch nicht nötig hat, etwas daran zu ändern, sondern dankbarst also anzunehmen, wie es ihm gibt die milde Hand des Großen Geistes. Wir sind nur da, um das zu benützen, was uns der Große Geist gibt; nicht aber, dass wir seine Gabe eher verbessern und verschönern sollen, bis wir sie erst gebrauchen möchten.

8. Nur ein Ding, und das ist das Metall, hat der Große Geist in die Erde roh gelegt, und wir müssen es zuvor backen, bevor wir es nützlich gebrauchen können. Und solches können wir tun darum, weil es uns der Große Geist Selbst gelehrt hatte. Also können wir auch nach seinem Willen einige Früchte am Feuer zum leichteren Genuss erweichen und können die Äste der Bäume behauen zu unseren Wirtschaftsgebäuden. Solches alles lehrte Er uns Selbst.

9. Aber dass wir einem Ding eine andere Farbe geben sollen und anderen Glanz, solches hat Er uns nie gelehrt. Daher ist es auch ein großer Frevel für den gegen den Großen Geist, der da möchte das Weiße rot, das Grüne schwarz und das Blaue gelb und also auch umgekehrt färben.

10. Wir aber sind untereinander nichts denn einerlei Brüder und Schwestern im Großen Geist; da aber darinnen kein Unterschied ist und wir alle gleich sind vor Ihm, warum sollen wir uns da unterscheiden in der Farbe unseres Gewandes?

11. Also sei die Gürteljacke um unsere Lenden, welche bis an die Knie reicht, allzeit blau, wie die Wolle von Natur aus blau ist, die wir

dazu verwenden. Unser Oberleibmantel aber sei rot, wie da ist die Mähne des Tieres, daraus er verfertigt wird. Und unsere Kniemäntel seien allzeit grün, wie da die Wolle des Baumes und der Pflanzen ist, aus der sie verfertigt werden.

12. Die Weiber aber sollen ebenfalls unwandelbar verbleiben bei ihrem weiten blauen Hemd und sollen fortwährend zu ihren Oberkleidern benützen die schönen Blätter unseres Wohnbaumes und können gebrauchen zu ihrer Zierde noch so manches, was der Große Geist für sie sowohl auf den Bäumen, auf den Gesträuchen und auf den Tieren wachsen lässt. Ferne jedoch von ihnen sei die übertriebene Prachtliebe der Weiber, die da wohnen an großen Flüssen und Seen und haben eine große Freude daran, dass sie ihren verweichlichten Leib behängen mit allerlei Flitterwerk.

13. Unsere Pflicht auf den geheiligten Bergen aber sei, dass wir in allem standhaft sind und treu dem Willen des Großen Geistes."

14. Seht, das ist eine der längsten Hausregeln bezüglich der Verfertigung der Kleiderstoffe, aus ihnen der Kleider selbst, und wie dieselben zu tragen sind.

15. Auch mit diesen Kleiderstoffen sind die Gebirgsbewohner gleicherweise freigebig wie mit allem Übrigen. Kommt da von irgendwoher ein nahe ganz nackter Mensch, so gilt dessen Nacktheit schon für ein sicheres Zeugnis des Großen Geistes, dass jeder, der da hat vorrätige Kleider, ihn, den Nackten nämlich, sogleich zu bekleiden hat. Wer sich solches zu tun weigern würde, dem steht, wie auf kein anderes Vergehen, eine Verbannung auf ein, zwei bis drei Jahre bevor, damit er in solcher Einsamkeit erkennen lerne, wie weh es tut, wenn man nackt herumirren muss.

16. Ihr werdet euch vielleicht denken, wie kann denn allda ein Mensch in ein, zwei oder drei Jahren seine Kleider bis zur Nacktheit verreißen? Da erinnere Ich euch nur daran, dass ein Saturnusjahr nahe dreißig Erdjahre dauert. Wenn ihr das bei der obbenannten ein-, zwei- oder dreijährigen Verbannung mit in den Anschlag bringt, so dürfte es euch wohl klar sein, dass in solcher Zeit ein Kleidungsstück nicht eben mehr sehr gesund aussehen dürfte, wann es Tag und Nacht getragen wird.

Kapitel 38

Gestalt von Mann und Weib. Zeugung, Schwangerschaft und Geburt

1. Was da noch andere, sehr beachtenswerte häusliche Regeln betrifft, so können und wollen wir diese erst dann kurzmöglichst durchgehen, wenn wir zuvor mit der Gestalt des Saturnusmenschen, sowohl männlichen als weiblichen Geschlechts, näher bekannt werden. Und so wollen wir gleich die Frage stellen: Wie sehen denn die Saturnusmenschen aus?

2. Da wir schon durchaus vom minder Vollkommenen zum stets Vollkommeneren geschritten sind, so wollen wir auch hier zuerst das Weib und sodann erst den Mann betrachten. Wie sieht demnach das Weib aus?

3. Hier sage Ich euch zuerst im Allgemeinen, wie ihr gesehen habt, dass fast alle Dinge erhabener, herrlicher und schöner sind als auf der Erde – so ist es auch umso mehr der Fall beim Menschen. Und so ist demnach das Weib dieses Planeten, was ihre Gestalt betrifft, überaus vollkommen und über alle eure Begriffe schön. Trotzdem, dass sie für eure Augen eine riesenhafte Größe hat, stünde sie aber auf eurer Erde, so würde euch ihre Schönheit zum völligen Verschmachten nötigen. Denn ihr Leib hat durchgehend die allerschönste und vollkommenste Rundung. Kein Glied ist unverhältnismäßig zum anderen; auf ihrem ganzen Wesen ist nirgends eine Härte ersichtlich.

4. Ihre Haut ist so weiß wie Schnee, wann er von der Sonne beschienen wird. Nur hie und da, wo die Haut gewöhnlich am zartesten ist, sticht ein blasses Rot hervor. Trotz ihrer Größe aber ist die Haut dennoch viel feiner und zarter als die einer allerzärtlichsten Burgdame bei euch auf der Erde.

5. Nur die Nägel an den Händen und Füßen sind verschieden von euren Fuß- und Handnägeln; die haben die Farbe so, als wenn ihr poliertes Gold mit Karminrot sanft überstreichen möchtet. Wo aber dann die Nägel über das Fleisch hinauswachsen, da arten sie dann in die Farbe des Regenbogens aus. Sonach hat ein Saturnusweib ihre Finger schon

von Natur aus schöner geschmückt, als wann eure Weiber ihre Finger auch mit den allerreichsten Goldringen besetzen.

6. Die Brust des Saturnusweibes ist überaus voll, elastisch und etwas rötlich gefärbt; zugleich aber wahrhaft ätherisch zart, so zwar, dass die Brust eines eurer zartesten Erdweiber als ein harter Kieselstein dagegen zu betrachten wäre. Die Arme sind überaus voll und nirgends ist an ihnen etwas Eckiges zu entdecken bis zur äußersten Fingerspitze; also sind auch die Füße überaus vollkommen bis zur äußersten Zehe.

7. Der Hals ist weder zu lang noch zu kurz, sondern erhebt sich über die Schultern in dem schönsten runden Verhältnis; auf welchem Hals, ihr könnt es glauben, allzeit mit höchst seltener Ausnahme, ein wahrhaft himmlisch schöner Kopf sitzt.

8. Die Stirn des Kopfes ist mittelhoch und blendend weiß. Die Nase ist gerade, erhaben sanft und weich in allen Teilen. Die Augen sind zumeist ausgezeichnet groß, die Pupille blendend schwarz, der Regenbogenring vollkommen himmelblau, das Übrige des Augapfels aber überaus weiß. Die Augenbrauen sind bei jedem Weib stark und von dunkelgoldblonder Farbe. Die Haare des Kopfes sind überaus weich und nicht selten über das Knie reichend, von gleicher Farbe wie die Augenbrauen. Der Mund ist im Verhältnis klein, die Lippen karminrot, hinter welchen die schönsten Perlzähne sowohl den Unter- wie den Oberkiefer zieren. Das Kinn ragt ein wenig hervor und ist samt den Wangen gefärbt; die Ohren sind ebenfalls im Verhältnis zum Kopf mehr klein als groß zu nennen und sind ebenfalls ein wenig gefärbt.

9. Also habt ihr nun die vollkommene Beschreibung der Gestalt eines Saturnusweibes. Nur müsst ihr euch nicht etwa denken, als sehe da in physiognomischer Hinsicht ein Weib dem anderen gleich. Sondern wie es bei euch auf der Erde ist, so ist es auch dort, dass unter zehntausend Gesichtern nicht zwei angetroffen werden, da eines aussieht wie das andere; aber dessen ungeachtet ist, wie ihr zu sagen pflegt, ein Gesicht schöner als das andere.

10. Wenn ihr nun diese beschriebene Gestalt mit den angegebenen Kleidern bekleiden wollt, so könnt ihr mit der Hilfe eurer Phantasie ein solches Saturnusweib so ziemlich beschauen. Da wir somit mit der

Darstellung des Weibes aber fertig sind, so wollen wir uns sogleich zu der des Mannes wenden.

11. Wie sieht denn der Mann aus? Fürs Erste ist er, wie ihr beiläufig schon wisst, ums Bedeutende größer als das Weib. Das ist somit etwas, das auf der Erde nicht so leicht vorkommt. Denn in der Regel ist auf dem Saturnus der Mann gewöhnlich um fünfzehn bis zwanzig Schuh größer als das Weib. Ihr werdet solches Verhältnis anfänglich wohl etwas sonderbar finden, wenn ihr bedenkt, dass ein Saturnusweib zu einem Saturnusmann sich gerade so verhält, wie bei euch ein zehn- oder zwölfjähriges Mädchen zu einem vollkommen rüstigen und großgewachsenen Mann.

12. So ihr aber bedenkt, dass in diesem Planeten die Zeugung des Menschen nicht auf die Weise wie bei euch vor sich geht, so wird euch auch das Verhältnis gar bald gerecht vorkommen. Da wir die Zeugung berührt haben, so wollen wir, bevor wir mit der Gestalt des Mannes weiterfahren, sogleich ein paar Worte darüber sagen.

13. Wie geschieht denn dort die Zeugung? Also wie sie auch auf der Erde hätte geschehen können, wann der Mensch nicht abgefallen wäre von Mir, bis Ich ihn gesegnet hätte – nämlich durch die alleinige Liebe und durch den festen Willen.

14. Wann der Mann sonach eine Zeugung vornehmen will, so stellt er sich dem Ältesten vor mit seinem ihm angebundenen Weib (der Saturnusmann hat nie mehr als ein Weib). Der Älteste segnet ihn dann im Namen des Großen Geistes. Darauf fallen der Mann und das Weib zur Erde nieder, bitten inbrünstigst den Großen Geist um die Erweckung einer lebendigen Frucht.

15. Ist solches geschehen, sodann nimmt der Mann das Weib auf seinen Arm, drückt es an sein Herz und gibt demselben einen Kuss auf die Stirn, einen auf den Mund und einen auf die Brust. Darauf legt er seine rechte Hand über ihren Bauch und fixiert sie mit seinem Willen. Und das ist auch das Ganze der Zeugung, während welcher sowohl der Mann als auch das Weib eine wahrhaft himmlisch reine Wollust schmecken, die sie begeistert und auf lange Zeit überfröhlich macht.

16. Ist die Zeugung geschehen, sodann fallen beide wieder zur Erde, danken dem Großen Geist dafür und bitten Ihn zugleich um den Segen

für das Gedeihen der Frucht. Darauf begeben sie sich wieder zum Ältesten, allwo das Weib von ihm gesegnet wird und nachdem erst von ihrem eigenen Mann.

17. Die Schwangerschaft dauert dort nur ein Vierteljahr und wird nirgends anderswo beim Weib bemerkt, als nur an der lebhafteren Färbung ihrer Brust.

18. Die Geburt geschieht dort allzeit ohne Schmerzen. Die Kinder, so sie zur Welt kommen, sind kaum so groß wie bei euch diejenigen, wenn sie fünf Jahre alt sind. Sie wachsen aber außerordentlich schnell und werden nach eurer Rechnung im Verlauf von drei Jahren schon sehr oft zwölf bis fünfzehn Klafter groß.

19. Die Kinder sind in den ersten Jahren so leicht, dass sie in der Luft gleich einem Federflaum schweben können, und werden erst dann spezifisch schwerer, wenn sie von der Mutterbrust entwöhnt werden und eine stärkere und festere Nahrung zu sich nehmen; aus welchem Grund im Saturnus auch nie gehört wird, dass sich irgendein Kind von einer Höhe herab verfallen könnte.

20. Wenn ihr nun dieses beachtet, so wird euch umso leichter fasslich werden, warum das Weib gegen den Mann nahe um ein Drittel kleiner und somit auch schwächer ist.

21. Der Mann ist somit ein vollkommenes Ebenbild nach Mir. Seine Größe gibt ihm das Zeugnis, dass er da ist ein Herr der Natur dieses Planeten. Und seine Gestalt aber besagt: Also ist die gerechte Form eines Menschen, der da nicht sein soll so hart aussehend wie ein Fels, aber auch nicht so weich wie die Brust eines Weibes; sondern soll sein ein vollkommenes Ebenmaß Dessen, der ihn erschuf, in sich fassend alle Vollkommenheiten der Kraft der Macht, der Stärke, der Festigkeit des Willens und der Herrlichkeit und der Schönheit aller Formen.

22. Wenn ihr euch demnach die Form eines Mannes im Saturnus vorstellen wollt, so müsst ihr euch auf eurer Erde einen vollkommenen Jüngling denken, bei dem die Muskeln noch nicht zu sehr getrennt erscheinen, sondern noch im lebhaften Zusammenhang stehen; tragt diese vollkommen männlich-menschliche Form auf den Saturnusmann über, natürlich im vergrößerten Maßstab – so habt ihr die Gestalt

deutlich vor euch. Nur hat der Mann im Saturnus eine viel feinere Haut als irgendein solcher Jüngling auf eurer Erde.

23. Das Kinn aber ist mit einem vollkommen verhältnismäßig großen Bart bewachsen und der Kopf mit bis auf den halben Leib herabhängenden, wohlgelockten, zuallermeist lichtblonden Haaren. Wobei noch zu bemerken ist, dass der Bart und ganz besonders die Augenbrauen stets etwas dunkler sind als wie die Kopfhaare.

24. Alle Teile seines Leibes stehen in dem schönsten Verhältnis. Diejenigen Teile aber wie die Wangen, die Brust und auch die Arme sind etwas lebhafter gefärbt als bei dem Weib.

25. Ihr werdet vielleicht bei euch heimlich fragen: Haben denn diese Saturnusmenschen keine euch ähnlichen und eigentümlichen Geschlechtsteile? O ja, nur sind diese im Verhältnis nicht so groß und ausgezeichnet, darum sie auch bei ihnen nur für einen Zweck da sind.

26. Stellt euch nun einen solchen Saturnusmann vor und betrachtet ihn in seiner Größe und seinem wahren Menschenadel, so müsst ihr ihm das Zeugnis geben, dass in seiner Form alle Erhabenheit, alle Würde und alle Herrlichkeit Dessen vorgestellt ist, der da ist der Urgrund aller Dinge.

27. Ist auch das Weib reizend durch die Rundung und Weichheit ihrer Form – wahrhaft schön und ewig bleibend schön und ganz vollkommen in allem ist nur der Mann.

28. Solches sehen auch alle Saturnusbewohner ein und danken dem Großen Geist allzeit für die erhabene, Ihm Selbst vollkommen ähnliche Form – wofür zu danken euch freilich noch nie im Traum eingefallen ist.

Kapitel 39

Gotteserkenntnis der Saturnusbewohner. Mehr Ehrfurcht als Liebe. Kunde von der Menschwerdung Gottes auf Erden. Traurigkeit der Saturnusmenschen über den Zustand der Menschen auf der Erde

1. Wie aber wissen die Saturnusmenschen, dass ihre Form ist ein Ebenbild des Großen Geistes? Solches wissen die Saturnusbewohner durch die sich zu öfteren Malen wiederholende Offenbarung des Großen Geistes Selbst. Und es wird selten einen Familienältesten geben, der zum Wenigsten nicht einmal den Großen Geist gesehen hätte.

2. Sie kennen somit Gott nicht anders, denn als einen vollkommenen Menschen. Und darum ist auch ihr oberster Grundsatz in der Lehre vom Großen Geist:

3. „Gott, der da ist der Große Geist, ist ein allervollkommenster Mensch aller Menschen. Er hat Hände wie wir und hat Füße wie wir, hat einen Leib wie wir, und sein Kopf ist dem unsrigen gleich. Doch arbeitet Er nicht mit den Händen und geht nicht mit den Füßen, sondern alle unendliche Macht liegt in Seinem Willen. Und mit der unendlichen Kraft Seiner Weisheit erschafft und leitet Er alle Dinge."

4. Seht, da die Saturnusmenschen solchen richtigen Begriff von Mir haben, so erkennen sie sich auch um desto leichter und eher selbst und wissen dann in ihrem Geiste vollkommen, dass sie nicht nur flüchtige, sondern im Geiste ewig bleibende ebenmäßige Formen Dessen sind, der sie nach Ihm gebildet und erschaffen hatte.

5. Lieben die Saturnusbewohner auch den Großen Geist? Ja, sie lieben Ihn auch. Aber ihre Liebe besteht mehr in einer übergroßen Ehrfurcht als in dem Bestreben, dem Großen Geist stets näher- und näherzukommen und endlich vollkommen eins zu werden mit Ihm.

6. Doch aber wissen sie auch recht gut und werden davon von den Geistern unterrichtet, dass der Große Geist auf einem kleinen Weltkörper, nahe an der Sonne, ist Mensch geworden und hat getragen Fleisch und Blut. Und dass Er von dieses Weltkörpers Menschen verkannt und

leiblich getötet wurde, solches wissen sie auch recht wohl durch die Offenbarung vonseiten der Geister.

7. Nur das geht ihnen schwer ein, wie es denn möglich war, dass Ihn diese Menschen nicht erkannt haben. Und sie fragen die zu ihnen kommenden Geister auch emsig aus, was dieses Weltkörpers Menschen machen und ob sie den Großen Geist noch nicht erkannt haben?

8. Wann sie auf solche Fragen leider zuallermeist verneinende Antworten bekommen, so werden sie ganz traurig und beten sehr oft und sehr inbrünstig in ihren Tempeln, dass die Menschen eines so überhoch begnadigten Weltkörpers einmal doch Denjenigen erkennen möchten, der ihnen eine solche große Gnade erwies, vor deren Größe sie schon bei dem leisesten Gedanken durch und durch erschaudern; und sagen nach langem Innehalten mit donnerstarken Worten:

9. „Oh, wenn wir dieser Gnade wären gewürdigt worden, dass sich der Große Geist gekleidet hätte auf dieser unserer Welt mit unserem Fleisch und Blut, wahrlich, wir leuchteten mehr denn tausend Sonnen übereinander!"

10. Solcher Ausdrücke bedienen sich die Saturnusbewohner, wann sie etwas von der Erde vernehmen. Sie haben eine große Sehnsucht, diese Erde einmal zu sehen. Geht solches in leiblicher Beziehung auch nicht, so gibt es aber dennoch nahe nicht einen Geist des Saturnusmenschen, der da nicht, sobald er seine Hülle abgelegt hatte, sich auch sogleich zur Erde begeben möchte.

11. Da aber der Geist das Materielle nicht leiden kann, so schaut er die geistige Erde an und durch Entsprechungen von dieser aus auch die materielle. Wann er aber die Menschen dieser Erde erkennt, da wird er traurig und verlässt sobald wehklagend wieder diesen Weltkörper.

12. Im Verfolge, da von der Religion der Saturnusmenschen die Rede sein wird, werden wir noch davon mehreres kennenlernen. Nächstens aber wollen wir noch zu einigen politischen Verfassungen uns wieder zurückwenden.

Kapitel 40

Verbot der Selbstüberhebung und Eitelkeit. Gebot der
Reinlichkeit. Scheu vor Totem. Leichenbestattung und
Totenkult. Ehe

1. Worin besteht denn noch eine sogenannte politische Verfassung?
Seht, die besteht in nichts anderen, als in dem, dass da niemand zufolge
seiner leiblichen Schönheit und Größe auf irgendeine Weise groß von
sich reden darf.

2. Damit aber dieses wichtige Gebot allzeit beobachtet wird, so wird
solches schon den Kindern also eingeprägt, dass sie sehr klein sind und
dass alle diese weltliche Größe vor dem Großen Geist als ein bares
Nichts erscheint. Demnach getraut sich auch kein Patriarch oder Ältester und also auch noch viel weniger ein anderes Familienglied irgend
etwas Großes von sich zu denken.

3. Was aber da die Schönheit des Leibes betrifft, da sagen sie: „Wir
sind samt und sämtlich alle gleich schön als Ebenbild des Großen Geistes. Wer aber da sagen und glauben würde, er sei schön für sich und
habe darin einen Vorzug vor jemand anderem, der möchte sich dadurch
dem ewigen Urbild sogleich unähnlich gestalten, darum er dann hässli-
cher würde als das hässlichste Tier auf dem Erdkörper."

4. Zu diesem Gesetz tun freilich wohl auch die Geister der Verstorbenen so manchen Vorteil. Denn wenn da irgend jemand von einer Eitelkeit möchte befallen werden, so erblickt er gar bald vor sich irgendein
so recht scheußlich verzerrtes Gesichtgrinsen. Wer da nun einmal so ge-
straft worden ist, der lässt sicher auch alsbald alle Eitelkeit sinken; denn
solches wissen die Saturnusbewohner gar wohl, dass es mit den Geistern nie halbernstlich zu nehmen ist, sondern wann diese sich auf eine
oder die andere Art äußern, so gilt das immer für den barsten Ernst.
Seht, das ist ein politisches Gesetz, welches von Groß, Alt und Jung beobachtet wird.

5. Und was da die Größe betrifft, so geht solches sogar für alle ewigen Zeiten bleibend auf den Geist über, dass sie sich für möglichst klein
halten. Aus diesem Grund sind die Saturnusgeister auch durchgehend

nicht gut reden mit den Geistern dieser Erde, bei denen wieder nichts als ihre vermeintliche Größe vorherrschend ist.

6. Was gibt es denn dann noch ferner für ein häusliches Gesetz? Dieses besteht in der Anempfehlung und Festhaltung der Reinlichkeit. Aus diesem Grund ist es dann auch eine große Seltenheit, irgendeinen schmutzigen Menschen, sei es am Leib oder an dessen Bekleidung, zu treffen.

7. Dessen ungeachtet aber ist dort eine Hauptlehre, auf den Leib ja nichts zu halten, da er sterblich ist, wohl aber alles auf den Geist, der da unsterblich ist.

8. Aus dem Grund scheut der Saturnusbewohner auch alles Tote und will sogar zu seiner Wohnung keine toten Häuser, wie ihr wisst, sondern lebendige. Und noch weniger darf etwas Totes in einem Gott geweihten Tempel vorkommen.

9. Aber reinlich muss darum dennoch alles gehalten werden, und vorzugsweise der Leib, darum er ist eine Wohnung des unsterblichen Geistes. Das ist somit wieder eine politische Hausordnungsregel.

10. Was geschieht denn im Saturnus mit den verstorbenen Leibern der Menschen? Die Leiber werden dort nicht begraben so wie bei euch, auch werden sie nicht verbrannt, wie es in manchen Ländern eurer Erde der Fall ist, sondern die Leiber werden an einen Ort hingebracht, wo da gewöhnlich ein Pyramidenbaumwald sich vorfindet. Allda werden sie, mit dem Gesicht zur Erde gewendet, auf den Boden gelegt und mit Ästen desselben Baumes zugedeckt. Die Leichname der Weiber aber werden gewöhnlich knapp am Stamm des Baumes, bei den Füßen zusammengebunden, an einen Ast des Baumes gehängt, so zwar, dass der Kopf nahe den Boden berührt.

11. Ihr werdet euch hier denken, wenn solche großen Leiber zu faulen und zu verwesen anfangen, so wird sich da auch notwendigerweise ein starker Übelgeruch weit und breit verbreiten müssen. Allein solches ist in diesem Planeten durchaus nicht der Fall, sondern gerade das Gegenteil. Da eben diese Leiber ätherischer und leichter sind als eure auswendigen, groben Schlangenleiber, so verflüchtigen sie sich auch in kurzer Zeit nach dem Hinscheiden, und dieses Verflüchtigen erzeugt in einer solchen Gegend den alleranmutigsten Geruch.

12. Wenn solcher irgend die Nüstern eines Saturnusmenschen berührt, so fällt er voll Dankbarkeit gegen den Großen Geist zur Erde nieder und bittet den Großen Geist, dass Er es zulassen möchte, dass der Geist desjenigen, dessen Leibesduft nun seine Nüstern berührt hatte, zu ihm kommen und mit ihm ein gemeinsames Loblied dem Großen Geist für die Erlösung aus dem Kerker des Fleisches anstimmen möchte. Solches geschieht auch allzeit, besonders wenn es dem Bittenden darum ein ganz vollkommener Ernst ist.

13. Trauern dort die Menschen, wenn jemand dem Leibe nach stirbt? O nein, sondern wenn z. B. der Älteste gestorben ist, so tritt sobald der Nachälteste als sein Nachfolger in seine Ordnung, fordert dann alle Familienglieder auf, dass sie auf die Erde sich niederlegen müssen und fürs Erste danken dem Großen Geist, dass Er dem Patriarchen solche große Gnade erwiesen, darum Er ihn berufen hatte ins ewige Leben.

14. Fürs Zweite aber müssen sie den Großen Geist bitten, dass Er es allergnädigst gestatten möchte, dass der Geist des Verstorbenen dem nun neuen Ältesten sobald erscheinen möchte und ihn führen in des Tempels Heiligtum und allda ihn dann segnen zum erhabensten Amt des Großen Geistes.

15. Solches geschieht dann auch allzeit sichtbar für die ganze Familie. Der Geist kommt sobald in seiner Glorie, heißt mit vernehmlichen Worten den neuen Ältesten ihm folgen in das Heiligtum des Tempels, die ganze andere Familie aber in das Volksteil des Tempels.

16. Allda stellt der Geist vor dem Volk den neuen Ältesten auf den Predigeraltar, segnet ihn da und zeigt es der ganzen Familie an: „Dass es dem Großen Geist wohlgefällig ist, dass dieser übernommen hatte das heilige Amt; darum sie ihm auch zu folgen haben in allem und wohl zu beachten jegliches seiner Worte."

17. Sodann empfiehlt er den Männern, auf die gewöhnliche Art hinwegzuschaffen seinen verstorbenen Leib, segnet dann noch die ganze Familie, verheißt dann nach dem Willen des Großen Geistes solange ein Lehrer und Führer der ganzen Familie zu verbleiben, so lange es dem Großen Geist gefallen wird, den neu gestellten Patriarchen zu belassen der gesamten Familie zum leitenden Vorstand.

18. Danach verschwindet der Geist, der neue Älteste aber und die Familie fallen sobald zur Erde nieder und danken dem Großen Geist dafür. Ist das Dankgebet vollendet, alsdann stehen alle auf, gehen stillschweigend nach Hause und nehmen sogleich die Hinwegschaffung des Leichnams vor und bringen ihn auf eine schon vorhin beschriebene Stelle.

19. Stirbt aber ein Weib, so wird zwar auch um die Erscheinung ihres Geistes gebeten, aber nach der Erscheinung wird bloß daheim ein Dankgebet verrichtet, sodann wird sogleich ihr Leichnam genommen und an die vorbestimmte Stelle gebracht. Der Leichnam des Weibes aber verflüchtigt sich noch viel schneller als der des Mannes; so schnell zwar bei günstigen Verhältnissen, dass am zehnten Tag oft schon nicht mehr eine Spur zu finden ist, auch nicht einmal die eines Knochens,

20. welche schnelle Verwesung freilich wohl auch naturmäßigerweise dadurch bewerkstelligt wird, weil dieser große Nadelwaldbaum mit seinen Millionen Spitzen den unter ihm befindlichen Leichnam sobald aller Elektrizität beraubt; wie aber diese aus irgendeinem naturmäßigen Körper vollends entweicht, so vergeht auch der naturmäßige Körper so, als wäre er vom Feuer verzehrt worden.

21. Seht, die Beobachtung dieser Regeln ist dann wieder ein solches politisches Gesetz, welches allzeit streng und genau zu beobachten ist.

22. Was haben wir denn noch für ein sehr beachtenswertes Hausgesetz? Das ist das Gesetz der ehelichen Verbindung eines Mannes mit einem Weibe.

23. Durch dieses Gesetz ist jeder Mann, wenn er das gerechte Alter von dreißig bis vierzig Jahren erlangt hat, streng verpflichtet, sich ein Weib nach seiner Wahl und nach seinem Wohlgefallen zu nehmen.

24. Solches darf er jedoch nicht selbst der Gewählten kundtun; sondern nur durch den Ältesten. Dieser beruft dann die Eltern der gewählten Braut und gibt ihnen kund die Not und den Willen des Bräutigams. Solche Kundgebung wird dann auch dankbarst als der Wille des Großen Geistes angesehen; darum dann auch ein solcher Brautwerber nie, so wie bei euch, einen sogenannten, Mir aber über alles verhassten Korb bekommt.

25. Sodann erst nimmt der Älteste den Bräutigam, führt ihn zu der Braut und nimmt ihre rechte Hand und seine Rechte und gibt sie zusammen. Dann müssen sie sich so halten und ihm, dem Ältesten nämlich, folgen in den Tempel vor das Heiligtum, allda sie sich mit den Gesichtern auf den kegelförmig erhabenen Altar anzulehnen haben, während welcher Zeit der Älteste sobald im Heiligtum betend den Geist beruft.

26. Wie dieser bei solcher Gelegenheit mit verhülltem Angesicht erscheint, beheißt der Älteste das Brautpaar sich aufzurichten. Ist solches geschehen, so stellt der Älteste ihnen die ehelichen Pflichten vor in einer guten Rede, welche ihrem Inhalt nach gewöhnlich in der Darstellung aller derjenigen Hausregeln besteht, die wir bis jetzt schon haben kennengelernt und noch einige werden kennenlernen.

27. Ist dann solches geschehen, so geht der Älteste von seinem Predigeraltar herab und macht eine Bewegung, als wollte er die Hände der zwei Brautleute von einander trennen. Allein dafür ist schon eine alte Regel da, dass solches nur eine formelle Andeutung ist, dass sie sich durch nichts je auf der Welt sollen trennen lassen.

28. Nach dieser Zeremonie aber tritt der Älteste zur Seite, der Geist enthüllt sein Angesicht, segnet dann das Brautpaar und geht dann auf sie zu und trennt ihre Hände auseinander. Solches aber bedeutet, dass nur der Tod oder die Scheidung des Geistes vom Leib das Ehepaar gültig zu scheiden vermag.

29. Darauf verschwindet der Geist und die Ehe ist geschlossen.

30. Dem Großen Geist wird nun ein Dank dargebracht. Und Er wird auch wieder gebeten, sie zu segnen mit einer Ihm wohlgefälligen Nachkommenschaft und sie zu leiten nach Seinem allerheiligsten Willen. Ist solches auch geschehen, sodann stehen der Älteste und die Vermählten wieder auf und begeben sich voll Ehrerbietigkeit nach Hause, woselbst dann gewöhnlich ein allgemeines Familienmahl unter Lobpreisung des Großen Geistes gehalten wird.

31. Am nächsten Tag darauf wird es den Neuvermählten freigestellt, ob sie allda verbleiben wollen, oder ob sie sich irgendwo anders eine Wohnung aufsuchen und errichten wollen. Willigen sie ein, bei der allgemeinen Familie zu verbleiben, so wird ihnen sobald ein eigener Ast zur Bewohnung eingeräumt und wird für sie sogleich angefertigt ein

neues Wohnhaus und eine neue Küche und Vorratskammer. Wollen sie sich aber manchmal zufolge des geringen Platzes trennen von der Familie, sodann werden sie mit allem möglichen ausgestattet und können dann auch mitnehmen ihre Eltern und noch sonstigen sehr nahen Verwandten.

32. Wie sie's aber dann machen, wenn sie irgendeine andere Wohnung frei angetroffen haben, ist schon gesagt worden.

33. Seht, das ist nun wieder eine politische Hausordnung. Für heute lassen wir es auch bei der bewendet sein. Nächstens werden wir noch einige durchgehen und uns sodann zur geistigen Religionsverfassung wenden.

Kapitel 41

Behandlung und Aufnahme der Tieflandbewohner bei den Gebirgsbewohnern. Halbheiden und ihre Bekehrung. Brautwerbung

1. Es geschieht dann und wann, dass sich eine oder die andere Familie aus den Tälern und Ebenen, leiblicher Gesundheit halber, auf die Berge begibt. Ist solches der Fall, so besteht bei den Bewohnern der Höhen die Regel, solche Gesundheitssucher liebfreundlichst aufzunehmen und ihnen auch alles darzureichen oder zu verschaffen, was dieselben ihrer Gesundheit für dienlich erachten.

2. Wollen aber die Gesundheitssucher für beständig auf der Höhe Wohnung nehmen, so wird sobald vom Ältesten einer Gebirgsfamilie ein Leiter aus der Gebirgsfamilie berufen, damit er den aus der Tiefe auf den Bergen Ansiedelnwollenden behilflich sein solle. Und wann sie ihn fernerhin zu ihrem Leiter wünschen, so hat er die Verpflichtung über sich, ihrem Wunsch bereitwilligst zu willfahren.

3. Ist er schon verehelicht, so trennt er sich von dieser neu angesiedelten Familie nur so lange, als er eben Zeit braucht, sein Weib und allenfalls ein oder mehrere Kinder von seiner früheren Wohnung zu holen, zugleich aber auch bei solcher Gelegenheit den Segen von seinem Ältesten für dieses neue Amt zu empfangen. Hat er solches alles in die gehörige Ordnung gestellt, sodann begibt er sich mit Weib und Kind und noch sonstiger Ausstattung zu der neu angesiedelten Familie.

4. Allda unterrichtet er dieselbe in allen den Gesetzen und Gebräuchen der Gebirgsbewohner und eifert sie an zur Erbauung des Tempels und sodann auch, nach Zahl und Bedarf, zur Erbauung der Vorratskammern und der lebendigen Wohnhäuser. Seht, solches ist auch eine Regel, welche die Gebirgsbewohner zu beachten haben.

5. Manches Mal geschieht es aber, dass die Tal- und Ebenenbewohner bloß der schönen Aussicht halber hohe Gebirge bereisen. Wenn dann solche Gebirgs-Lustwandler an eine oder die andere Gebirgsfamilie stoßen, so werden sie zwar von derselben angehalten und liebernstlich befragt, welche Absicht sie auf die Höhe geführt hatte. Wenn sie

dann gewöhnlich in sehr höflicher Weise kundgeben, dass sie willens seien, diese oder jene höchste Gebirgskuppe der schönen Aussicht halber zu besteigen, so wird ihnen vom Ältesten fürs Erste kundgegeben, welche Gefahren sie zu bestehen haben würden, ob eine oder die andere Gebirgskuppe wohl geheuer zu besteigen ist. Ist eine solche Gebirgskuppe unersteigbar, so werden die Lustwandelnwollenden davon liebreichst abgehalten und es wird ihnen alles auf ein Haar kundgegeben, welche Gefahren sie zu bestehen haben würden, so sie nicht abständen von ihrem Vorhaben, worauf denn auch solche Gebirgsbesteiger sobald abstehen von ihrem Vorhaben und kehren somit unverrichteter Dinge wieder nach Hause zurück.

6. Ist eine oder die andere Gebirgskuppe aber gefahrlos besteigbar, so wird solchen Gebirgswanderern sogleich ein Führer mitgegeben. Dieser Führer hat dann eine dreifache Verpflichtung über sich. Fürs Erste muss er eine solche Wandergesellschaft des besten und sichersten Weges geleiten. Dann muss er sie versehen mit Speise und Trank, welches gewöhnlich unsere bekannten Hausknechte nachschleppen. Und fürs Dritte muss er ihnen über alles Aufschluss geben, sie aber auch zugleich bei allem und jedem auf den Großen Geist hinlenken.

7. Für alle diese seine Mühe aber darf er etwa ja nichts verlangen, außer nur das, dass eine solche Gesellschaft ihm die teuerste Versicherung geben muss, nachdem sie sich so wohl erquickt hatte an den großen Herrlichkeiten des Großen Geistes, demselben allzeit in allem anzuhängen und ohne dessen ausdrücklichen Willen nie etwas zu unternehmen.

8. Ist solche Versicherung geschehen, alsdann erinnert sie der Führer, dass sie für alles das dem Großen Geist danken sollen, Ihn aber auch zugleich bitten, dass Er sie alle wohlbehalten wieder möchte ihre Heimat erreichen lassen. Ist auch dieses geschehen, sodann wird wieder der Rückweg angetreten.

9. Die Gesellschaft wird dann von dem Führer wieder zu seiner Wohnung geleitet. Allda wird ihnen Speise und Trank gereicht, und haben sie sich auf diese Art gestärkt, so werden sie liebesanft zur Dankbarkeit an den großen, heiligen Geber erinnert, sodann von dem

Ältesten begrüßt und gesegnet und können nach dem sogleich ihren Rückweg in die Tiefe antreten.

10. Hier und da in so manchen Winkeln der Berge wohnen die euch schon bekannten Spitzfußfleisch-Ärzte. Vor diesen werden die Ebenenbewohner von den eigentlichen Gebirgsbewohnern bei solchen Gelegenheiten gewarnt, und es wird ihnen angezeigt, wie diese Menschen nicht anders denn als unbefugte Ausreißer aus der Tiefe sich aus eitler Gewinnsucht auf solche Bergwinkel gesiedelt haben, darum sie dann die Bewohner der Tiefe mit unwirksamem Zeug zu hintergehen vermöchten. Auf diese Weise warnen sie denn solche leichtgläubige Talbewohner und sagen ihnen:

11. „Der Große Geist hat für die Erhaltung unserer Leibesgesundheit tausenderlei wohlheilsame Kräuter und Früchte in den Boden der Erde gelegt, damit sie da wachsen sollen zu unserer Stärkung, und hat erschaffen ein reines Wasser über die ganze Welt und hat gemacht allenthalben den überaus wohltätigen Regenbaum und hat gesetzt riesengroße Bäume auf den Boden der Erde, damit sie an sich ziehen sollen alle verderblichen Dünste und sollen sie umgestalten in eine wohlduftende, allerreinste Luft. So hat der Herr, der da ist überaus wohltätig in aller Seiner unendlichen Macht, am Firmament gestellt eine herrliche Sonne, deren Strahlen die heilsamste Kraft in der Steinlilie erwecken – die so heilsam ist, dass ihre Kraft so weit reicht wie der Strahl der Sonne. Und so hat der große Meister das Firmament geteilt mit jenem lichten, weißen Band, welches uns, wann die Sonne untergegangen, die Nacht so lieblich erhellt, dass sie uns nahe so angenehm ist wie der Tag und wir von den kräftigen Strahlen dieses Bandes auch zur Nachtzeit gestärkt werden. Also hat auch der große Werkmeister neben diesem Band gesetzt sieben große Leuchten, davon stets mehrere uns zur Nachtzeit, ja selbst zur vollen Schattenzeit, abwechselnd ergötzen.

12. Da also der Große Geist so überaus wohltätig und gnädigst gesorgt hat für uns alle, und wir es hier auf den Bergen allzeit erfahren, dass es so ist, nachdem wir nie von einer Krankheit heimgesucht wurden, so aber jemand stirbt, niemals an einer oder der anderen Krankheit stirbt, sondern allzeit nur zufolge seines vollkommen reif gewordenen Geistes, der da ewig nimmerdar stirbt, sondern lebt fort und fort, von

dessen Fortleben wir Zeugen sind und zu jeder Stunde vor eurem Angesicht es sein können [und Zeugnis ablegen], dass es so ist, wie ich es euch kundgebe.

13. So ist es ja eine übergroße Torheit, sich allda ein ewiges Lebensmittel verschaffen zu wollen von einem Menschen, dessen Augen voll Truges sind, darum er selbst ferne ist vom Leben des ewigen Geistes – die Mittel aber, die uns der Große Geist allenthalben darbietet, als unzugänglich zu betrachten und sie daher auch nicht zu gebrauchen nach Seinem Willen.

14. Ich sage euch aber, liebe Brüder aus der Tiefe, sucht fürder nicht mehr bei den Quacksalbern das Heil, sondern sucht dasselbe ernstlich allzeit in dem Willen des Großen Geistes, so werdet ihr gesund verbleiben bis zur Vollreife des Geistes!

15. Wann aber dieser also vollreif wird, vollkommen ein Herr des Lebens aus dem Willen des Großen Geistes, sodann werdet ihr nimmerdar einen Tod schmecken, sondern ihr werdet mit dem klarsten und vollsten Bewusstsein frei aus eurem Fleisch und Blut treten können ohne Schmerzen und werdet unter großer Dankbarkeit gegen den Großen Geist dieses schwere Gewand von Fleisch, Blut und Knochen ablegen."

16. Nach solcher Belehrung werden solche Lebenswandler auch wieder gesegnet entlassen und kehren mit der viel besseren Lebensarznei in ihre Heimat zurück.

17. In manchen Orten der Ebenen und Täler, besonders an den Seen und Flüssen, gibt es auch eine Art Heiden, die da den weißen Ring am Firmament für die Gottheit halten; einige aber für den Weg des Großen Geistes, auf welchem dieser herumgehe und schaue über denselben hinab zur Welt, was da die Menschen machen. Solche Halbheiden ziehen auch öfter auf die Berge, in der Meinung, dass sie dadurch diesem weißen Ring ganz nahe oder vielleicht gar wohl bis zum Ring selbst kommen würden.

18. Gegen solche Wanderer haben die Gebirgsbewohner auch die Liebepflicht, sie auf den rechten Weg zu führen und ihnen zu zeigen, was der Ring und was die Monde sind und welche Bestimmung alles dieses hat; welches sie dadurch bewirken, dass sie durch ihren festen

Willen solche Verirrte in eine Art hellsehenden Zustand versetzen, in welchem Zustand sie dann den Ring und die Monde, wie ihr zu sagen pflegt, von A bis Z zu beschauen vermögen.

19. Haben sie solches verrichtet, alsdann erkennen sie zumeist an sich selbst, wie irrig sie daran waren. Sodann aber werden sie erst liebevoll, dabei aber auch weise-ernstlich in der wahren Erkenntnis des Großen Geistes und dessen Willens unterrichtet und wird ihnen freigestellt, ob sie ihr ferneres Leben auf der Höhe oder in den Tälern und Ebenen wie zuvor zubringen wollen.

20. Entschließen sie sich für die Berge, so wird für sie um eine Wohnung gesorgt. Haben sie aber Vorliebe für die Tiefen, sodann werden sie gesegnet, mit Speise und Trank versehen und im Namen des Großen Geistes entlassen.

21. Jedoch solange jemand seinen Irrtum nicht fahren lässt, darf er sich durchaus keine Hoffnung machen, dass er aus den kräftigen Händen der Gebirgsbewohner kommt. Wenn mancher da ist widerspenstigen Geistes und will eigenmächtig entweichen oder gar jemandem ein Leid zufügen, alsdann ist auch alsbald ein anfangs drohender – hilft das nichts, dann aber auch ein wirklich strafender Engelsgeist bei der Hand, der einem solchen Widerspenstler mit den einfachsten Mitteln begreiflich macht, wie wenig er, nämlich der Widerspenstler, mit seinem Trotz ausrichten wird. Nach einer solchen Erscheinung bessert sich ein solcher Widerspenstler fast allzeit unbedingt. Beharrt er aber noch in seinem Eigensinn, so geschieht es wohl auch, dass er von einem solchen Strafengel entweder mit großen Leibesschmerzen, bei einem außerordentlichen Fall aber auch mit der plötzlichen Vernichtung bestraft wird, durch welche Strafe sich ein solcher Geist zuzieht, dass er gar lange wird ein Wächter aller Nacht und aller Kälte verbleiben müssen.

22. Das ist eine der wichtigsten Hausregeln für die Gebirgsbewohner: Wenn es bei einer Familie entweder mehr weibliche denn männliche Personen gibt, oder umgekehrt, so steht es der männlichen Überzahl frei, entweder bei einem oder dem anderen Nachbarn ein Weib zu suchen. Findet er da keines, so kann er darum in die Tiefe gehen. Findet er auch da nichts, so kann er sich auf weitere Reisen verlegen. Und so

geschieht es manchmal, dass ein Bräutigam von einem zweiten, dritten oder vierten Kontinentland ein Weib sucht.

23. Hat er dort das Weib bekommen, was gewöhnlich allzeit ohne Widerrede geschieht, sobald irgend die Weiberzahl die Männerzahl überragt – so steht es ihm frei, alldort zu verbleiben, wo er das Weib genommen hatte, was zuallermeist zu geschehen pflegt. Oder er kann auch mit dem Weib in seine Heimat zurückziehen, jedoch mit der Verpflichtung, alle drei Jahre das Stammhaus seines Weibes zu besuchen, und das so lange fort, wie ihre Eltern leben. Sterben aber diese einmal, so hört auch diese Verpflichtung auf.

24. Ist aber bei einer Familie die Weiberzahl größer als die männliche, sodann wird solches durch einen, zwei oder drei Boten mehreren nachbarlichen Familien angezeigt; bei welcher Gelegenheit dann gewöhnlich ein oder mehrere Brautwerber zusammenkommen.

25. Der Älteste beruft da den Geist, dass er ihm anzeigen möchte den Willen des Großen Geistes, welcher da der Würdigste unter ihnen ist. Solches geschieht dann auch augenblicklich. Und der Bezeichnete führt dann auch nach der euch schon bekannten Verehelichung die Braut nach Hause.

26. Sind mehrere heiratsmäßige Weiber bei einer Familie überzählig vorhanden und kommt nur ein Brautwerber, so wird vom Ältesten der Geist berufen, um anzuzeigen diejenige, welche des Mannes am würdigsten ist. Darauf erfolgt wieder die schon bekannte Verehelichung, und der Bräutigam führt seine ihm angetraute Braut nach Hause.

27. Sind aber eine gleiche Anzahl heiratbarer Weiber gleich der Anzahl der Brautwerber vorhanden, sodann steht jedem Werber das Werbrecht zu. Wann er gewählt hat und haben auch die anderen desgleichen getan, so muss solches sogleich dem Ältesten angezeigt werden. Dieser berät sich dann mit dem gerufenen Geist darüber, ob die Wahlen billig sind vor dem Großen Geist und Ihm wohlgefällig. Wird solches bestätigt, so wird alsbald die Verehelichung ohne Anstand vorgenommen. Wird aber vom Geist solche Wahl nicht gebilligt, sodann wird vom Ältesten der Geist im Namen des Großen Geistes gebeten, anzuzeigen die rechte Wahl, welches auch augenblicklich geschieht und in welche neue Wahl auch die Brautleute sogleich mit großer Dankbarkeit

ihrer Herzen einwilligen. Die Folge davon ist die sogleich erfolgte Verehelichung, auf welche dann jeder Bräutigam seine Braut nach Hause
führen kann. Es versteht sich von selbst, nach und mit allen den Regeln,
die bei der Verehelichung bekannt gegeben worden sind.

28. Nebst diesen Hausregeln gibt es zwar noch einige unbedeutende hauswirtschaftliche, welche wir aber übergehen wollen, nachdem sie für euch von keinem nützlichen und denkwürdigen Belang sind,
und wollen uns daher fürs nächste Mal sogleich zur Religion wenden.

Kapitel 42

Die mehr innerliche Religion der Saturnusmenschen. Weisheit und überlegene Kenntnisse der Saturnusmenschen

1. Was da die Religion betrifft, so hat sie sehr wenig irgendein äußeres Zeremoniengepräge in sich, aber eben um desto mehr ist sie innerlich und geistig.

2. Was das Zeremonielle betrifft, so besteht dieses, wie ihr schon wisst, fürs Erste in einem wohlgeordneten, lebendigen Tempel, in welchem in allen wichtigen Angelegenheiten dem Großen Geist der Dank und die Bitte dargebracht wird.

3. Übrigens aber gelten auch bei den Saturnusbewohnern die Zahlen sieben, vierzehn, einundzwanzig, und das so fort nahe alle Zahlen, welche mit sieben ohne Rest teilbar sind, für geheiligte Zahlen. Und so wird auch alldort ein Zeitraum von sieben Tagen mit eben dem siebenten Tag, der darum auch bei ihnen ein Feiertag ist, beschlossen.

4. Die Haltung dieses Feiertages bildet den zweiten zeremoniellen Teil, und da findet auch alle religiöse Zeremonie des Feiertags statt.

5. Denn die Zeremonie der ersten Klasse ist euch ohnehin schon bekannt. Die Zeremonie des Feiertags aber besteht darin, dass da fast sämtliche Familienglieder frühmorgens schon vor dem Aufgang der Sonne in den Tempel ziehen, voraus die Männer und nach ihnen die Weiber. In dem Tempel stellen sich die Männer auf die rechte und die Weiber aber auf die linke Seite desselben. Allda wird dem Großen Geist unter der Vorbetung des Ältesten bis zum Aufgang der Sonne ein Lob dargebracht und wird Ihm gedankt für alle empfangenen Wohltaten. Dieses geschieht allzeit mit der größten Rührung der Herzen beiderlei Geschlechtes.

6. Wenn die Sonne aufgeht, sodann begibt sich alles aus dem Tempel und vergnügt sich da durch den Anblick des werdenden Tages und durch den Anblick der weitgedehnten, überaus schönen Gegenden dieses Weltkörpers. Wenn da die Sonne schon ziemlich hoch über dem

Horizont steht, sodann wird wieder in den Tempel gegangen und dem Großen Geist gedankt für die Wiedergabe des Tages.

7. Und so da jemand hat ein neugeborenes Kind, so muss er es sodann bringen an die Grenze des Heiligtums; allda legt demselben der Älteste die Hände auf und spricht über dasselbe folgende Worte:

8. „Also wie du kamst, ein schwacher und in allen deinen Kräften gebundener Gast, in diese Welt nach dem Willen des Großen Geistes, der da ist heilig, überheilig, mächtig über alle Macht, kräftig über alle Kraft und überaus treu und standhaft in jeglichem Seiner Worte und in aller Seiner Verheißung und ist der alleinige, vollkommene, allerhöchste Herr über alle Dinge, die da erfüllen diese Erde und das ganze unendliche Firmament, darum da ist Sein Wille wie Er Selbst heilig und überheilig – also sollst du auch leben auf dieser Welt bis an dein Ende vollkommen dem Willen gemäß, durch den du gekommen bist in diese Welt, um dann als ein Mann (oder bei einem Mädchen: als ein treues Weib) in aller wahrhaften Würde und Erhabenheit der vollkommenen Tugend aus ihr zu treten.

9. Darum segne ich dich hier im Heiligtum im Namen des Großen Geistes, der dich, deine Eltern und mich erschaffen und gesegnet hat. Wachse auf in diesem Segen und vermehre ihn allzeit in dir durch die genaueste Befolgung des allerheiligsten und des allerhöchsten Willens. Solches geschehe allzeit, jetzt und ewig.

10. Wie du aber klein bist jetzt, also klein bleibe fortwährend vor dem Großen Geist, vor uns, deinen Vätern und Brüdern, und vor dir selbst. Solches auch geschehe allzeit in diesem und in jenem Leben. Amen."

11. Nach diesen Worten haucht er das Kind an und lässt es von seinen Eltern segnen und dann nach Hause tragen. Solche Eltern sind an einem solchen Feiertag nicht mehr verpflichtet, in den Tempel zurückzukehren, sondern können dafür daheim ihr nun gesegnetes Kind pflegen. Wollen sie aber dessen ungeachtet im Tempel verbleiben, so können sie es auch tun.

12. Ist aber kein neugeborenes Kind da, so wird statt dieser Kindersegnung sogleich zu dem Morgenmahl im Tempel geschritten, welches, wie das Mittag- und Abendmahl, die Saturnusbewohner sogleich

in der Frühe, wann sie sich in den Tempel begeben, in gerechtem Maße reichlich mitnehmen. Es versteht sich von selbst, dass da allzeit vor und nach dem Essen dem Großen Geist ein Dank dargebracht wird.

13. Nach dem Morgenmahl besteigt dann der Älteste den euch schon bekannten Predigeraltar und hält da eine Anrede an das mäßig große Familienvölklein, welches höchst selten auf den Bergen die Zahl hundert übersteigt – in den Tiefen gibt es manchmal auch Tausende.

14. Was trägt denn der Redner seinen Zuhörern da vor? Seht, da ist er nie verlegen, sondern sein ihm bei solchen, wie auch anderen Gelegenheiten allzeit beistehender Geist legt es ihm in den Mund, was er zu reden hat.

15. Gewöhnlich erstrecken sich da solche Vorträge entweder über die wunderbaren Führungen des Großen Geistes, wie dieser das menschliche Geschlecht von seinem Urbeginn an auf diesen Weltkörper gesetzt und bis auf den gegenwärtigen Zeitpunkt nach Seinem weisesten heiligen Willen geführt hat. Und bei dieser Gelegenheit erzählt dann oft der Älteste ein oder die andere Geschichte aus der Vorzeit. Manches Mal aber erklärt er ihnen die Beschaffenheit ihrer Welt; manches Mal wieder die des Ringes oder der Monde. Ein anderes Mal nimmt er bald dieses oder ein anderes Gestirn und zeigt den Zuhörern dort die Führungen des allmächtigen Großen Geistes, bei welcher Gelegenheit er auch dann und wann diese Erde erwähnt.

16. Sodann fallen augenblicklich alle Zuhörer auf ihre Angesichter nieder. Aber nicht etwa aus Ehrfurcht vor diesem Planeten, sondern darum, wann sie hören etwas von der unendlichen Liebe des Großen Geistes. Denn die Liebe des Großen Geistes, und dass Er von den Bewohnern dieser Erde Vater benannt und gerufen wird, ist für die Saturnusbewohner etwas so unnennbar Heiliges, dass sie darob allzeit in einen Fieberschauer verfallen; besonders wann sie der Älteste noch dazu der Undankbarkeit der Bewohner dieses Planeten erinnert.

17. Bei einer anderen Gelegenheit gibt er ihnen wieder Aufschlüsse über die geistige Welt und über das Leben in den Himmeln.

18. Nach jeder solcher Predigt, besonders wenn er von der Beschaffenheit ihrer Welt, des Ringes, der Monde und anderer Planetengestirne spricht, versetzt er seine Zuhörer – mitunter bald mehrere, bald

wenigere – in die innere Anschauung, wodurch sie dann alles dieses so anschauen können, als wären sie überall leibhaftig gegenwärtig.

19. Daher es dann kommt, dass die Saturnusbewohner, namentlich die Bewohner der Gebirge, überaus weise und mit überaus vielen Kenntnissen bereicherte Menschen sind. Ja es dürfte wohl einem allergrößten eurer Gelehrten sehr übel zumute werden, wann er sich mit einem allergeringsten Saturnusmenschen wollte in einen wissenschaftlichen Kampf einlassen.

20. Denn fürs Erste kennen sie nicht nur ihren Weltkörper, insoweit es ihnen notwendig und nützlich ist, nahe mikroskopisch genau, sondern ihnen sind auch fremde Weltkörper bekannter als euch die Inseln des Meeres auf eurer Erde. Fürs Zweite sind sie nicht nur in der Geschichte ihrer Welt, sondern auch in der Geschichte mehrerer anderer Welten gar wohl bewandert.

21. Also ist ihnen auch keine Sprache fremd, darum sie auch die Geister, sie mögen kommen von welchem Weltkörper sie wollen, augenblicklich verstehen – trotzdem, dass jeder Geist mehr oder weniger selbst die Spracheigentümlichkeiten derjenigen Welt mit hinübernimmt, auf welcher er im Leibe gewandelt ist; was (das Verstehen der Sprachen) z. B. bei den Geistern eurer Erde so lange nicht der Fall ist, als bis sie erst vollends im Geiste wiedergeboren und für den Himmel geeignet sind.

22. Es geschieht öfter, dass Geister dieser Erde mit den Geistern des Saturnus nach dem Tod zusammenkommen, besonders wenn sie danach ein Verlangen haben. Alsdann verstehen die Saturnusgeister die Geister dieser Erde augenblicklich. Umgekehrt aber ist solches gar selten, bei unreiferen Geistern aber schon gar nie der Fall. Auch sehen die Geister dieser Erde die Geister des Saturnus nicht eher, als bis sich dieselben ihnen zeigen wollen. Der Grund liegt ebenfalls in der großen und wahren inneren Weisheit der Saturnusgeister.

23. Das sind somit die Früchte der Vorträge und Belehrungen unseres Predigers im Tempel nach dem Morgenmahl.

Kapitel 43

Geistvolle Naturbetrachtung und fröhliches
Beisammensein. Verkehr mit Geistern, Engeln und dem
Herrn

1. Was geschieht denn nach einer solchen Predigt?
2. Das Volk dankt dem Großen Geist für die Erleuchtung ihres Ältesten. Der Älteste dankt mit und segnet alle die Zuhörer nach dem dargebrachten Dankgebet. Sodann gehen allesamt wieder aus dem Tempel und machen auf schöne, anmutige Anhöhen gemeinschaftliche Lustwandlungen und unterhalten sich da teils mit dem, was sie in der neuen Predigt vernommen haben, teils aber auch mit allerlei Betrachtungen über einen oder den anderen Naturgegenstand, der ihnen auffällt. Und es beseelt sie da alle eine große Freundlichkeit und gegenseitig ermunternde wirkliche Teilnahme in allem, was da einer oder der andere findet und zum bewundernden Lob des Großen Geistes darüber bald dieses, bald jenes sagt.

3. So macht z. B. einer den anderen auf den Bau einer Blume aufmerksam, einer wieder auf die Bewegung eines Wölkchens, der dritte wieder auf ein oder das andere Tierchen oder auf den Flug eines Vogels. Wieder ein anderer vernimmt zuerst irgendeinen singenden Vogel und macht seine Nachbarn darauf aufmerksam, oder mancher entdeckt irgend den Schimmer eines ferne gelegenen Sees oder Flusses. Und so gibt es zahllose Gegenstände, bei welchen diese Saturnusbewohner bei solcher Gelegenheit mit ihrer Aufmerksamkeit verweilen und dabei nahe also ausrufen, wie da einst ausgerufen hatte der Mann nach Meinem Herzen, so er Meine Werke betrachtet hatte.

4. Ja, hier sage Ich auch euch: Wer da Meine Werke mit solchen Augen betrachtet, der hat sicher allzeit eine große Lust daran. Wer sie aber nur betrachtet mit allein kritischen und gelehrten Augen, der täte besser, wann er liegen bliebe auf seinem Lotterbett, als dass er mit ungeweihten, entheiligenden Augen hinausstäche in Meine Werke, so wie da sticht eine Gallfliege in eine euch bekannte Frucht der Eiche, um dadurch ihre verderbliche Brut hineinzulegen, wodurch dann diese

Frucht, wann sie zu ihrer schlechten Reife gekommen ist, zu nichts anderem tauglich wird als zur Bereitung eines schwarzen Saftes, der da tauglich ist zu schwärzen jede weiße und lichte Fläche, aber nimmerdar zu irgendeiner Reinigung dessen verwendet werden kann, das schon einmal entweder schmutzig oder gar schwarz geworden ist.

5. Doch lassen wir dergleichen und gehen wieder auf unsere lustwandelnden Saturnusbewohner über. Wie lange dauert denn diese Lustwandlung? Bis zur Mitte des Tages. Alsdann begibt sich alles wieder in die Vorhöfe des Tempels. Allda wird dem Großen Geist wieder ein Dank dargebracht und nach diesem aber in den Vorhöfen das Mittagmahl eingenommen.

6. Ist solches vorüber, alsdann wird wieder gedankt und daselbst geblieben. Einige lustwandeln in den schönen Gängen um den Tempel und ergötzen sich an der mannigfaltigen Pracht der herrlichsten Blumen, welche in schönen Beeten reichlichst in diesen weiten Vorhöfen und Gängen des Tempels angepflanzt sind. Die Weiber liebkosen ihre Männer und Kinder und erzählen ihnen mit den allerlieblichsten Stimmen, was sie alles von der Predigt des Ältesten wie auch bei der Gelegenheit der Außenlustwandlung Gutes, Wahres, Schönes und Erhabenes vernommen haben.

7. Manches Mal gesellen sich auch bei solcher Gelegenheit sogar Geister und Engel zu ihnen und besprechen sich mit jedermann über verschiedenes, was da betrifft den Herrn.

8. Manches Mal erscheint ihnen bei solchen Gelegenheiten sogar der Herr Selbst, zumeist in der Gestalt eines Engels. Solange Er unter ihnen ist und Sich bespricht bald mit einem, bald mit dem anderen, weiß nicht einmal der Älteste, dass es der Herr ist. Nur wann Er eine solche Gesellschaft wieder der Sichtbarkeit nach verlassen will, gibt Er Sich erst zu erkennen. Alsdann aber verschwindet Er auch augenblicklich. Denn die Saturnusbewohner würden einen längeren, erkannten Aufenthalt des Herrn nicht ertragen, darum da ihre Achtung vor Ihm so groß ist, dass da nicht einer sich wagte, Seinen Namen aufrechtstehend auszusprechen – wodurch das Gebot, was ihnen zwar nicht buchstäblich gegeben ist: „Du sollst den Namen Gottes nicht eitel nennen!" auf das Allerpünktlichste, Genaueste und Heiligste beobachtet wird.

9. Wie lange dauert denn eine solche Vorhof-Konversation? Bis zum Sonnenuntergang. Darauf begibt sich alles wieder in den Tempel, lobpreist und lobsingt da dem Großen Geist.

10. Darauf besteigt der Älteste wieder den Predigeraltar, macht sie aufmerksam auf alle die großen Wohltaten dieses Tages, segnet sie dann – und die Zeremonie des Feiertages ist zu Ende, nach welcher sich dann alles wieder dankbarst und fröhlichst nach Hause begibt.

11. Ist vom Mittagsmahl noch etwas übriggeblieben, so wird es noch im Tempel gar brüderlichst verteilt und dankbarst verzehrt. Und ist nichts übriggeblieben, da wird auch wohl daheim das Abendmahl eingenommen. Darauf wird dem Herrn noch ein allgemeiner Dank dargebracht, und der Feiertag ist vorüber – mit ihm auch alle Zeremonie, welche wirklich in nichts anderem besteht als in dem, was ihr soeben vernommen habt.

12. Und somit sind auch wir für heute fertig. Nächstens den geistigen Teil.

Kapitel 44

Geistiger Teil der Saturnusreligion. Destillation und Rektifikation von Materiellem und Geistigem. Geistige Wiedergeburt

1. Nachdem wir den zeremoniellen Teil haben kennengelernt, was da betrifft die Religion unserer Saturnusmenschen, so wollen wir denn, wie vorhinein schon bestimmt wurde, uns nun zu dem geistigen Teil der Religion wenden.

2. Wenn ihr das Zeremonielle hinlänglich betrachtet habt, so musstet ihr euch schon ohnehin gesagt haben: Diese Zeremonie, wie sie gestaltet ist, dass daselbst während eben solcher Zeremonie die Engelsgeister der Himmel, ja nicht selten der Herr Sich Selbst, mit den Menschen unterredend, sichtbar darstellt, ist ja ohnehin so geistig wie wir uns dieselbe nur immer je möglich als geistig darzustellen imstande sind. Wo soll da noch etwas Geistigeres stecken?

3. Ich aber sage: Lasst es nur gut sein! Die Folge wird euch lehren, wie sich in dem Geistigen noch immer etwas Geistigeres aufhalten kann.

4. Damit ihr solches aber im Voraus als möglich nur einigermaßen begreifen könnt, so will Ich euch solches durch ein naturmäßiges Beispiel zeigen, wie solches gar wohl möglich ist.

5. Nehmt ihr z. B. ein Gefäß voll recht guten Weines! Wer von euch wird da nicht sobald begreifen und ganz tüchtig verspüren, dass dieser Wein sicher sehr, ja ganz außerordentlich besonders geistig ist!? Hat aber darum der Wein nichts mehr in sich, das da noch urgeistiger wäre als eben der Wein selbst? Ihr dürftet darob nur den nächstbesten Apotheker fragen, und der wird es euch sagen: Aus diesem Wein lässt sich infolge der Destillation der herrlichste Weinäther gewinnen, und dieser Äther selbst lässt sich noch einige Mal rektifizieren, so dass der Geist am Ende so flüchtig wird, dass ein Tropfen, wenn er ausgeschüttet wird vom Äthergefäß, sich bei einem nur eine halbe Klafter hohen Fall schon eher vollends verflüchtigt, als bis er den Boden erreicht hat. Nun, merkt ihr nicht, ein wie vielfach geistigeres Geistiges da enthalten ist in dem ohnehin schon überaus geistigen Wein?

6. Seht, wenn da solches schon sich kündet in der sichtbaren Natur, um wie viel mehr wird es sich dann erst offenbaren in allem dem, was ganz eigentümlich des Geistes selbst ist.

7. Also verhält es sich z. B. mit dem Licht. Ihr seht die Erde erleuchtet durch die Strahlen der Sonne. Seht ihr auch in diesen Strahlen die belebende Kraft und die zahllosen Formen alle, welche alle samt und sämtlich zahllos im Licht vorhanden sind? Ja, ihr merkt nicht einmal die einfach wirkende Kraft des Strahles. Und gar viele wissen es nicht anders denn also, wie sie es täglich erfahren, dass nämlich der Strahl keiner höheren Erwärmungswirkung fähig ist als derjenigen nur, die er tagtäglich äußert.

8. Was wird aber derjenige dann sagen, wann er die Wirkung der Strahlen schauen würde, wann sie durch einen großen Brennspiegel auf einen Punkt konzentriert wurden und sodann eine solche Kraft äußern, die sogar imstande ist, einen allerhärtesten Diamanten plötzlich aufzulösen?! Ja, ein solcher Laie in der höheren Wirkung der Lichtstrahlen wird da die Hände über dem Kopf zusammenschlagen und wird sagen: Ja, wer hätte sich so etwas wohl je träumen lassen, dass da hinter den uns täglich sanft erwärmenden Sonnenstrahlen eine solch unbegreiflich heftige Kraft verborgen sein solle!

9. Seht, also geht es auch allhier bei dem euch schon bekannten zeremoniellen Religionskultus unserer Saturnusbewohner. Wenn auch der zeremonielle Teil schon an und für sich so ganz und gar geistig aussieht, so gibt es aber dennoch einen ganz außerordentlich starken Äther und in der Vereinigung seiner leiblichen Lichtstrahlen eine für euch kaum begreiflich starke innere Wirkung. Und somit können wir denn auch die Frage stellen, d. h. im vollsten Ernst aufstellen und sagen: Worin besteht denn sonach in diesem Geistigen das eigentliche Geistige?

10. Das eigentliche Geistige in diesem euch schon bekannten Geistigen liegt in der inneren lebendigen Erkenntnis des Großen Geistes, wie aller der Stufen und ordnungsmäßigen Beziehungen und Verhältnisse, welche den freien Menschen mit den Himmeln und dem Großen Geist Selbst und also auch umgekehrt allerengst und intimst verbinden.

11. Wie erkennen demnach diese Menschen den Großen Geist? Die Menschen werden zuerst durch äußere Belehrung, d. h. durch Worte

des Lehrers von Ihm unterrichtet. Dann werden sie hingeleitet zur Erkenntnis des Willens des Großen Geistes und sodann zur Ausübung des erkannten Willens.

12. Seht, das ist noch alles der äußerliche Religionskultus, welcher da ist der Weg ins innere, geistige, wahre Leben, oder es ist an und für sich zwar schon ein geistiger Wein und das nicht-konzentrierte Licht der Sonne.

13. Die Ausübung des erkannten Willens des Großen Geistes aber gleicht demnach der Destillation und Rektifikation eines Apothekers und gleicht noch ferner dem Konzentrieren der Sonnenstrahlen mittels eines großen Brennglases. Oder mit anderen Worten gesagt: Es ist die eigentliche, selbständig tätige Freiwerdung des eigentlichen urgeistigen Wesens von der ihm umgebundenen Materie.

14. Blickt ihr jetzt schon ein wenig durch, worin der eigentliche geistige Religionskultus unserer Saturnusbewohner besteht? Ich werde euch nur ein Wort sagen, und dieses Wort wird euch auf einmal die Kammer des Lichtes eröffnen. Und dieses einige Wort heißt: Die Wiedergeburt des Geistes!

15. Seht, diese muss bei den Saturnusmenschen ebenso gut erfolgen wie bei euch. Ohne diese vermag ein Saturnusbewohner so wenig wie ihr zu begreifen, was da ist des Geistes und aller der Verhältnisse und Beziehungen zwischen ihm, den Himmeln und dem Großen Geist.

16. Es genügt durchaus nicht für die Wiedergeburt des Geistes, so da jemand hätte allein das Vermögen, Geister zu schauen, so, wie es da bei euch auf Erden nicht selten der Fall ist, dass so manche Menschen dergleichen sie allzeit ängstigende und erschreckende Erscheinungen erschauen, davon aber dennoch nichts mehr begreifen und erfassen als ein Stockblinder von den Farben des Regenbogens. Sondern zur vollen oder zur wahren Wiedergeburt gehört nicht so sehr das formelle Schauen, sondern die Bestimmtheit in jeder Handlung, dass sie so gestaltet ist, wie sie von Uranbeginn begründet wurde in aller göttlichen Ordnung und Weisheit.

17. Wie kann aber solches stattfinden, und wann? Solches kann nur also und dann stattfinden, so der Geist durch die genaue Befolgung der vorgeschriebenen Wege Gottes sich zuerst aus der Materie rektifiziert,

dann in einem Brennpunkt sich selbst wiedergefunden und endlich als ein solches nun in sich selbst bestehendes vollkommenes Ganzes oder als eine vollkommene Einheit hinausgetreten ist aus aller Sinnlichkeit der Materie und hat da seine neuen geistigen Sinne geöffnet ganz entschieden und vollkommen für die Eindrücke und Verhältnisse derjenigen Welt, von welcher er selbst ein ureigentümlicher Bewohner ist.

18. Hat der Mensch nun diese Stufe erreicht, dann beginnt in seinem ganzen Wesen eine andere Tätigkeit zu wirken. Sein Schauen wird ein anderes; sein Hören ein anderes, sein Fühlen, sein Empfinden ein anderes. Alle seine Gedanken werden zu Formen, die er schaut, und sein Wille wird zur vollbrachten Tat. Seine Worte werden bestimmt und einen sich mit den Gedanken und mit dem Willen. Der Raum hat mit ihm nichts mehr zu schaffen, und der Zeitenlauf hat ihm die letzte Minute gezeigt. Denn im freien geistigen Sein hört, sieht, fühlt, empfindet, denkt, will, handelt und spricht er über Zeit und Raum hinaus, d. h. für ihn gibt es nur eine Gegenwart, in welcher sich eine ewige Vergangenheit und eine ewige Zukunft freundlichst die Hände bieten. Und seinem Auge ist ein der Sinnlichkeit nach endlos fernes Ding so nahe, wie sein eigener Gedanke.

19. Seht, nach diesem geistigen Zustand trachtet ein jeder Saturnusbewohner nach allen seinen Kräften; erreicht aber denselben nicht eher, als bis er in sich alle Bedingungen des Lebens vollkommen erfüllt hat.

20. Zu der vollkommenen Erfüllung aber ist nicht nur die Notzüchtigung der eigenen Natur genügend, sondern alle diese ihm bekannten Bedingungen des Lebens müssen ihm zu einer ganz eigentümlichen Fertigkeit werden.

21. Wenn er erst in allem dem ein vollkommener Meister geworden ist, alsdann erst wird er in sich selbst frei, und alle seine Lebenskraft wird vereint ausgeboren aus aller seiner Sinnlichkeit. Wenn dann eine solche Ausgeburt geschehen ist, sodann auch ist bei ihm das eingetreten, was da euch schon bekannt ist unter dem Ausdruck der Wiedergeburt des Geistes.

22. Demnach ist die treulich fortgesetzte Übung in allen den Bedingungen des Lebens eben das, was da den geistigen Teil der Religion bei unseren Saturnusbewohnern betrifft.

Kapitel 45

Unterschied und Zusammenhang von zeremoniellem und geistigem Religionskultus auf dem Saturnus. Über die geistige Wiedergeburt

1. Versteht ihr jetzt schon ein wenig besser, was da ist der geistige Religionskultus bei den Saturnusbewohnern und wie gar wohl er sich unterscheidet von dem zeremoniellen?

2. Seht, so ist hinter der geistigen Zeremonie gar wohl verborgen der Dienst des Geistes, der da ist ein unausgesetzter, während die Zeremonie nur in gewissen Zeiträumen aufeinander folgt.

3. Da aber eben dieser Teil des Religionskultus unserer Saturnusbewohner für euch selbst von der größten Wichtigkeit ist, so will Ich euch noch ein anschauliches Beispiel geben, durch welches ihr diese beiden Religionsarten recht klar voneinander unterscheiden werdet können.

4. Nehmt ihr z. B. einen Schüler, der da sich eigen machen möchte eine oder die andere Kunstfertigkeit. Nehmen wir z. B. an, er möchte in der Tonkunst ein vollkommener Virtuose werden. Was werdet ihr mit ihm sobald anfangen, wenn er zu euch käme? Ihr werdet seine Fähigkeiten prüfen, werdet ihn dann an eine wohlgeordnete Schule verweisen und ihm dabei die Bedingungen vorschreiben und sagen: „Wenn du diese Bedingungen vollkommen erfüllst, so wirst du ohne Zweifel ein Virtuose werden!"

5. Was wird nun der Schüler, dem es um die Virtuosität ernst ist, tun? Er wird sogleich allen äußerlichen Fleiß in Verbindung seines inneren Wollens anwenden, wird sich tagtäglich seine vorgeschriebenen fünf, sechs oder sieben Stunden üben, und wird die Schule von A bis Z durchmachen und wird keine anderen Übungen vornehmen als diejenigen nur, welche ihr ihm zur Erreichung seines Zweckes vorgeschrieben habt. Wenn der Schüler auf diese Art sich nun durch mehrere Jahre zu einem vollkommenen Künstler ausgebildet hat, so werdet ihr ihm auch das erfreuliche Zeugnis geben, dass er nun dasteht als ein ganz vollkommener Künstler, nachdem er sich auf seinem Instrument mechanisch und geistig vollkommen in jedem Grad der Fertigkeit bewegen kann.

6. Seht, jetzt haben wir schon, das wir brauchen. Was war die vorgeschriebene Übung zur Erreichung der technischen Fertigkeit? Das war nichts anderes als der wohlgeordnete zeremonielle Teil seines Kunstkultus. Hat er sich aber unausgesetzt Tag und Nacht geübt? O nein, sondern nur die vorgeschriebene bedingte Zeit hindurch!

7. Wie war aber dabei sein Streben und sein Wille beschaffen? War dieser auch periodisch eingeteilt? O mitnichten! Sondern dieser war ohne Unterlass gleich einer guten Triebfeder in seinem geistigen und naturmäßigen Organismus vorhanden. Und dieser Trieb ist ja eben der geistige Kunstkultus unseres Tonschülers, durch welchen er erst ganz eigentlich das wird, was zu werden er sich zum Ziel gemacht hat.

8. Wenn er nun geworden ist ein vollkommener Künstler, was lebt er dann für ein Leben? Das des Schülers sicher nicht, sondern das des freien Meisters! Wird er aber darum ein Feind seines früheren Schülerlebens? O nein, sondern er macht als großer Meister noch immer – nur mit wahrem, großem Vergnügen – das mit, was er als Schüler gemacht hat. Er spielt noch immer recht fleißig die Tonleiter und wiederholt sich alle anderen Übungen, die er als Schüler durchgemacht hat. Aber mit welchem Unterschied! Was er mühsam, schwerfällig und mit bedeutendem Kraftaufwand als Schüler getan hat, das tut er jetzt mit großer Leichtigkeit, Ungezwungenheit, Bestimmtheit und voll der inneren geistigen Bedeutung.

9. Als Schüler spielte er die Skala, wusste aber nicht, was er damit gespielt hat; als Meister erschaut er nun in derselben Skala zahllose neue Formen, von denen er ehedem keine Ahnung hatte. Und so übt er zwar als wiedergeborener Meister ebenfalls den zeremoniellen Kunstkultus aus; aber dieser Kultus ist bei ihm ein ganz anderes Hören, Schauen, Fühlen, Empfinden, Denken und Wollen. Und das ist der *spiritus rectificatissimus* [Spiritus] und ist der alles materiell Schwerfällige und Sinnliche auflösende Brennpunkt der Strahlen seines Geistes – und ist somit für sich selbst genommen ein rein geistiger Kultus.

10. Übertragt nun dieses auf das eigentliche Leben des Menschen, sei er jetzt ein Bewohner der Erde, des Saturnus, des Jupiter oder der Sonne – so gibt es für ihn allzeit und überall diesen zweifachen Gottesdienst, welcher sich so verhält wie der Weg und das Ziel des Weges.

11. Wer den Weg beharrlich fortgewandelt ist, der hat auch das Ziel erreicht. So er aber ist am Ziel, so wird der Weg, den er gemacht hat, nicht aus seinem Gedächtnis und aus seiner allzeitigen Erinnerung entschwinden, sondern er wird eben am Ziel erst alle die Wendungen und Beziehungen des Weges vollkommen überschauen in seinem Geist.

12. Ihr wisst, was unsere Saturnusbewohner zum Hauptziel ihres Weges vorgesteckt haben, nämlich nichts anderes als den Großen Geist Selbst, auf dass sie vollkommen eins werden möchten mit Seinem Willen.

13. Haben sie nun dieses Ziel durch ihre fleißige Übung erreicht, so ist dann auch der geistige Religionskultus vollendet, von welchem Zeitpunkt dann der eigentliche Trieb, denselben zu erreichen, aufhört. An dessen Stelle aber tritt das große, unerschütterliche Verlangen, demselben treu zu verbleiben allzeit wie ewig.

14. Und dieser überaus bestimmte und allerfesteste Wunsch ist dann fortwährend der allerinnerste Gottesdienst von der allervollkommenst geistigen Art eines jeden wiedergeborenen Saturnusbewohners. Diesen Zustand können alldort Menschen jeden Geschlechtes und jeden Alters erreichen. Und das ist auch zugleich alles über den geistigen Teil der Religion der Saturnusbewohner.

15. Da wir sonach auf diese Art alles Notwendige und Denkwürdige auf den Bergen mitgemacht haben, so wollen wir uns nun auch in aller Kürze ein wenig in der Tiefe umsehen, sodann einige Blicke auf dieses Planeten Polargegenden wie auf dessen Ring und dessen sieben Monde richten. Und somit gut für heute!

Kapitel 46

Die mehr weltlich gesinnten Bewohner der Flachländer.
Ihr Bau- und Wohnwesen

1. Was da die Tiefe betrifft oder vielmehr die Flachländer dieses Planeten, so haben wir bei verschiedenen Gelegenheiten schon so manches von der Lebensweise der Saturnusbewohner erfahren. Und so wird uns nur noch einiges zu erwähnen übrigbleiben.

2. Eine Art Städte gibt es in diesem Planeten allland nirgends. Dessen ungeachtet aber wohnen hier und da, besonders in der Gegend der kleinen Seen und anderer minder großen Flüsse, die Familien näher aneinandergerückt als auf den Höhen, und zwar besonders in einigen Kontinentländern und deren südlichen Teilen. Nur sind sie nicht so zahlreich in einem Wohnhaus beisammen wie auf der Höhe. Denn da besteht eine ganze Familie gewöhnlich nur aus den beiden Eltern und ihren Kindern. Was die Groß- oder Ureltern betrifft, so leben diese gewöhnlich mit dem Beibehalt von einigen Dienst- oder Hilfsgenossen.

3. Auch wohnen diese Menschen selten auf einem oder dem anderen euch schon bekannten Wohnbaum, sondern ihre Wohnungen bestehen zumeist aus einer Art Gezelten, welche aus übereinander gelehnten Bäumen errichtet sind, und zwar auf folgende Art: Die Bäume werden rund pyramidenartig zusammengestellt, dann werden sie von der Erde angefangen bis zur Spitze hinauf in Kreisen mit Latten beschlagen. Diese Latten werden dann mit allerlei Laubwerk überdeckt, und das zwar von außen wie von innen. Gegen Morgen [Osten] wird dann ein gehörig geräumiger Ausgang gelassen. Und so ist das Wohnhaus auch schon fertig.

4. Was die Räumlichkeiten betrifft, so ist da ein solches Wohnhaus freilich wohl nicht so viel fassend wie ein Wohnbaum auf den Bergen. Aber dessen ungeachtet ist ein solches Gezelthaus noch immer so raumhaltig, dass ihr ganz bequem zehn Regimenter von euren Soldaten im selben beherbergen könntet.

5. Die innere Einrichtung derselben ist ebenso gestaltet wie in den lebendigen Wohnhäusern auf der Höhe, nämlich mit einer

abgestumpften, pyramidenartigen Schlaflehne und vor derselben mit einer runden Erhöhung, welche da den Dienst eines Tisches verrichtet. Und darin besteht auch schon die ganze innere Einrichtung des Wohnhauses.

6. Was aber dann ihre sonstigen Gerätschaften, wie Werkzeuge, Speisegefäße, Kleidungen und Speisevorräte betrifft, so wird all dieses in den sogenannten Vorratskammern aufbewahrt, welche in der Tiefe ebenso erbaut sind wie auf der Höhe.

7. Die Tempel betreffend, so sind diese auch ganz auf die Art erbaut wie auf den Bergen, nur sind sie manchmal bei weitem kleiner und nicht so erhaben prachtvoll wie auf den Höhen. Auch hat in der Tiefe nicht jedes einzelne Wohnhaus einen eigenen Tempel, sondern mehrere Familien haben da nur einen.

8. Das wäre somit der architektonische Teil in der Tiefe – bis auf einige Ziergärten, die gewöhnlich ein Eigentum eines privilegierten Patriarchen sind. Wie diese Gärten geschmückt sind, ist euch schon bei der Gelegenheit der Beschreibung der Schaltiere, und zwar namentlich der Schnecken, gezeigt worden. Hier und da gibt es in den Gärten auch Schneckenhäuser, die zur lustigen Bewohnung für die Kinder eingerichtet werden, wie ihr solches schon im Vorhinein habt kennengelernt.

9. Wer in der Tiefe gewöhnlich der Patriarch ist, ist auch schon gezeigt worden. Denkt nur zurück an das euch schon bekannte Tier mit dem Schlangenschweif und dem Feuerauge, da wird sich euch sogleich der Held mit der gewonnenen Haut und dem daraus verfertigten Mantel als Patriarch aufführen. Dass aber eben dieser heldenmütige Patriarch von dem Großen Geist umso mehr bedeutend viel Wenigeres angesehen wird als der Patriarch auf den Höhen, lässt sich ohne vieles Nachdenken sehr leicht begreifen. Dass sich demnach mit einem solchen bemäntelten Patriarchen die Engelsgeister eben nicht sehr und zu häufig abgeben, solches kann auch ohne vieles Nachdenken begriffen werden. Und dass darob die Ebenenbewohner viel weltlicher gesinnt sind als die auf den geheiligten Bergen, auch solches lässt sich wieder ohne vieles Nachdenken begreifen. Sie sind wackere Brüder und Schwestern miteinander, reden oft sehr weise miteinander und halten sich demnach für viel aufgeklärter und gescheiter als die Bewohner der

Gebirge. Allein wenn es ihnen schlecht zu gehen anfängt bei aller ihrer Weisheit, so machen sie dennoch wallfahrtartige Ausflüge auf die Berge, allwo sie, wie ihr schon wisst, eines anderen belehrt werden.

10. Somit gibt es in der Tiefe auch sehr wenig und sehr selten höhere Offenbarungen, außer bei denjenigen, welche ganz wahrhaft und treu aus der Schule der Berge hervorgegangen sind.

Kapitel 47

Handel und Gewerbe. Verbannung von Betrügern und deren Läuterung. Ernährung, Begräbnis, Ehe, Zeugung

1. In den Tiefen, besonders an den Seen und großen Flüssen, wird auch mit verschiedenen Sachen eine Art Tauschhandel getrieben, und zumeist mit solchen Sachen, womit sich die Weiber auf die euch schon bekanntgegebene Art gerne schmücken und zieren.

2. Manches Mal wird von einem oder dem anderen Kaufmann sogar an eine Übervorteilung gedacht. Doch wehe ihm, wenn sein Betrug aufkommt! Fürs Erste wird er von den Weibern mit allerlei spitzigen Sachen kreuz und quer zerkratzt. Und wenn er nach einer solchen Lektion noch einmal auf einem Betrug ertappt wird, so wird alsbald ein Schiff ausgerüstet und unser Betrüger mit seiner Familie in eine weit entlegene Gegend gebracht, allda er entweder eine bestimmt lange Zeit oder auch, nach der Größe des zweiten Betruges, für alle Zeiten der Zeiten zu verbleiben hat; welche Strafe alldort unter dem Namen „Purak" oder „ewige Verbannung" bekannt ist. Wer da nur auf eine bestimmte Zeit verbannt ist, der darf bei seiner Abreise mehrere Schifffruchtkörner mit sich nehmen, damit er sich in seinem Verbannungsland aus den Samenkörnern, welche er alldort sobald aussät, ein Schiff bereiten kann.

3. Den zur ewigen Verbannung Verurteilten wird aber kein solcher Same mitzunehmen gestattet. Gewöhnlich aber geschieht es bei diesen ewig Verbannten, dass da von ihrem kläglichen Zustand gar bald die Gebirgsbewohner des einen oder des anderen Landes durch die Geister Kunde erhalten. Selbige begeben sich auf solche Kunde dann sobald an den Ort solcher Verbannung und nehmen die Verbannten auf, bringen sie dann auf die Höhen und machen aus ihnen nicht selten die besten Menschen.

4. Und sie geben ihnen auch oft eine oder die andere Wohnung auf den Bergen eigentümlich [zum Eigentum]. Und es geschieht dann zuweilen, dass eben diejenigen Menschen, welche diese zur ewigen Verbannung verdammt haben, auf die Höhe gelangen und finden da Schutz, gastfreundlichste Aufnahme und Belehrung in der wahren Religion.

Wenn dann solche Aufgenommene ihre Gastfreunde erkennen, so setzt es da allzeit eine Verwunderung um die andere ab, wo die Begastfreundeten nicht begreifen können, wie es da möglich hatte sein können, dass diese, nun ihre Gastfreunde, aus ihrer ewigen Verbannung haben dahin gelangen können.

5. Bei dieser Gelegenheit wird den Verwunderten alsbald gar freundlich angezeigt, dass dem Großen Geist gar viele Dinge möglich sind, von denen sich bisher die Weisheit der Seebewohner noch gar entsetzlich wenig hat träumen lassen. Wenn die verwunderten Fragesteller solche Antwort bekommen, da schlagen sie sich gewöhnlich auf die Brust und klagen dann gewaltig über so manchen Unsinn, der da gang und gäbe ist in den Tiefen; worüber sie denn abermals belehrt werden und ernstlich ermahnt, dass sie bei ihrer Rückkehr in der Tiefe zur Ausrottung so mancher und vieler Torheiten auf das Kräftigste beitragen sollen.

6. Dadurch ist es auch schon in so manchen großen Kontinentländern geschehen, dass die Ebenen völlig gleichen den Höhen. Aber hier und da gibt es dessen ungeachtet dennoch wieder Länder, in denen sich die Tiefen von den Höhen noch sehr gewaltig unterscheiden.

7. Was ferner in den Tiefen die Manufakturen und anderes Gewerbe betrifft, so gleichen diese auch denen auf den Höhen, bis auf einige Luxusartikel, welche freilich auf den Höhen durchaus nicht stattfinden – allda sogar die Färbung eines Fadens als sündhaft angesehen wird.

8. Die Nahrungsweise ist bis auf die Milch der großen Kuh fast auch dieselbe. Nur einige Patriarchalfamilien, welche auf den Seen die schönen, großen, weißen Felsen zu Lustwohnungen auf die euch schon bekanntgegebene Art zubereiten lassen, ergötzen sich oft auf diesen Lustörtern auch mit manchen etwas künstlicher bereiteten und somit den Gaumen etwas mehr kitzelnden Leckerspeisen, welche ihnen aber gewöhnlich nach und nach nicht gar zu gut anschlagen; darum dann so manche weise redenden Ärzte recht viel zu tun bekommen.

9. N. B. solches ist auch bei euch der Fall! Würdet ihr ganz einfach und naturgemäß leben und essen die Früchte der Erde so wie Ich sie für euch zubereitet habe, bis auf einige wenige, die da nur weicher gekocht werden könnten am Feuer – so wäre eure Sprache um vier Worte

ärmer, nämlich sie wüsste von keinem Arzt etwas, noch weniger von einer Medizin oder Apotheke. Und um diese drei Worte wüsste sie darum nicht, weil ihr eigentlich das erste Wort, Krankheit nämlich, fremd bliebe. So aber habt ihr künstliche Köche, diese sind privilegierte Fabrikanten der Krankheiten. Nach den Köchen kommen dann sogleich die Ärzte, dann die Apotheke, als die noch künstlichere Küche. Und dann aus dieser erst ganz vollkommen diejenige Speise, durch welche die Krankheit in dem Körper eines Patienten zum bleibenden Gast wird.

10. Also ist es auch demnach, freilich nicht in einem so starken Grad wie bei euch, in den Tiefen unseres Saturnus der Fall; aus welchem Grund dann auch die Menschen in den Tiefen bei weitem nicht so alt werden wie auf den Höhen.

11. Was das Begräbnis der Menschen in der Tiefe anbelangt, so ist es allda von zweifacher Art. Bei dem bessern Teil so wie auf den Höhen; bei den manchesmal etwas heidnischen Völkern, welche da den lichten Ring für eine Art Gottheit halten, ist das Begräbnis wesentlich verschieden. Diese laden ihre Verstorbenen auf ihre Schiffe und fahren damit gewöhnlich aufs Meer, besonders wenn dieses nicht zu ferne ist von ihrem Wohnort. Allda, nämlich auf dem Meer, werden die Verstorbenen ohne weitere Zeremonie ins Wasser geworfen; bei welcher Gelegenheit sich auch schon sogleich irgendein lebendiges Grab vorfindet, das nach diesen Leichen sehr begierig schnappt. Ist solch Begräbnis geschehen, dann kehren unsere Totengräber sobald wieder zurück, und die ganze Begräbnisfeierlichkeit hat bei der Ankunft in der Heimat ein Ende.

12. Was die Ehen betrifft, so werden diese auch in der Tiefe, nur manchmal mit viel mehr äußerem Prunk, vor dem Patriarchen geschlossen.

13. Die Zeugung ihresgleichen ist mit der auf den Höhen gleich. Nur geschieht es dann und wann, wenn der Mann in der Tiefe zu wenig Glauben und Willenskraft besitzt, dass er dann mit seinem Weib gewöhnlich eine Reise ins Gebirge unternimmt, um daselbst glaubens- und willenskräftig zu werden. Wozu, brauche Ich nicht noch ferner zu sagen.

14. Das ist somit aber auch über das, was ihr ohnehin schon wisst aus den gelegenheitlichen Mitteilungen, das zumeist Merk- und Denkwürdige aus dem Bereich der Tal- und Ebenenbewohner des Saturnus.

Somit wollen wir denn auch die eigentlich bewohnten Länder des Saturnus verlassen und uns dann auf ganz kurzen Wegen über dieses Planeten Schnee- und Eisregionen auf unseren Ring schwingen. Und somit lassen wir's für heute wieder gut sein.

Kapitel 48

Die extrem kalten Polarregionen des Saturnus. Dämpfung der zerstörungslustigen Urgrundgeister des Planeten durch Friedensgeister. Wirkung der Kälte auf die Erde

1. Es ist euch schon gleich anfangs gezeigt worden, dass dieser Planet eigentlich nur zwei Klimate hat, nämlich ein durchaus gemäßigtes, in dem da liegen alle bewohnbaren Länder, deren Breite im Ganzen wohl mehr als ein Drittteil der Polardistanz einnimmt.

2. Sodann werden sie sowohl nördlich wie südlich von ununterbrochenem Meer umflossen, in welchem nur, und da in weiten Distanzen von den Hauptkontinentländern, sich einige Mudländer vorfinden, deren nördlichste oder südlichste Teile schon gewöhnlich mit ewigem Eis umstarrt sind; d. h. ihr müsst es nicht etwa nehmen, als wäre ein und dasselbe Land südlichst und nördlichst so beschaffen, sondern so: Wann es liegt in der nördlichen Planetenhälfte, so ist dessen nördlichster Teil, und wann es liegt in der südlichen Planetenhälfte, da ist dessen südlichster Teil mit ewigem Eis umstarrt, und zwar aus dem natürlichen Grund, weil im Saturnus ebenso wie bei euch auf der Erde die Polarregionen dem ewigen Schnee und Eis angehören.

3. Wie sieht es denn hernach in diesen Polarregionen des Saturnus aus? Ich sage euch: Wie es hier aussieht für ein naturmäßiges Auge und für ein naturmäßiges Gefühl, davon kann sich keine menschliche Phantasie und Einbildungskraft auch nur den allerleisesten Begriff machen.

4. Die Kälte dieser Polarregionen ist so groß, dass die Polarkälte eurer Erde dagegen noch als ein recht gut geheizter Ofen erscheint. Dort gefriert nicht nur das Wasser zu einem Diamanten, sondern die Luft selbst wird bei dem höchsten Kältegrad zu lauter Eisstangen, welche oft meilenhoch sich in den Äther hinauftürmen. Durch solchen heftigen Druck entzündet sich die atmosphärische Luft in diesen Regionen auch sehr häufig, dass darob viele Meilen weite Gegenden wie glühend erscheinen, und dieser Glühschein immer zunimmt, dass am Ende wirklich die heftigsten Explosionen stattfinden.

5. Da aber durch solche Luftentzündungen zufolge der großen Kälte die Elektrizität der Luft noch mehr vermindert wird, so nimmt dann solche Kälte auch beständig zu, und das einen Zeitraum von fünfzehn Erdjahren hintereinander. Während der kältesten Zeit, welche acht Erdjahre andauert, finden dann keine Entzündungen mehr statt, da die Luft zuvor in eine ganz feste Masse übergegangen ist. Nach diesem Zeitraum fängt dann das zurückkehrende Licht der Sonne wieder nach und nach die gefestete Luft aufzulösen an, welche sich dann bei einiger Auflösung sobald wieder zu entzünden beginnt und durch solche Entzündungen und dadurch bewirkte Explosionen auch stets mehr und mehr einem oder dem andern Pol mit der Auflösung der gefrorenen Luft näher rückt.

6. Sind diese schauerlichen Gegenden auch irgend bewohnt? In naturmäßiger Hinsicht wohl von keinem lebenden Wesen, aber desto mehr in geistiger Hinsicht. Denn der Schnee und das Eis stellen gewöhnlich die Gefangenschaft irgend unruhiger Geister dar. Wenn die Kälte somit am heftigsten ist, so gibt es in diesen Gegenden für die natürliche Kälte in die Erscheinlichkeit tretende, gute, friedliche Geister, die die Feuergeister zur Ruhe bringen und ihre übermäßig hitzige Zerstörungslust dämpfen. Daher könnt ihr auch allzeit danach schließen, wann es da kälter und kälter wird in euren Gegenden, dass auch allda solche zerstörungslustige Geister von den Friedensgeistern beruhigt und gedämpft werden.

7. Dass solche Geister feuer- und zerstörungssüchtig sind, könnt ihr aus den häufigen Luftentzündungen in den Polargegenden gewahren. Je mehr aber solche Geister sich erfeuern wollen, desto hartnäckiger werden sie auch von den Friedensgeistern gefangengenommen. Je höher dann irgendein Kältegrad steigt, desto intensiver ist dann auch die Gefangennehmung der feuerlustigen Unholde, welche, wenn sie manchmal durch mehrere tausend Jahre solche Gefangenschaft genossen haben, sich dann endlich geben und ihren Feuereifer so fahren lassen, wie eine mit Elektrizität gefüllte Wolke, wenn eifrig (eisig?) kalte Winde ihren elektrischen Feuergehalt in einen freilich wohl manchesmal schädlichen Hagel umgestalten.

8. Wer sind aber diese Polarfeuergeister des Saturnus? Ihr müsst euch ja etwa nicht die Geister verstorbener Menschen darunter

vorstellen; sondern das sind noch Urgrundgeister, aus denen eigentlich der ganze Weltkörper gebildet ist und die erst nach und nach, nach der vom Großen Geist wohlberechneten Ordnung, in das freie Dasein in menschlicher Gestalt übergehen.

9. Manchmal geschieht es freilich wohl auch, dass Geister verstorbener Menschen, wann sie während ihrer naturmäßigen Lebenszeit sehr rachsüchtig waren, wieder in diesen naturmäßig polarischen Zustand zurückgeführt werden. Solches geschieht aber im Saturnus jedoch äußerst selten, aber nicht so selten auf eurer Erde.

10. Der Unterschied zwischen diesen zwei Geistern besteht jedoch nur darin, dass die so gehaltenen Geister verstorbener Menschen nimmerdar wieder in ein naturmäßiges Leibesleben zurückkehren, während solches bei den Urgrundgeistern allzeit der Fall ist, nämlich dass sie zuvor die Naturmäßigkeit vollends anziehen müssen, bis sie dann erst vermögend werden, in ein freies, selbständiges und somit auch absolutes oder abgesondertes Leben überzugehen.

11. Es sind aber eben die Urgrundgeister des Planeten Saturnus von höchst zerstörungslustiger Beschaffenheit, aus welchem Grund so manche alte Seher eurer Erde sogar schon von diesem Planeten aussagten, dass er seine eigenen Kinder verzehre. Daher müssen auch diese Urgrundgeister zuvor durch die Friedensgeister, welche keine Urgrundgeister mehr sind, umso tüchtiger und gehöriger vorbereitet werden, bevor sie in ein absolutes, freies Leben übertreten können. Denn geschähe solches nicht, so wäre auch keine Sonne und kein Planet im ganzen All vor ihrer Zerstörungslust sicher.

12. Aus diesem Grund ist dieser Planet von der Sonne auch so fern gestellt, damit ihre Strahlen auf ihm nimmerdar einen solchen Hitzegrad zu bewirken imstande sind, wie in den Planeten Jupiter, Erde, Venus und ganz besonders in dem Planeten Merkur, auf welchem dessen Einwohner selbst auf seinen Polargegenden, welche dort fast ganz allein bewohnt sind, beinahe eine Glühhitze auszustehen haben; während im Saturnus, wie ihr wisst, nur allenthalben ein gemäßigtes Klima herrscht, wo er bewohnt wird – und selbst dieses gemäßigte Klima wird noch, wenn es zu warm werden möchte, durch den beständigen Schatten des Ringes vor einer Überwärmung bewahrt.

13. Obschon die Saturnbewohner niemals solche Eisregionen betreten, da sie vor nichts eine größere Furcht haben als vor dem Schnee und Eis, welche Furcht zumeist von ihrem urgrundgeistigen Sein herrührt, so wissen aber dessen ungeachtet namentlich die geweckten Gebirgsbewohner genau, wie es allda aussieht. Jedoch haben selbst die Gewecktesten keine große Lust an der Anschauung und Schilderung dieser Gegenden; aber eine desto größere bei der Schilderung und Anschauung des Ringes.

14. Warum solches, das wird euch bei der nächstfolgenden Darstellung eben des Ringes schon von selbst klar werden. Und so wäre da über die Polargegenden nichts mehr von besonderer Beachtung zu erwähnen, außer dass solche Erdjahre, wenn sich die Erde diesem Planeten zunächst befindet, gewöhnlich schlechte und unfruchtbare Jahre sind, und das zwar darum, weil die übermäßige Polarkälte dieses Weltkörpers manchmal mit ihrer Wirkung, metaphysisch genommen, mehrere hundert Millionen von Meilen gleich einem unsichtbaren Kometenschweif hinausreicht.

15. Denn es gibt im großen Sonnengebiet in bei weitem größerer Anzahl negative Kometen, welche alle auf sie fallenden Strahlen der Sonne so ganz und gänzlich verzehren, dass da nicht ein allerleisestes Atomchen zurückgeworfen wird. Solche Kometen werden erst dann sichtbar, wann sie sich schon mehr und mehr gesättigt haben und dann auch schon eine geregeltere Bahn zu beschreiben anfangen. Diese Kometen sind gar häufige Gäste der Planeten und geben sich zu gewissen Zeiten auf Augenblicke nur in der Gestalt der sogenannten Sternschnuppen zu erkennen. Was jedoch diese negativen Kometen betrifft, so wollen wir diese bei einer anderen Gelegenheit, als etwa bei der Betrachtung einer Sonne, schon näher kennenlernen. Hier aber wurde ihrer nur darum erwähnt, damit ihr daraus entnehmen könnt, wie und wie weit reichend manchmal die Polarkälte des Planeten Saturnus wirkt.

16. Somit wären wir mit dem eigentlichen Planeten fertig und wollen uns daher fürs nächste Mal zum Ring wenden.

Kapitel 49

Beschaffenheit und Zweck der Saturnusringe

1. Was die Gestalt, Größe und seine Teilung betrifft, ist schon gleich anfangs gezeigt worden. Und so bleibt uns für jetzt nur seine Tauglichkeit und seine Natur zu beobachten übrig.

2. Der Ring bildet für sich einen vollkommen kompakten, festen Weltkörper, der, was die Flächenräumlichkeit betrifft, den eigentlichen Planeten selbst ums Mehrfache übertrifft. Und wie dessen Flächenraum größer ist als der des Planeten selbst, so ist auch sein körperlicher Inhalt stärker ums Mehrfache als der des Planeten selbst.

3. Ist er etwa vollkommen glatt, oder ist er auch gebirgig? Hat er auch Gewässer, und ist er mit atmosphärischer Luft umgeben?

4. Dieser Ring hat alle Bestandteile eines Planeten, nämlich – er hat Berge, und das überaus hohe; er hat sogar große Seen und Flüsse und ist allenthalben umgeben mit atmosphärischer Luft. Nur ist das Wasser und die Luft auf dem Ring viel leichter und feiner als auf dem eigentlichen Planeten selbst.

5. Also hat er auch eine Achsendrehung um den mit dem Planeten gemeinsamen Mittelpunkt, nur ist diese Drehung von der des Planeten verschieden, was da die Geschwindigkeit betrifft. Dieses ist näher betrachtet so zu verstehen: Wenn der Planet sich beinahe zweimal um die Achse dreht, hat der innere Ring, welcher eigentlich aus zwei Ringen besteht, die mit lauter elliptischen Sphären miteinander befestigt sind, sich kaum einmal um die Achse gedreht. Der mittlere Ring hat eine noch langsamere Drehung. Der äußerste und der größte aber braucht zu seiner Umdrehung nahe einen Zeitraum von sieben Saturnustagen.

6. Ihr werdet hier fragen, warum denn diese verschiedene Geschwindigkeit in der Umdrehung? Warum drehen sich denn die Ringe nicht alle gleich geschwind, und warum überhaupt nicht so geschwind wie der Planet selbst? Ihr müsst hier nur den Durchmesser eines und des anderen Ringes betrachten, wie da einer den anderen übertrifft, so wird euch auch leichtlich klar werden, warum da jeder Ring eine andere Bewegung haben muss.

7. Hätte z. B. der innere Ring bei seinem viel größeren Durchmesser eine so schnelle Bewegung wie der Planet selbst, so würde ihn diese Schnelligkeit ja offenbar zerreißen zufolge der Mittelpunktfliehkraft. Hätte der zweite Ring in seiner Bewegung die Schnelligkeit des ersten oder gar die des Planeten, so würde ihn ebenfalls das Zerreißen treffen, und umso mehr den äußeren und größten. Also aber ist die Bewegung auf ein Haar abgewogen, bei welcher jeder Ring sich schnell genug bewegt, damit von ihm kein Teil zufolge der beständigen Wurfkraft in den Planeten herabstürzen kann. Und dennoch ist die Bewegung eines jeden Ringes wieder in der gerechten Mäßigung, der zufolge kein Teil weder des einen noch des anderen Ringes nach außen hinausgeschleudert werden kann, indem durch ebendiese gerecht gemäßigte Bewegung die Wurfkraft mit der jedem Ring eigentümlichen Anziehungskraft im beständig gerechten Verhältnis bleibt.

8. Das ist nun die auf der untersten Potenz stehende geregelte Naturmäßigkeit des Ringes. Nun kommt es zur zweiten Frage:

9. Wozu ist denn dieser Ring bei diesem Planeten gut? Ist er denn wirklich, wie es schon so manche Gelehrte behauptet haben, nur eine Wunderlaune des Schöpfers oder, wenn es noch schlechter geht, entweder eine großartige Kaprice der Natur. Oder ist dem Schöpfer bei der Erschaffung dieses Planeten im Ernst der Faden ausgegangen, darum Er hat müssen ein angefangenes, etwa gar großartig begonnenes Werk unvollendet stehen lassen und die Ausführung des ganzen großen Planeten auf bessere Zeiten verschieben?

10. Ob da eines oder das andere der Fall ist, wird sogleich die Folge zeigen. Ihr habt schon bei der letzten Mitteilung vernommen, von welcher Art die Urgrundgeister dieses Planeten sind. Würde hier der Ring nicht alldort einen beständig die Hitze mildernden Schatten über gerade denjenigen Teil dieses Planeten abwechselnd, bald mehr nördlich, bald mehr südlich, verbreiten, allda sonst gerade die heiße Zone sich notwendigerweise erzeugen müsste – so würde gar bald ein ganzes Sonnengebiet, ja am Ende sogar eine ganze Hülsenglobe erfahren, welcher Art, Macht, Kraft und Gewalt die Urgrundgeister eben dieses Planeten sind.

11. Durch diesen Ring aber wird sonach eine immerwährend gleich gemäßigte Zone in den Wohnländern des Planeten bewerkstelligt. Und die Folge davon ist, dass die Urgrundgeister dieses Planeten sich nicht entzünden und somit auch keine Verheerung in den Weltgebieten anzurichten imstande sind.

12. Dass solches der Fall wäre, könnt ihr auch aus dem abnehmen, dass die Saturnusbewohner selbst immerwährend in der großen Achtung und in dem pünktlichsten Gehorsam vor dem Großen Geist erhalten werden müssen. Und es wird ihnen aus dieser Ursache auch von der Liebe eben nicht zu viel gepredigt, sondern nur so viel, dass sie dieselbe erkennen, aber dabei zu der höchsten Ehrfurcht vor derselben geleitet werden.

13. Aus diesem Grund ist dort auch sogar die Gattenliebe und die Zeugung der Kinder so gestaltet, dass dabei das Gemüt der Menschen ja nie in eine heftige Regung gerät. Und es wird alles nur geleitet und geschlichtet durch die größtmöglichste Demut; welches alles ihr bei der Darstellung des Menschen hinreichend werdet beobachtet haben.

Kapitel 50

Die höheren Gründe hinter den riesigen und doch leichten
Körpern der Saturnusmenschen. Die Geister der
Saturnusmenschen werden zu Ringbewohnern

1. Nun seht, wie wohlberechnet ist diesem Planeten gerade über
seinem Äquator der Ring gegeben! Andererseits habt ihr die ganze
Schöpfung vom Pflanzenreich bis zum Menschen hinauf in riesig großen
Körpern erschaut.

2. Es könnte, ja es müsste so manchem die Frage kommen, dass er
darum sagen würde: Ist solches wohl wahr, und wenn es also ist, warum
denn diese riesig großen Körper, nachdem doch der allerhöchste Geist
in dem Leib Christi auf dieser Erde sicher Seiner Ordnung gemäß hinreichend Platz hatte? Wozu also für die Saturnusmenschengeister so große
Leiber?

3. Seht, diese großen Leiber sind diesen Geistern aus eben dem
Grund gegeben, dass sie durchaus keinen innerlichen Materiedruck er-
leiden sollen, welcher nämlich von außen nach innen sie drücken
möchte, um sich zu entzünden. Aus eben dem Grund ist auch die außerordentliche Zartheit ihren Leibern verliehen, damit der leicht erregbare
Geist ja nicht irgend etwas finden soll, das ihn über seine Natur drücken
möchte und dadurch leicht zur völligen Entzündbarkeit erregen.

4. Denkt euch nun diese großen und an und für sich auch verhältnismäßig schweren Körper, welche zufolge des großen Volumens des
Planeten selbst und zufolge der darum viel größeren Anziehungskraft
im Verhältnis noch viel schwerer sein müssten zu ihrem Planeten als
gleich große Körper zu dem Anziehungsverhältnis eurer bei weitem kleineren Erde – wäre durch alles frühere, vorsichtige Unternehmen etwas
gewonnen für die Art dieser Geister, wenn sie in ihren Leibern belassen
würden in der großen Schwerfälligkeit?

5. Seht, da hat Meine etwas höher stehende Wissenschaft, als die
der Gelehrten eurer Erde, eben diesen Ring erfunden, durch den die Anziehungskraft des Planeten so sehr gemildert wird, dass diese großen

Körper im Verhältnis zu ihrem Planeten nahe ums Hundertfache leichter sind als die eurigen im Verhältnis zu eurer bei weitem kleineren Erde.

6. Seht, das ist denn schon wieder ein neuer und gar außerordentlich wichtiger Zweck dieses Ringes, der, so klein er auch selbst dem bewaffneten Auge erscheint, aber dennoch so großwichtig ist, dass er nicht nur als ein Reif eines Planeten, sondern als ein starkes Band über ein ganzes Weltall betrachtet werden kann.

7. Nun fragt es sich, ist das der alleinige oder schon letzte Zweck dieses Ringes? O nein! Wir werden sogleich noch einen anderen kennenlernen, welcher bei weitem größer und wichtiger ist als die früheren. Bevor wir aber diesen Hauptzweck an und für sich berühren und betrachten wollen, müssen wir die Frage stellen, ob dieser Ring bewohnt ist.

8. Ich sage hier: Wenn daraus der Hauptzweck erwachsen soll, so muss solches ja der Fall sein. Aber von wem und wie, das ist eine andere Frage.

9. Bevor Ich aber diese beantworte, will Ich euch ein Beispiel eines eurer Erdgewerbbetriebe aufzählen, und das ist die Erzeugung eures Glases.

10. Wenn die fürs Glas taugliche Materie gehörig zermalmt und mit dem dazu nötigen Salz gemengt ist, kommt sie in den Schmelztiegel. Darinnen wird sie durch den gehörigen Hitzegrad zum Fluss gebracht. Betrachtet nun die geschmolzene, weißglühende Glasmaterie! Seht, das ist der Zustand des Saturnusmenschen auf dem Planeten in seinem Leib.

11. Was geschieht mit dieser Masse dann, wenn sie gehörig flüssig ist? Es werden auf die euch sicher bekannte Art allerlei Gefäße aus ihr bereitet, und zwar vermittels des Atmens aus der Brust der Arbeiter. Hier nehmen wir wieder unseren Saturnusmenschen als einen feinen, durchsichtigen, geistigen Menschen, der durch die erlangte Wiedergeburt sein materielles Wesen so gut wie vollends abgelegt hat, indem dessen Geist schon eine solide Form angenommen hat.

12. Wenn das Glasgefäß fertig geblasen ist, so wird es vom Blasrohr getrennt und wird sogleich in den Kühlofen, in anderen Tiegeln ruhend, übertragen. Jetzt sind wir schon bei unserem Ring. Wenn der Saturnusmensch stirbt, so wird er gewisserart vom Blasrohr des großen

Glasfabrikanten abgelöst und wird dann in einem anderen Tiegel in den Kühlofen gebracht. Nun, und dieser Kühlofen ist der Ring!

13. Der erste Ring zur Abkühlung der größten Hitze. Der zweite Ring zur ferneren Abkühlung. Und der letzte Ring zur Geschmeidigmachung, nach welcher jeder also frei gewordene Menschengeist dieses Planeten erst zur Aufnahme der Liebe fähig wird.

14. Ich meine, es wird über dieses Beispiel keiner ferneren Beantwortung vonnöten haben, da sich diese ohnehin nun mit den Händen greifen lässt. Nur würde hier und da noch mancher fragen: Wozu denn den Geistern einen materiellen Aufenthaltsort?

15. Die Antwort auf diese Frage ist sehr leicht, weil die Geister der Saturnusmenschen, wann sie aus dem ersten Körper treten, nicht sogleich als reine Geister dastehen, was schon aus ihrer leichten Wiedererscheinung und aus der schnellen Verwesung ihrer Leiber zu erschauen ist. Somit haben diese Geister beim Übertritt in den großen Ring auch noch eine Art materiellen Leib, welcher aber freilich viel leichter, purer und reiner ist als der frühere auf dem Planeten. Und selbst dieser Leib wird dann noch allzeit reiner und geistiger, je auf eine höhere Sphäre des Ringes er übergeht.

16. Diese Ringbewohner essen und trinken und leben auf den Ringen dann geradeso wie zuvor auf dem Planeten – nur sind alle Produkte in eben dem Verhältnis feiner, subtiler und substantiöser – wie die Menschen selbst, die dahin gelangen.

17. Der Unterschied besteht zwischen dem Ring und zwischen dem Planeten dann nur darin, dass auf dieser zweiten Welt keine Tiere mehr vorkommen, wohl aber Fruchtbäume, die aber alle zusammen keinen Samen haben, der sich fortpflanzen möchte, sondern sie entwachsen dem Boden ungefähr so wie dem Boden der Erde bei euch die Schwämme.

18. Dass solche Ringbewohner auch auf den inneren Wunsch der Planetenbewohner sich vom Ring auf kurze Zeit zum Planeten selbst begeben können, und das schon mit geistiger Schnelligkeit, lässt sich aus der vielfachen Erscheinung der Geister bei den Bewohnern des Planeten selbst erschauen.

19. Da aber die Wohnungen und die Lebensverhältnisse der Geist-menschen auf dem Ring ums Unvergleichliche herrlicher, erhabener und angenehmer sind, so haben die Geister auch nimmer eine Lust, sich länger auf dem Planeten aufzuhalten, als es dem Willen des Großen Geistes gemäß notwendig ist; daher sie auch stets eine große Freude haben, wann sie wieder in den Ring zurückkehren können.

20. Nun wisst ihr auch alles Notwendige und Denkwürdige von dem Ring. Und so wollen wir denn fürs nächste Mal noch einen Blick auf die Monde dieses Weltkörpers werfen und damit auch die Mitteilung über diesen Weltkörper beschließen.

Kapitel 51

Die Monde des Saturnus. Nachschulung der heidnischen
Saturnusbewohner. Zweck der Mitteilung über den
Saturnus

1. Was aber die Monde betrifft, so stehen dieselben nahe ganz in
demselben Verhältnis zu ihrem Planeten, in welchem da steht der Mond
dieser Erde zu ihr. Nur ist alldort durch die Monde eine Gradation, wie
sie natürlicherweise bei euch nicht sein kann, da die Erde nur einen
Mond hat.

2. Was die Bewegung der Monde betrifft, so haben auch sie keine
Rotation um ihre Achse, sondern kehren immer ein und dasselbe Gesicht ihrem Planeten zu.

3. Aus diesem Grund ist dann auch ihre Bewohnbarkeit eine doppelte, nämlich eine geistige und eine naturmäßige. Somit ist dann auch
jeder Mond auf der von dem Planeten beständig abgekehrten Seite von
Menschen und Tieren bewohnt und hat Vegetation, Wasser, Luft und
alles das, was zur Unterstützung des natürlichen Lebens notwendig ist.

4. Die Menschen, die allda naturmäßig leben, sind auch natürlicherweise viel kleiner als jene auf dem Planeten und haben auf den kleineren Monden kaum eure Größe. Auf den größeren, letzten oder äußersten drei Monden aber sind sie auch größer als ihr da seid auf der Erde.

5. Diese naturmäßigen Menschen der Monde stehen mit den eigentlichen Saturnusmenschen in immerwährendem geistigem Verband,
so dass die Geister derjenigen Saturnusmenschen, welche sich während
der natürlichen Lebensdauer nicht fähig gemacht haben, alsbald in einen der Ringe zu gelangen, vorerst einen oder den anderen ihrer Beschaffenheit zusagenden Mond, oder auch mehrere, durchzumachen
haben, bevor sie erst in den untersten Ring aufgenommen werden können.

6. Was tun sie denn im Mond? Und welche kommen in einen Mond?
In den Mond kommen eigensüchtige und heidnische Geister, welche
den Ring durch ihr Erdenleben als eine Gottheit angebetet und verehrt
haben. In einem jeden Mond, wo sie zuerst allzeit auf der naturmäßigen

Seite auftreten und durch die Leiber der dort wohnenden natürlichen Menschen das Naturmäßige erschauen, haben sie aber keine Anschauung vom Ring, der ehedem ihr Abgott war.

7. Wenn sie sich dadurch den Ring gewisserart abgewöhnt haben und sind selbst ihres Planeten losgeworden, dann erst ziehen sie auf die dem Planeten zugewandte Seite, von wo aus sie dann den Planeten mit dem Ring als nahe einen konkreten Körper erschauen. Dadurch erst wird ihnen nach und nach klar – wie sie auch von anderen, zu ihnen kommenden höheren Geistern belehrt werden – dass der Ring mitnichten irgendeine Gottheit ist, oder ein Sitz derselben, oder der Weg, den der Große Geist wandelt über den Himmeln; sondern er ist, wie sie es mit eigenen Augen schauen, nur ein ebenso materieller fester Weltkörper um den eigentlichen Planeten, vom Großen Geist zu dem Zweck erschaffen, dass die Geister der auf dem Planeten verstorbenen Menschen alldort für ein höheres Leben, von dem sie noch keine Ahnung hatten, vorbereitet werden.

8. Wenn dann solche Geister solches erfahren haben, sowohl durch Lehre als durch eigene Anschauung, so lassen sie gar bald ihren Irrglauben gänzlich fahren und erkundigen sich emsigst nach der Wohnung des Großen Geistes. Es wird ihnen aber bedeutet, dass sie solches erst erfahren werden über den Ringen, wann sie sich werden vollkommen dem reingeistigen Zustand genähert haben und endlich auch vollkommen in denselben übergegangen sind. Darauf bekommen sie dann eine Sehnsucht nach dem Ring, aber noch mehr nach dem reingeistigen Zustand, und werden sodann auch sogleich in den Ring befördert.

9. Solches wüsstet ihr nun. Es möchte aber dennoch mit der Zeit eine Frage sich aufwerfen: Warum denn zu dem Behuf eben sieben Monde vorhanden sein müssten? Solches einfache Geschäft könnte ja auch an einem Mond genug haben.

10. O ja, für Geister anderer Beschaffenheit würde wohl ein Mond genügen. Aber für die Saturnusgeister, welche im großen Geistmenschen ihren Sitz unter einem Knie haben, genügt solches nicht. Denn die Füße sind die Hauptsache und die Grundlage des Lebens und an den Füßen selbst wieder die Gelenke. Wird dem Leib ein Schaden etwa an seinem Arm, an seiner Haut, sei es auf welchem Teil des Leibes es wolle,

zugefügt, so kann der Leib noch immer aufrecht stehen und seine Bewegungen machen und kann sich Hilfe suchen. Wann er aber an einem oder dem anderen Fuß, und zwar namentlich an einem oder dem anderen Gelenk desselben, einen gewaltigen Schaden erleidet, so ist er gehemmt am ganzen Leib, fällt zusammen und kann sich nicht weiterbewegen und sich auch keine Hilfe suchen. Und so sind auch aus eben diesem Grund die Füße bei jedem Menschen stärker gebaut als alle anderen Teile seines Leibes.

11. Da also aber die Saturnusbewohner einen allerwichtigsten Fußteil unter dem Knie des großen Geistmenschen ausmachen, von welchem großen Geistmenschen ihr schon bei mancher anderen Gelegenheit näheres vernommen habt, so muss aus eben diesem Grund bei den Geistern der Saturnusmenschen, und zwar bei jedem einzeln auf die siebenfache Art gesehen werden, welche Art der sieben Geister, aus welchen jeder einzelne Geist besteht, am gefährlichsten daran ist. Und zu eben dem Behuf sind dann auch eben die sieben Monde da – damit in einem oder dem anderen Mond eine oder die andere gefährliche Art der sieben Geister in einem Geist zur Ruhe und entsprechenden Ordnung mit den übrigen sechs Geistern gebracht wird. Aus dieser Kundgebung werdet ihr nun auch gar wohl entnehmen können, warum diesem Planeten sieben Monde zugeteilt sind.

12. Somit wisst ihr alles, was da die Monde betrifft. Ihre Entfernungen und Größen sind euch ohnehin schon gleich anfangs kundgegeben worden. Und somit bleibt uns über die Monde auch nichts mehr zu sagen übrig.

13. Und da wir den Planeten wie den Ring und nun auch die Monde kennengelernt haben, so sind wir auch mit der Mitteilung über diesen Planeten zu Ende.

14. Nur möchte ein oder der andere Schwachsichtige fragen, wozu denn so ganz eigentlich die ganze Mitteilung über diesen Planeten nützen soll? Da sage Ich nichts anderes als allein nur das:

15. Fürs Erste soll sich ein jeder, der diese Mitteilung gelesen hat, ein recht tüchtiges Beispiel nehmen, wie ganz anders die Bewohner dieses Planeten Meinen Willen respektieren als die Menschen dieser Erde.

16. Und fürs Zweite soll er aber auch aus dem Ganzen erschauen, wie da Meine Weisheit, Liebe, Macht und väterliche Sorgfalt bei weitem weiter hinausreicht, als es sich der hochtrabende Menschenverstand je in seinen törichten Sinn kommen lassen kann.

17. Und fürs Dritte aber soll eben diese Betrachtung den Menschen dieser Erde zur vollsten Demut leiten, aus welcher er erschauen soll, wer er ist und wer Ich, sein Gott, Schöpfer und Vater, bin.

18. Und er soll dabei sich auf die Brust klopfen und darüber nachdenken, welch größte Gnade und Erbarmung ihm dadurch zuteil geworden ist, dass Ich, der alleinige Herr und Schöpfer solcher Wunderwerke, es Mir habe gefallen lassen wollen, die Erde, diesen kleinen, schmutzigen Planeten, zu erwählen zur Geburtsstätte Meiner unendlichen Liebe, Erbarmung und Gnade und somit aller Fülle Meines göttlichen Wesens!

19. Aus diesem Grund will Ich noch die Sonne wie auch noch einige andere Planeten, wenn schon nicht so ausführlich, so aber doch auch in aller Kürze genügend beschauen lassen.

20. Und mit dieser jetzt ausgesprochenen Verheißung soll auch diese Mitteilung beschlossen sein. Mein Segen, Meine Liebe, Gnade und Erbarmung mit ihr! Amen!

Über diese Edition

Der Text dieser Edition entspricht dem der Erstausgabe von 1855. Angepasst wurde lediglich die Rechtschreibung. Die Kapitelüberschriften wurden neu hinzugefügt und die Fußnoten des Herausgebers entfernt. Anmerkungen oder Ergänzungen des Editors befinden sich in eckigen Klammern.

Bei der Überprüfung des Textes der vierten Auflage (2000, CD-ROM) des Lorber-Verlages wurden im Vergleich mit der Erstausgabe die folgenden inhaltlichen Unterschiede festgestellt:

„Löschung" bedeutet, der Text in Klammern ist in der Erstausgabe vorhanden, nicht aber in der vierten Auflage. „Einfügung" bedeutet, der Text in Klammern ist nur in der vierten Auflage vorhanden.

Etliche Superlative und Steigerungsformen wurden in der vierten Auflage durch Grundform, Komparativ oder Superlativ ersetzt, z. B. wurden aus den „schlimmsten Geistern" die nur „schlimmen Geister" (17.6) gemacht. Diese Eingriffe werden hier aufgrund der so schon großen Anzahl der Eingriffe nicht aufgelistet, obwohl es sich auch um inhaltliche Unterschiede handelt.

[1.9] Was die weitere Beschaffenheit des Ringes betrifft, so wird dieselbe, wie schon gesagt, erst später auseinandergesetzt werden, und somit wollen wir noch einen [Löschung: <u>numerischen</u>] Blick auf die Monde dieses Planeten werfen.

[1.11] Aus diesen <u>mitgeteilten</u> [Erstausgabe: <u>numerischen</u>] Angaben könnet ihr nun schon so ziemlich leicht schließen, daß dieser Weltkörper vermöge seiner Größe, seiner verschiedenartigen Konstruktion und auch vermöge seiner sieben Monde keine geringe Bestimmung im Schöpfungsraume hat.

[1.12] Da Ich schon sogar mit Sonnenstäubchen nicht zu spielen pflege, um wie viel weniger wird erst ein solcher Weltkörper, <u>wie dieser große</u> [Erstausgabe: <u>als eben der benannte</u>] Planet, von Mir nur als eitles Spielzeug erschaffen worden sein.

[1.13] Denn habt ihr bei der Enthüllung des Mondes schon große Augen gemacht und eine große Gemütsbewegung erlebt [Erstausgabe: einen großen Gemüthslärm geschlagen], wie wird es euch erst gehen, wenn ihr diesen Weltkörper an Meiner Hand ein wenig bereisen werdet!? – Ja, Ich sage euch, macht euch nur auf sehr Großes gefaßt und bereitet euer Gemüt vor! Denn ihr werdet es kaum glauben [Erstausgabe: ertragen].

Die außerordentlichen Enthüllungen über den Mond haben damals im Freundeskreis Lorbers offensichtlich allerlei Aufregung bewirkt – so wie das auch heute nach wie vor der Fall ist bei all jenen Personen, deren Gemüt dafür nicht vorbereitet ist.

[2.4] In dieser Zone befinden sich 77 große Eilande, wovon ein mittleres [Erstausgabe: das mittlere] größer ist als euer Amerika.

[2.5] Dann aber umgibt diesen Planeten eine ums tausendfach größere und weiter vom Planeten hinausreichende Atmosphäre, die einen Durchmesser von beinahe 100000 Meilen hat, während die Atmosphäre eurer Erde nicht einmal 2000 Meilen [Einfügung: samt dem Durchmesser der Erde beträgt].

[3.4] Dieser Berg ist zugleich die Apotheke aller [Erstausgabe: der] Bewohner und auch der Tiere dieses Landes. Denn, wie schon gesagt, man findet da die wohlriechendsten Kräuter, und somit findet auch jeder für was immer für eine [Löschung: mit der Zeit folgende] Krankheit sein „heilendes Kräutl".

[3.10] Wenn zu diesem erleichternden [Erstausgabe: erleuchtenden] Verhältnis noch eine organische zweckdienliche Beschaffenheit dazukommt, wird dieser Unterschied gar leicht aufgehoben und der Mensch in die Fähigkeit gesetzt, sich eine längere Zeit hindurch frei in der Luft zu erhalten.

[3.16] Und wenn die Menschen dort die Blüten sammeln, machen sie Zeichen, um sich darin nicht zu verirren und wieder zu ihrer Wohnstatt [Erstausgabe: Heimath] gelangen zu können.

[3.17] Die unteren Teile der Äste [Löschung: treiben auch ein kurzes wei-ßes Haar; die oberen Theile aber sind blank. Laub hat dieser Baum durchaus keines; sondern die äußersten Spitzen der Aeste] haben eine Art Sterne, welche grünlich [Erstausgabe: graulich] aussehen und so ziemlich regelmäßig in sechs Spitzen auslaufen. Jede Spitze hat eine kleine [Einfügung: blaue] Blume, nicht unähnlich der Glockenblume auf eurer Erde – auf diese Blume folgt dann eine rötliche Frucht, ähnlich derjenigen, die ihr unter dem Namen Hagebutte kennt.

[3.18] Von diesem Baum wird von menschlicher Seite beinahe gar nichts gebraucht, sondern die Saturnbewohner [Erstausgabe: sie] legen mit diesen Bäumen [Löschung: , wie ihr auf der Erde] bloß zierliche Alleen an.

[4.2] Denn bevor er die Blüte getrieben hat, wird er am Ende [Löschung: eines jeden Astes] aus sich selbst brennend, jedoch nur mit einem kalten Feuer, welches dem der Leuchtwürmer und dem des faulen Holzes gleicht, nur mit dem Unterschied, daß dieses Vorblütefeuer bei weitem heller leuchtet denn das erwähnte, auf eurer Erde vorkommende.

[4.4] Und so viele Blüten ein solcher Baum hat, ebensoviel Bänderfah-nen [Erstausgabe: Bänderfarben] flattern da um ihn.

[4.8] Alsdann bei eintretender Reife verschließt sich diese Markröhre in dem Trichter und wird der Dunst dann hinausgetrieben zur regelmäßi-gen Aufblähung der Frucht, wodurch dieser Trichter eine solche näh-rende Lebensluft enthält, daß da viele Menschen auf geeigneten [Erst-ausgabe: gewissen] Leitern hinaufsteigen, sich in diesen Trichtern ein Lager errichten und da längere Zeit übernachten.

[4.11] Seine Äste gehen schon an der Erde vom Stamm nach allen mög-lichen Richtungen aus und die untersten haben bei einem vollkommen ausgewachsenen Pyramidenbaum nicht selten eine Länge von tausend Klaftern und werden gegen die Spitze regelmäßig immer kürzer [Erstaus-gabe: länger], und zwar so, daß ein solcher Baum dann eine förmliche große Pyramide in runder Kegelform bildet, gegen welche eure stolzen

[Erstausgabe: <u>großen</u>] ägyptischen Pyramiden wahre Schneckenhäuser sind.

Da der Baum mit den irdischen Edelfichten verglichen wird, dürfte „kürzer" richtig sein.

[5.5] Was die anderen, höheren Stufen betrifft, so bringen diese ebenfalls ähnliche Früchte hervor, aber alles in einem viel veredelteren Maßstab, unter einer ganz anderen Form und mit einem weit feineren und besseren Geschmack, so daß die Früchte in der höchsten Stufe eigentlich schon ganz ätherischer Art und an Gestalt und Geschmack von einer untern Stufenart so völlig verschieden sind wie bei euch eine wohlreife Weintraube gegen <u>einem halbreifen Apfel</u> [Erstausgabe: <u>einen gröberen Apfel, und im Geschmacke aber also sich unterscheidet von einer unteren Frucht, wie sich unterscheidet der edelste Wein von dem neuen ungegohrnen Safte, der da gepreßt wird aus halbreifen Aepfeln</u>].

[5.8] Der [Einfügung: <u>runde</u>] Stamm gleicht einer bei sechs Klafter im Umfang habenden weißen Marmorsäule, welche sich fünfzehn bis zwanzig Klafter hoch in gleicher Dicke vom Boden erhebt, von da weg aber sich dann teilt gleich einem Korallenbäumchen in verschiedene Äste und Zweige, welche an ihren Enden in lauter kleine Röhrchen auslaufen. [...] Denn auf diesem Planeten wird die Zeit nicht bestimmt wie bei euch, nach dem Sommer und nach dem Winter, sondern nach der Zeit des Schattens und nach <u>der Zeit des Lichtes. Dieser Baum ersetzt demnach zur Zeit des Schattens durch sein ganz weißes Licht den Mangel des Sonnenlichts</u> [Erstausgabe: <u>dem Mangel des Sonnenlichtes</u>].

[5.14] Freilich müßt ihr euch dabei einen Familiengrund nicht ebenso klein vorstellen, wie etwa bei euch einen größeren Bauerngrund, sondern wohl so groß, ja manchesmal noch etwas größer als euer ganzes <u>Land</u> [Erstausgabe: <u>Kaisertum</u>].

[5.15] Wenn ihr dieses im voraus einseht und kennt, so wird euch dann, was noch alles von der fruchtbaren Vegetation [Löschung: <u>, wie schon mehrmals bemeldet,</u>] in der gehörigen Ordnung gesagt wird, desto einleuchtender werden.

[6.8] Seht, da habe Ich schon wieder mit einer anderen merkwürdigen Pflanze dafür gesorgt, welche das mühselige Geschäft der Bewässerung gar vortrefflich besorgt und welche Pflanze denn auch fleißig <u>mitten unter den Nutzgewächsen</u> [Erstausgabe: <u>mitunter</u>] angebaut wird.

[6.10] Hat denn aber diese Frucht bei <u>den Bewohnern</u> [Erstausgabe: <u>der Bewässerung</u>] keinen andern Gebrauchszweck als nur den der Bewässerung allein? [...] Wenn die Frucht zur Vollreife gediehen ist, [Löschung: <u>alsdann wird sie von ihrem Stiele abgesägt und daheim gebracht; allda</u>] wird sie der Länge nach in der Mitte auseinandergeschnitten.

[6.18] Er ist noch viel kräftiger als der schon früher erwähnte und wird auch nicht in den früher erwähnten Gefäßen aufbewahrt; sondern für die Aufbewahrung dieses Saftes wächst dort eine eigene Flaschenfrucht, die nicht unähnlich ist <u>euren Flaschenkürbissen</u> [Erstausgabe: <u>derjenigen bei euch, welche euch ebenfalls brauchbare Gefäße als Frucht hervorbringt, dergleichen da vorzugsweise eure sogenannten Flaschenkürbisse sind</u>] – nur mit dem Unterschied, daß diese Flaschenkürbisse euer Heidelberger Faß sicher weit an Größe übertreffen würden.

[7.1] Auf die Pflanzen, deren bereits einige nützliche erwähnt wurden, will Ich nur noch einen allgemeineren Blick <u>mit</u> [Erstausgabe: <u>für</u>] euch werfen.

[7.5] Was die Frucht solcher Pflanzen anbelangt, so besteht darin auch der Unterschied, daß z.B. ein [Löschung: <u>Weizen- oder</u>] Maiskorn dort so groß ausfällt wie bei euch hundert oder auch manchmal tausend in einem und daß die Anzahl der Körner dann obendrauf noch ums Zehnfache, ja oft auch ums Hundertfache reichhaltiger ist.

[7.11] Die <u>Halsscheibe</u> [Erstausgabe: <u>Halbscheibe</u>] am Ende der Blumenblätter<u>, entsprechend</u> [Erstausgabe: <u>statt</u>] der flachen Hand am Arme, sieht aus wie ein polierter, etwas geäderter Rubin.

Aus der vorhergehenden Beschreibung geht hervor, dass von einer Halbscheibe anstelle der flachen Hand die Rede ist.

[7.14] Nur wenn hie und da eine solche Pflanze schon sehr alt geworden und dem Aussterben nahe ist, was sie daran erkennen, wenn die Haare der Blätter anfangen weißlich zu werden, da geschieht es, daß sie dann [Einfügung: den Stamm sorgfältig absägen und an dieser Stelle alsbald wieder] den Samen über den Felsen ausstreuen.

[7.15] Es fragt sich nun, was saugen denn wohl diese Wurzeln aus dem trockenen, harten Stein? – [Einfügung: Die Antwort ist sehr leicht! Sie saugen daraus eine Art Steinöl. – Wie aber entbinden sie dieses dem Stein?]

[7.18] Was ihr jedoch hier nur mühsam künstlich bewerkstelligen könnt, und das noch dazu in der größten einförmigen Armseligkeit, das wirkt dort die schöpferische [Erstausgabe: reichbegabte] Naturkraft vielfach reich und großartig, frei ohne das geringste Hinzutun menschlicher Wissenschaft – aus welchem Grunde die alten Weisen diesen Planeten Saturnus nannten; denn Saturnus besagt soviel, als einen „gesättigten" Stern, da „Saturn" [Erstausgabe: Satur] fast in allen Grundsprachen Sättigung bedeutet [Löschung: ; und nu, nur oder nus aber bedeutet soviel als einen Wandelstern].

[7.20] Die Samenstiele, die oft bei zwei Klafter hoch sich über den Boden erheben, sind meistenteils [Einfügung: blendend] weiß, hie und da wohl auch ins Grünliche übergehend.

[7.23] Nach all den Grasarten und Wiesenblumen-Gattungen sind auf dem Planeten noch bemerkenswert die vielen Alpen-Moosgattungen, alldort Tirbi [Erstausgabe: Firbi] genannt.

[7.24] Die Gebirge dieses Planeten und ihre Höhe [Erstausgabe: die Höhen] sind schon anfänglich erwähnt worden. Nur ist dabei noch zu bemerken, daß dort selbst die höchsten Spitzen noch irgendeiner Vegetation fähig sind, was bei eurer Erde vermöge des notwendig niederen Luftstandes so gut wie unmöglich ist. [Einfügung: Auch erheben sich die dortigen Gebirge nicht so steil, sondern gleich regelmäßigen Pyramiden.]

[7.25] Ihr dürft nur die euch schon bekannte Angabe seiner Höhe mit der von dem höchsten Berg in Vergleichung bringen, so werdet ihr es gar bald einsehen, wie dieser Baum eher möchte ein wachsender Berg [Einfügung: denn ein Baum] genannt werden [Löschung: ; freilich kann seine Höhe nicht mit der Höhe jener Berge in Vergleichung kommen, die nicht selten so viele Viertelmeilen hoch sind, als wie viele Klafter die eurigen].

[8.1] Es ist das die sogenannte Schiff-[Löschung: Moos-]Pflanze, Chaiaba genannt.

[8.3] Nur am Ende hat es anfänglich einen blauen Knopf, welcher nach und nach in eine eigentümliche Art Blüte aufbricht, welche genau das Aussehen hat, als wenn ihr auf einem runden Obesliken in einem Kreis zehn Kriegsfahnen [Einfügung: von weißer und hellroter] Farbe ausstecken möchtet.

[8.12] Die Saturnbewohner nehmen die schon früher erwähnten schönen Blätter dieser Pflanze und bilden daraus Segel, bei welcher Gelegenheit sie nichts anderes zu tun haben, als daß sie ein solches Blatt samt dem Stiel und der unten befindlichen Spitzkrone absägen und es mit einem klebrigen Saft einer anderen Pflanze [Einfügung: zwischen den aufgestellten Fähnlein am Rand des Schiffes] so fest ankleben, daß selbst ein Orkan eures Planeten dasselbe nicht abzubrechen imstande wäre.

[8.14] Das einzige ist noch beizufügen, nämlich die Farbe dieser Frucht. Diese allein ist das Unansehnlichste [Erstausgabe: Unnachahmlichste]; denn diese Frucht sieht geschuppt aus wie die Haut eines Hechtfisches und ist auch von gleicher Farbe.

Hechte gehören zwar nicht zu den Zierfischen, ihre Farbe ist aber durchaus nicht unansehnlich – sie variiert je nach Lebensraum; meist sind Hechte grün-bräunlich und zum weißen Bauch immer heller.

[9.15] Jedoch jetzt sind wir noch auf dem Saturn, und da ist noch sehr viel zu schauen [Löschung: ; und wenn wir uns da werden hinreichend satt gesehen haben, alsdann wird es eurer Phantasie und besseren

Einbildung vorerst freigestellt sein, ob sich dieselbe noch zu etwas Höherem zu erheben vermag].

[9.19] Dies ist bei ihnen auch notwendig, denn so da jemand seinen Grund übersehen will, bedarf er tüchtiger Augen, welche ungefähr imstande wären, von einem hohen Berg auf eurer Erde bei allerreinster Luft euer ganzes Land [Erstausgabe: Kaisertum] mit Leichtigkeit zu überschauen. Diese Saturn-Menschen haben ihre größte Sinnen-Stärke im Auge, ungefähr in dem Verhältnis, wie sie bei euch ein Adler hat, welcher auch von der bedeutendsten Höhe noch jedes Kleintier [Erstausgabe: jede Blattlaus] mit Leichtigkeit erschauen kann.

[10.2] Es leben aber die Bewohner [Erstausgabe: Familien] ebenfalls geteilt, fast so wie bei euch, da ein Teil in den Ebenen und vorzugsweise an den Ufern der Ströme wohnt; ein anderer Teil aber wieder nur die Gebirge bewohnt.

[10.8] Dagegen können die Saturnbewohner auf ihren vereinigten Schiffen ungemein schnell über die Oberfläche des Wassers gleiten, so daß sie in einer eurer Stunden gar leicht einen Weg von dreißig bis fünfzig [Erstausgabe: 56] Meilen zurücklegen. Und doch haben sie nirgends einen Dampfkessel, keine Schaufel und auch kein Schaufelrad zur Hand, sondern die bewegende Kraft liegt allein in ihrem festen Willen und unerschütterlichen Glauben, aus welcher Ursache sie denn auch die Ränder ihrer Schiffe mit den schon bekannten Pflanzenspitzen belegen, welche durch ihren Willen gleichsam magnetisiert werden und demzufolge auch in jener Richtung das Fahrzeug hinziehen, wohin der Wille der Schiffahrer den zum Ziel gesteckten [Erstausgabe: entgegengesetzten] Willenspol gesetzt hat.

[10.9] Denn da ist nicht genug, lediglich durch Erfahrung zu wissen, daß die aufgelösten Wasserdämpfe eine große Druckkraft [Erstausgabe: Wurfkraft] besitzen, sondern man muß auch wissen, was hinter den aufgelösten Wasserdämpfen steckt und was eigentlich diese große Druckkraft [Erstausgabe: Wurfkraft] bewirkt.

[10.10] Denn entbundene Geister von auch nur einer Maß Wasser könnten im ungezügelten Zustand in einem Augenblick ganze Gebirgsketten in Staub und Asche verwandeln; woraus ihr [Löschung: dann gläubig] gar leicht ersehen könnt, wie viel himmlischen Schutzes es da immerwährend vonnöten hat, daß die Menschen bei ihren törichten Unternehmungen nicht allzumal verunglückend zugrunde gehen.

Der Gläubige kann es leicht ersehen, der Ungläubige nicht.

[10.11] Sie haben neben den vielen Vorteilen auch noch diesen unschätzbaren, daß sie zu öfteren Malen in ihrem Leben mit Mir persönlichen Umgang pflegen können, und so auch mit den Engeln des Himmels, wodurch sie in ihrer Weisheit und Erkenntnissphäre auch nur in einer kurzen Unterredung mehr gewinnen, als ihr durch all das oft mehr als überdumme Gelehrtengeschwätz [Erstausgabe: die oft mehr als überdummen, oder – nach eurem Ausdruck – nicht einmal dem Kothauswufe der Säue entsprechenden ‚Hochgelehrtheits-' und ‚Fortbildungs-' Produktionen. Denn fürwahr, all' dergleichen gelehrtes Gewäsch ist dem innern Gehalte nach auch nicht einmal tüchtig und werth genug in die Naturklasse des Sauunflathes aufgenommen zu werden; denn da eine Sau ihren Unflath gelassen hat, setzen sich doch alsobald Fliegen an, die noch einen ihnen zusagenden Nahrungs- und Lebensstoff darinnen finden und das ist doch etwas; aber was da, besonders im Gebiete der so hoch berühmten Philosophie, kommt oder gegeben wird aus und von den Hallen der ‚rationell', ja nicht selten gar wahrheits- und geistig-lebensreich sich Dünken- und Nennenden, – das, wahrlich, stehet unendlich tiefer als ein solcher Saudreck].

[10.13] Wieder andere versetzen Mich in alle drei zugleich, wodurch Ich dann zu einem mathematischen Unsinn werde, da Ich in drei Personen dargestellt werde, von denen nur zwei mit einer menschlichen Gestalt begabt sind, die dritte nur mit einer tierischen; und wieder müssen diese drei ungleichartigen Personen nur eine einzige göttliche darstellen, bestehend aus einem Hierarchen, einem nackten Christus und einer Taube [Löschung: anderer Albernheiten von Meiner Vorstellung nicht zu gedenken].

[10.15] Allein die Bewohner des Saturn bezeigen sich dann alsbald so überaus demütig, dabei aber doch überaus fest in ihrem Glauben, daß darüber den Geistern von dieser Erde vermöge ihres Hochmutes ganz elend [Erstausgabe: ekel] zumute wird, daß sie es nicht mehr aushalten können in der Sphäre der Saturnbewohner und sich bald freiwillig entfernen [Erstausgabe: , was da bald ein Zeichen den Saturnusbewohnern ist, daß sich solche ungebetene Gäste freiwillig eben auch bald entfernen werden].

[11.9] Obschon das Wasser ungemein rein ist, so ist es aber doch härter als das Wasser der übrigen Ströme, was auch auf eurer Erde der Fall ist, da auch hier, je reiner und kälter irgendeine Quelle ein Wasser zutage fördert, dasselbe auch desto härter und unfruchtbarer [Erstausgabe: unbefruchtbar, oder vielmehr unbefruchtender dasselbe auch] ist. Aber deswegen müßt ihr euch nicht denken, daß die Ufer dieses Stromes darum etwa wüste aussehen; sie sind dessenungeachtet noch viel üppiger als die fruchtbarsten [Erstausgabe: allerüppigsten] auf eurer Erde; nur stehen sie auf diesem Planeten besonders den Ufergegenden am Morgenstrome nach.

[11.10] Doch das sind nicht allein die [Erstausgabe: Ihr müßt euch aber dabei nicht denken, daß etwa das die allein] bewohnten und belebten Gegenden dieses Planeten [Löschung: sind], sondern es sind die Berge nicht minder bewohnt wie auch die Ufer all der übrigen Flüsse, welche teils in verschiedenen Krümmungen dem Meere zuströmen, größtenteils sich aber auch [Löschung: , wie bei euch entweder] in die schon obengenannten vier Hauptströme oder in andere Nebenströme ergießen.

[12.5] Denn die Pracht der dortigen Vegetation entwickelt sich nirgends in so großartiger Entfaltung [Erstausgabe: Majestät] wie eben an den Ufern solcher Seen.

Aus dem Nachfolgenden geht hervor, dass die Pyramidenbäume gemeint sind, die aufgrund ihrer Größe als majestätisch bezeichnet werden.

[12.8] Denn die geringste Entfernung von einem bis zum andern Baum beträgt wenigstens zehn bis zwanzig Meilen, manchmal aber auch fünfzig bis hundert Meilen, da die Gründe, wie schon anfangs erwähnt, dort nicht selten so groß sind wie euer ganzes <u>Land</u> [Erstausgabe: <u>Kaisertum</u>]. Und da wachsen auf einem solchen Grund selten mehr als nur ein Baum und höchstenfalls fünf bis zehn solcher Bäume, welche nur dann vermehrt werden, wenn eine Familie unter einem Baum nicht mehr Platz hat. Aus solchem Grund wird dann zur Bewohnung der verwandten überzähligen Familie <u>irgendwo in der Nähe</u> [Erstausgabe: <u>irgend auf dem Grunde</u>] ein weiterer Baum angepflanzt.

[12.10] Wenn sie die Milch von einer großen Kuh genießen wollen, bleibt ihnen nichts übrig, als sich in die Ebene zu ihren Anverwandten zu begeben und da entweder durch den Austausch mit heilsamen Gebirgskräutern oder durch irgendeine <u>hilfreiche</u> [Erstausgabe: <u>verrichtete</u>] Arbeit solche kostbare Milch gewissermaßen <u>durch Dienstleistung</u> [Erstausgabe: <u>käuflich oder verdienstlich</u>] zu gewinnen.

[12.15] Und so lassen dann die Bewohner des Saturn solche bepflanzten Kegel im Wasser aus <u>kluger Bescheidenheit</u> [Erstausgabe: <u>bescheidener Klugheit</u>] verschont.

[12.16] Was die Schönheit einer solchen Wassergegend oder vielmehr Wasserkegelstadt noch mehr erhöht, sind die vielen Schiffe, die sich hier aufhalten, und dadurch der lebhafte Familienverkehr; ferner aber auch die Menge der verschiedenfarbigen, großen Schwimmvögel, welche, den Schwänen gleich, die Spiegelfläche des Wassers zwischen diesen Steinkegeln beleben und durch ihren mannigfaltigen Gesang weitgedehnte Wasserpartien <u>beleben</u> [Erstausgabe: <u>bereizen</u>].

[13.13] Denn eben bei solchen Gelegenheiten macht der Saturn-Mensch seine <u>mächtige Willenskraft voll</u> [Erstausgabe: <u>vollste Willensdampfkraft</u>] geltend;

[14.2] Es gibt aber in den Wässern tausende Arten der Schnecken, die so <u>nacheinander</u> [Erstausgabe: <u>in einander</u>] geordnet sind, daß nach eurem Fachausdruck in biologischer Beziehung [Erstausgabe: metaphysischer Hinsicht] die eine aus der andern hervorgeht.

[14.11] Solcher Fang geschieht, wenn diese Krebse oft gerade am unermüdlichsten [Erstausgabe: sorgfältigsten] beschäftigt sind, um eine schon früher bekanntgemachte Stangenschnecke aufzuzehren.

[14.12] Die Scheibe dieser Schnecke hat nicht selten einen Durchmesser von hundert bis hundertundzwanzig Klaftern. [Einfügung: Ihre Dicke aber beträgt kaum etwas über drei Klafter.]

In 14.18 wird gesagt, die Dicke von drei Klaftern sei schon erwähnt worden, was nach der Erstausgabe aber nicht der Fall ist. Auch davor gibt es schon ein oder zwei Stellen (ohne inhaltliche Differenz, daher hier im Anhang nicht aufgelistet), wo sich der Text auf etwas bezieht, was womöglich bei der Erstausgabe weggelassen wurde oder was Jakob Lorber beim Diktat womöglich überhört hat.

[14.19] Ist aber Windstille, so fächert sie mit diesem großen Radsegeltuch so behende die Luft, daß sie sich dann auf diese Art ebenfalls sehr schnell über die Oberfläche des Meeres bewegen kann, welche Bewegung durch Hilfe der untern, ins Wasser hinabreichenden Extremitäten noch [Erstausgabe: außerordentlich] beschleunigt wird.

[14.22] Diese Schnecke hat auch schon einen eigenen, starken Instinkt, aus welchem nicht selten so viel Klugheit heraussieht, daß es schon in manchen andern Ländern geschehen ist, daß ihr einige Menschen göttliche Verehrung erwiesen – was besonders daher rührt [Erstausgabe: zu rühren scheint], weil eben diese Schnecke, wenn sie nicht gereizt oder verfolgt wird, zufällig ins Meer gefallene Gegenstände, seien es Tiere oder Menschen oder was immer, vor dem Untergang rettet.

[14.23] Wenn das Tier getötet ist, schwimmt es alsbald auf der Oberfläche des Meeres, und die Bewohner fahren [Erstausgabe: fliegen] dann auf ihren Schiffen damit schnell nach irgendeinem Flusse ihrer Heimat zu.

[15.7] Daher haben solche Häuser auch gewöhnlich nur die Patriarchen, die zunächst an den Meeresküsten [Erstausgabe: da in den Ebenen] wohnen.

[15.9] So ihr euch aber schon darüber wundert, so bedenket dabei doch, daß selbst die riesenhaften Tiergestalten dieses Planeten nur kleine Miniatur-Arbeiten sind gegen manche andere Tiergattungen, welche sowohl in diesem Planeten, größere aber noch im Jupiter und unvergleichlich größere in den Sonnen [Erstausgabe: der Sonne] vorkommen.

[16.1] Diese Schnecke hat den Namen: die Strahlenschnecke; [Löschung: sie ist die größte aus all' den Schnecken, welche auf diesem Planeten vorkommen, aber zugleich auch die seltenste; denn] sie wird von den Bewohnern dieses Planeten nur vor den größten, euch schon bekanntgegebenen Seestürmen gesehen.

[17.3] Ihr hörtet [Erstausgabe: Ihr wißt], wie große Gewässer und Meere dieser Planet innehat und wisset auch, daß auf Erden die größten und mächtigsten Tiere sich in den Gewässern aufhalten.

[17.6] Diese Menschen flüchten da auch alsbald in die innersten Teile der Länder; denn sie sind der Meinung, dieser Fisch sei von den schlimmen [Erstausgabe: schlimmsten] Geistern des Eises zu ihrem Untergang dahingesandt worden [Erstausgabe: dahingesandt worden, um ihr Land, wie ihr zu sagen pflegt, sammt Bolzen und Riegel aufzuspeisen].

[17.7] Dieser Fisch ist das letzte Aufnahmeorgan [Einfügung: alles Geistig-Seelischen] des Wassergetiers, und aus ihm verteilt es sich dann wieder in allerlei Getier der Luft. [...] In dieser Hinsicht ist er, mehr als einem Tier einem kleinen Planeten ähnlich, welcher auch ein bleibendes Organ ist, durch welches zahllose geistige Gattungen, sich wohl unterscheidbar ausbildend [Erstausgabe: ausleibend], hindurchgehen können. [...] Denn der Walfisch der Erde progeneriert nur die Gefiedertiergattungen der Polarländer, während unser Saturnwalfisch den ganzen Planeten mit den gefiederten Einwohnern der Luft versieht, das heißt, es werden in ihm die Seelen [Erstausgabe: Seelenwohnungen] aus den Wassertieren in die verschiedensten Seelenarten der gefiederten Bewohner der Luft übertragen.

[18.6] Ein jeder Fuß hat sechs Glieder und ist so eingerichtet, daß er im Falle der Not bedeutend verlängert [Löschung: , und also auch verkürzet] werden kann.

[18.7] Wenn sie ihn dann in der Luft fangen, gilt das als ein förmliches Jubelfest unter ihnen; denn alles von diesem Schmetterling wird zur Ausschmückung ihrer Kleider [Erstausgabe: der Kinder] verwendet, weil fast auf keinem Planeten das weibliche Geschlecht, besonders in den jungen Jahren, so viel auf ein zierliches Gewand hält wie auf diesem. Damit ihr aber seht, warum dieser Schmetterling einen so großen Wert [Erstausgabe: Anwert] hat, wird es wohl nötig sein, seine Pracht euch ein wenig zu zeigen.

Anwert bedeutet nicht Wert, sondern Wertschätzung oder Hochachtung.

[18.10] Die erste ist, weil dieses Tier selten und bei seiner Seltenheit äußerst schwer zu bekommen ist; zweitens, weil alle diese Federn [Erstausgabe: Farben] sehr dauerhaft sind, ja die Saturnweiber halten sie für unzerstörbar; und fürs dritte, weil eben diese Federn von der größten Leichtigkeit und von fortwährend gleichmäßig anhaltender Pracht sind.

[19.1] Wenn wir jedes dieser Tiere sonderheitlich betrachten wollten, würdet ihr dazu mehr als zehntausend Bogen Papier brauchen [Löschung: , um nur ihre Namen aufzuzeichnen].

[19.5] Dieses Tier besitzt zwischen den beiden Hinterbeinen ein ganz vollkommenes [Einfügung: , mit vier Zitzen versehenes] Euter, welches zur Zeit, wenn es Junge zur Welt gebracht hat, mit einer überaus wohlschmeckenden Milch vollgefüllt ist.

[19.7] Seht, dieses Tier hat seinem Leibe nach eine ziemliche [Erstausgabe: zierliche] Ähnlichkeit mit einem wohlgebildeten Affen der Erde.

[19.8] Er zeigt die Farbe eines allerhellsten Regenbogens und ist oben und [Erstausgabe: von] unten mit kleiner und äußerst kurzer Wolle also versehen, wie ein <u>unaufgeschnittener</u> [Erstausgabe: <u>aufgeschnittener</u>] Seidensamt, so daß diese Wolle lauter kleine, sehr hellschimmernde Wollwärzchen bildet.

[19.9] Sobald ein solches nun gefangen wird, geschieht ihm sonst zwar nichts, aber mit dem Schweif kommt es auf keinen Fall mehr davon; denn dieser wird ihm alsbald knapp am Rücken abgeschnitten und von den Saturnbewohnern, besonders den <u>Vornehmsten</u> [Erstausgabe: <u>Vorzüglichsten</u>] des Landes, als Kleiderschmuck benützt.

[19.11] Auf diesem Planeten ist es nämlich sehr häufig der Fall, daß die Weiber über das <u>männliche</u> [Erstausgabe: <u>menschliche</u>] Geschlecht sozusagen die Jurisdiktion ausüben; denn das männliche Geschlecht im Saturn ist gewöhnlich, <u>wie bei euch zulande,</u> [Erstausgabe: <u>wie ihr zu sagen pflegt, vorzugweise</u>] äußerst verliebt.

Die Frauen üben nach der Erstausgabe über alle Menschen die Jurisdiktion aus. Dies ist auch aus dem Zusammen zu schließen, da sich die Aussage auf die Juwelenhändler bezieht, von denen nicht gesagt wird, dass diese alle Männer seien.

[20.3] Wenn es so viel solcher fliegender Gäste in diesem Planeten gibt, wer mag da noch bestehen? Da muß ja die Luft ganz voll von ihnen sein, wenn alle Tiere auffliegen [Löschung: <u>; und wenn sie auf den Saturnuserdboden dann wieder aufsitzen, da wird ja kaum so viel Platz mehr übrig bleiben, daß irgend Jemand nur nöthigen Falls seinen Fuß dahinsetzen könnte</u>]. Doch diese Sorge von eurer Seite ist für diesen großen Planeten so gut wie vollkommen eitel. Denn bedenket nur, daß dieser Planet über tausendmal so groß ist wie die Erde und daß er, wie ihr schon wißt, über siebzig große Kontinente besitzt, von denen einige so viel Flächenraum haben wie die ganze Erdoberfläche, wenn das Meer und die anderen Gewässer festes Land wären. [Einfügung: <u>Es kann aber jedermann auf der Erde noch gar wohl umhergehen, obwohl in der Luft, auf der Erde, in der Erde und im Wasser Millionen Wesen aller Art leben.</u>]

[20.5] Solches mußte hier vorangeschickt werden, damit ihr bei der noch folgenden <u>Aufzählung</u> [Erstausgabe: <u>Aufzeichnung</u>] der gefiederten

Luftbewohner und dann der Tiere des festen Bodens nicht von einem schwindelnden Unglauben befallen werdet, so ihr die folgende Unzahl der Tiere noch werdet kennenlernen.

[20.12] Nach <u>diesem Großvogel</u> [Erstausgabe: <u>dieser Gattung</u>] kommt als merkwürdigster Vogel des Saturn einer unter dem Namen der Himmelsbote. Dieser Vogel hat die Gestalt [Einfügung: <u>und Farbe</u>] einer weißen Taube bei euch;

[20.15] Obschon dieser [Einfügung: <u>weiße</u>] Vogel besonders in den dem Meere näher gelegenen Länderteilen sehr häufig gesehen und gehört wird, so bleibt dennoch ein jeder Saturnbewohner [Einfügung: <u>gern</u>] stehen und sieht diesem Vogel so lange nach, bis er ihn der Ferne halber verloren hat.

[20.16] Damit solches nicht geschieht, haben diese Vögel den <u>angeborenen</u> [Erstausgabe: <u>eigenen</u>] Instinkt, daß sie nichts so sehr meiden wie die Blicke der Menschen.

[21.1] Dessenungeachtet wollen wir ihnen hier noch eine kleine Aufmerksamkeit widmen und vorerst sehen, welche Gestalt ihnen eigen ist. <u>Diese Vögel</u> [Erstausgabe: <u>Was ihre Gestalt anbelangt, so hat diese eben nichts besonders Erhebliches, sie</u>] sehen so ziemlich euren Schwänen ähnlich;

[21.3] Das aber ist nicht das eigentlich Überraschende [Einfügung: <u>der Tonkunst dieser Wassersänger</u>]; sondern daß, wenn mehrere Vögel, was gewöhnlich zu geschehen pflegt, in Gesellschaft ihre Lieder singen, nie ein disharmonischer Akkord zum Vorschein kommt.

[21.14] Dessenungeachtet hat auch dieser Kopf seine zwei Augen, und da er sehr beweglich ist, kann sich dieser Vogel mit den Augen dieses oberen Kopfes überall <u>umschauen</u> [Erstausgaben: <u>beschauen</u>], wohin er mit den Augen des untern Kopfes nicht hingelangen kann.

Aus dem Weiteren geht als Schlussfolgerung hervor, dass sich der Vogel mit den Augen des unteren Kopfes überall umschauen kann, nur eben

damit offenbar nicht sich selbst überall beschauen kann, was dann mit
dem oberen Kopf möglich ist.

[21.15] Er schöpft nämlich in den ziemlich großen [Einfügung: <u>hohlen</u>]
Raum des <u>oberen</u> [Erstausgabe: <u>unteren</u>] Kopfes das Wasser [Einfü-
gung: <u>, führt es dann an den untern Mund und trinkt das Wasser</u>] aus
dem oberen Kopfe heraus.

[21.17] Denn prüfet es nur bei euch, was euch im Grunde lieber ist: ein
allerschönster Ton eines Sängers oder einer Sängerin – oder ein <u>greller</u>
[Erstausgabe: <u>kreischender</u>] Instrumentalakkord? Wenn aber jemand
eine überaus reine und höchst wohlklingende Stimme hat, ist's da nicht
schade um jeden Ton, der verdeckt wird durch die anderen <u>überlagern-
den</u> [Erstausgabe: <u>kreischenden</u>] Töne?

[21.20] Sie lassen sich auch zähmen und vertreten dann die Stelle eurer
Pfauen und werden als Ziervögel angesehen [Löschung: <u>; dessenungeachtet aber giebt es auch eine bedeutende Menge ungezähmter</u>].

[22.9] Diese Hühner legen nämlich sehr viele und sehr große Eier, welche von den Saturnbewohnern sogleich, also roh, ausgetrunken werden
[Einfügung: <u>, weil sie so auch am allerbesten schmecken</u>]; denn die Substanz dieser Eier schmeckt so süß wie bei euch eine recht gute Kuhmilch
und ist auch viel schmackhafter als die Milch der großen Hauskühe im
Saturn. Die Schale des Eies, da sie sehr fest ist, wird beim schmäleren
Teil glatt abgenommen und sodann als [Einfügung: <u>besseres</u>] Trinkgefäß
gebraucht, gewöhnlich für edle Säfte, von denen der Saturnbewohner
nur, wie er zu sagen pflegt, tropfenweise Kost nimmt, obschon ein so
ausgehöhltes Ei ganz gut fünf Eimer nach eurem Maße faßt.

[22.12] Einer, die sogenannte Goldene Kugel, wird von den Saturnbewohnern wegen des großen Glanzes seiner Federn als eine Hauptpracht
<u>ihres Geflügels</u> [Erstausgabe: <u>der Haushaltung</u>] gerne gehalten.

[22.13] Das ganze Gefieder des Leibes wie auch der Flügel ist vollkommen gleich groß und ganz flach, [Einfügung: <u>ohne weichen Nebenflaum,
und glänzt</u>] wie eine allerfeinst polierte Goldfläche.

[22.15] Das ist das <u>Wesentliche</u> [Erstausgabe: <u>ganze</u>] von diesem beliebten Prachtvogel in der Haushaltung der Saturnbewohner.

[22.19] Wenn dieser Vogel seine Eier bewacht, dann ist es nicht ratsam, sich einer solchen Stelle zu nähern; denn da schwingt er alsbald seinen langen Hals pfeilschnell gegen einen solchen Frevler und versetzt ihm mit seinem festen Schnabel einen so derben Hieb, daß sich jeder für allezeit den Appetit vergehen läßt, diesen <u>Wasservogel</u> [Erstausgabe: <u>Hausvogel</u>] noch einmal bei seinem allerwichtigsten Geschäft zu stören.

[23.1] Auch bei den Landtieren wollen wir ihrer gattungsmäßigen und artenmäßigen Vielheit wegen nur diejenigen betrachten, welche [Einfügung: <u>besonders bemerkenswert sind und nirgend anders als nur</u>] auf diesem Planeten vorkommen.

[23.2] Denn wegen der Größe und starken Gefräßigkeit des Mud haben nicht viele andere Wesen neben demselben Platz. Und um [Löschung: <u>dieselben</u>] mit diesem Riesentier zu kämpfen – dazu besitzt kein Saturnbewohner den Mut.

[23.6] Als sein Schmerz dort etwas gelindert war, stand das Tier in dem Flusse wieder auf, schöpfte in seinen weiten Rachen eine übergroße Menge Wassers und mitunter auch riesig große Steine aus dem Grunde des Flusses und überspie mit diesem Inhalt seines großen Rachens seine schon siegesfrohen Verfolger <u>so, daß diese</u> [Erstausgabe: <u>, daß diese durch solche wiederholte Manoeuvres also</u>] übel zugerichtet wurden <u>und</u> [Erstausgabe: <u>, daß davon</u>] nur wenige wieder in ihre Heimat zurückgelangen konnten. Einige Getötete aber wurden von dem Tier, welches dann bald wieder ans Land stieg, <u>mit wenigen Bissen</u> [Erstausgabe: <u>auch sogleich mit wenig Bissen beim letzten Beinchen, wie ihr zu sagen pflegt,</u>] aufgezehrt.

[23.8] Wenn ihr das ein wenig beachtet, wird euch die Antwort auf die Frage, ob die Saturnbewohner einen solchen Kampf wiederholen, von selbst <u>klar</u> [Erstausgabe<u>: in der allergediegensten Verneinung kund</u>] werden.

[23.9] Der Mensch kann mit seiner Kraft sehr viel vermögen, allein die Monde, den großen lichten Ring [Erstausgabe: Kreis], die Ströme, die Stürme des Meeres, den großen Fisch und das Mud kann der Mensch mit seiner Kraft nicht bändigen.

Aus dem nächsten Vers geht hervor, dass die Saturnusbewohner nicht um den Saturnusring wissen, ihn daher entsprechend ihrer Perspektive „Kreis" statt „Ring" nennen.

[23.12] Wenn dieses Tier eben nicht zu ferne von seinem Land etwas auf dem Wasserspiegel Schwimmendes ersieht, macht es einige Riesenschritte in das Meer hinein, und wenn dasselbe nicht gar zu tief ist, gelingt es ihm auch, mit wenigen Schritten so etwas auf dem Meere Schwimmendes einzuholen und es [Einfügung: mit seinem ungeheuren Rachen] zu begrüßen.

[23.14] Ist ein solches Loch gegraben, kehrt es sich [Erstausgabe: seinen After] an dieses Loch, läßt seinen Unrat hinein, [Löschung: welcher aber nicht vom angenehmsten Geruche ist,] und scharrt dann sogleich wieder die vorher aufgegrabene Erde über denselben. Dadurch hält dieses Tier sein von ihm bewohntes Land rein und düngt es auch ganz zweckmäßig für einen folgenden Graswuchs, welcher gewöhnlich in diesen Mudländern weit dichter und größer ist [Erstausgabe: beiweitem mehr sagen will] als die dichtesten Urwälder auf eurer Erde.

[24.2] Dieses Tier hat vier überaus feste [Erstausgabe: kolossale] Füße, nahezu wie ein Elefant bei euch, nur natürlich im Verhältnis zu seiner Größe. Aber es hat die Beine [Erstausgabe: Tritt] nicht gestaltet wie der Elefant, sondern ungefähr wie ein Bär [Erstausgabe: Löwe], mit starken Krallen versehen. [...] Sein Schweif ist, im Verhältnis zu diesem Tier, so lang wie der Schweif eines Löwen. An seinem Ende hat der Schweif einen überaus starken Mähnenbusch, wovon die Haare nicht selten sechs bis zehn Klafter lang sind. Der Kopf dieses Tieres sitzt auf einem langen, aber im Verhältnis dennoch [Erstausgabe: im Verhältnisse zu diesem Thiere mit seinem] ziemlich massiven Hals, dessen Kamm bis in die Gegend der Vorderfüße mit sehr starken Mähnen versehen ist.

[24.14] Was die Nützlichkeit dieses Tieres betrifft, so ist sie in psychischer [Erstausgabe: physischer] Hinsicht dieselbe, nur in geringerem Umfang, wie die des Mud und des euch bekannten großen Fisches. Es hat aber dieses Tier [Einfügung: , wie alle anderen Tiere, auch noch] einen anderen natürlichen Zweck. Und es ist keines solcher Tiere als unumgängliche [Erstausgabe: nicht wie alle anderen Thiere als] Bedingung der Erhaltung anderer Wesenheiten auf einen Planeten gesetzt, sondern die Übergänge [Erstausgabe: Übergänger] können auch ebensogut durch andere Stufen gehen.

[25.6] Schweif aber hat der Ihur gar keinen, sondern an dessen Stelle nur ein etwas [Erstausgabe: Der Schweif desselben aber hat ein wenig] längeres und dunkleres Haar.

[25.14] Weil es aber immer auf dieser Stelle, solange da noch etwas Genießbares vorhanden ist, herumwandelt, so läßt es auch kreuz und quer seinen Unrat und düngt somit unbeabsichtigt diese Stelle auf mehrere Jahre [Erstausgabe: sich auch kreuz und quer auf einer solchen Stelle auf mehrere Jahre andauernd gefallen].

[25.17] Können sie auch das Tier nicht völlig töten, so bringen sie es durch ihre Verfolgung [Erstausgabe: Neckereien] dennoch dahin, daß es sich merkt, wo es gejagt [Erstausgabe: gereizt] worden ist.

[26.4] Das heißt, in der Grundfarbe ist dieses Horn ganz vollkommen schwarz; auf seiner schwarzen Fläche aber befinden sich in einer schneckenartigen Windung regelmäßig runde [Einfügung: , rötliche] Scheibchen, welche einen sehr starken metallischen Glanz haben.

[26.13] Dies aber nur zu der Zeit, wenn es Junge hat, und zwar sowohl das Männlein als auch das Weiblein, die sich nur durch die Geschlechtermerkmale [Erstausgabe: Geschlechtstheile] unterscheiden.

[27.12] Sich nähren heißt, das von Mir immerwährend ausgehende Leben in ein Gefäß ansammeln und aufnehmen, damit es von Stufe zu Stufe kräftiger [Erstausgabe: intensiver] und vollkommener werde auf dem Rückweg zur Urquelle, von da es dereinst ausgegangen ist.

[27.17] Es geht aber den Saturnbewohnern mit diesem medizinischen Glauben nicht viel besser als so manchen Menschen auf dieser Erde, welche auch allerlei Mittel kennen, wodurch sie das Leben des Leibes zu verewigen glauben; die Erfahrung aber belehrt sie doch tagtäglich, daß der Tod des Körpers [Erstausgabe: der Materie] durchaus nicht aufgehalten [Erstausgabe: abgehalten] werden kann.

[28.8] Wenn dieser Strahl auf irgendein lebendes Wesen gerichtet ist, wird dieses alsbald von einer Art Unbehilflichkeit so gefangengenommen, daß es sich wie gebannt empfindet und die Stelle nicht verlassen kann, auf welcher es von diesem Blendlicht [Erstausgabe: Augenlicht] unseres Tieres getroffen [Erstausgabe: angefallen] wurde.

[29.12] Wenn ihr nun das Brett an und für sich betrachtet, was findet ihr daran [Erstausgabe: darauf]? Nichts [Einfügung: als ein leeres, gehobeltes Brett! Und wenn ihr darauf die eine oder andere Saite betrachtet, was findet ihr an ihr? Nichts] als einen gleichförmig elastischen Faden, entweder aus Metall oder aus den Gedärmen der Tiere.

[29.14] Und wenn euch bei mehreren nacheinander folgenden harmonischen Klängen auch eine große Ahnung ergreift und euch die geistig lebendigen Formen förmlich am Genick packen, so seid ihr doch [Erstausgabe: noch] blind und naget an der Rinde, ohne bei jedem einfachen Ton zu bedenken, daß eben durch den vernehmbaren Ton eines alleinigen Wortes alle Dinge, welche die ganze Unendlichkeit erfüllen, hervorgegangen sind.

Aufgrund der Ausführungen des Herrn sind die Angesprochen in der Folge nicht mehr so blind.

[29.19] Denn diese [Löschung: anatomische] Darstellung der produktiven Kraft der Sonne war zuvor notwendig, damit das noch zu Sagende nicht als eine Faselei oder als eine nötigende Darstellung der Dinge auf diesem Planeten so erscheint, als wäre demjenigen, der solches kundgibt, der Phantasiefaden ausgegangen und er demzufolge zu dem die Zuflucht nehmen müßte, was die Erde als Planet an formellen Erscheinlichkeiten bietet.

[30.1] Das erste zahme [Erstausgabe: zarte] Tier, das wir betrachten wollen, ist die große, zahme Kuh der Saturnbewohner, von ihnen „Buka" genannt.

[31.6] Er ist auch gewöhnlich so groß, daß ihr vom [Einfügung: heiligen] Eingang bis zum entgegengesetzten [Löschung: heiligen] Ausgang bald eine kleine Tagreise brauchen würdet, um diese Strecke zu durchwandern.

Aus 31.11 geht hervor, dass es zwei Ausgänge gibt: einen vorderen heiligen und einen rückwärtigen gewöhnlichen. Von einem heiligen Eingang ist in der Erstausgabe keine Rede.

[31.7] Wenn die Menschen ihre mit Milch gefüllten Kürbisgefäße [Erstausgabe: Gefäße] sämtlich in einen solchen Tempel gebracht haben, danken sie zuerst daselbst dem Großen Geiste für die Gabe dieses nützlichen Haustieres und sodann auch für die von diesem Tier genommene Milch.

[31.9] Alsdann gehen sie [Löschung: wieder in den Tempel] mit ihren Gefäßen zurück, umarmen sich [Erstausgabe: ihn dann,] und einer ladet den andern zu seinem Milchgefäß ein, neben welches ein jeder auch noch eine gehörige Menge anderer eßbarer Dinge gestellt hat.

Nach der Erstausgabe wird der aus lebendigen Bäumen bestehende Tempel im übertragenen Sinn oder rituell umarmt.

[31.16] Wohl aber könnt ihr euch noch hinzumerken, daß dieses Tier eine überaus feine und reichliche Wolle gleich euren Schafen gibt, aus welcher sich die Saturnbewohner, namentlich die der Berge, allerlei nützliche und für die kältere Schattenzeit warmhaltende Kleider verfertigen, indem sie zuvor die Wolle reinigen, in schöne, gleichförmig dicke Fäden spinnen und aus diesen dann mit ganz eigenartigen, geschickt bereiteten Werkzeugen allerlei verschieden gemusterte Stoffe [Erstausgabe: geformte Zeuge] weben.

[32.6] Nur wenn sie von einem Menschen [Löschung: mehrmals] roh behandelt wurden, rächen sie sich gewöhnlich dadurch, daß sie ihm untreu
werden und sein Haus für immer verlassen.

[32.9] Auch sind die Hände und die Füße in der Regel bedeutend schlanker und somit weniger fleischig als bei den (Saturn-)Menschen, welche
[Einfügung: meistens] sämtlich sehr vollkommen und wohlgebildet und,
bis auf das Haupt und auf die Geschlechtsteile, auch durchaus ohne
Haare sind.

[33.11] Auf diesem Planeten hat während der [Einfügung: langen] Zeit
seiner Bewohnbarkeit noch kein Mensch einen Fuß oder Arm gebrochen
und auch keiner sich noch durch einen Fall ein Loch in den Kopf gestoßen, was eben bei euch auf der Erde nichts Seltenes ist.

[34.6] So gestärkt in seinem Innern [Erstausgabe: Geiste], kehrt der Älteste zur noch am Boden liegenden Familie zurück und tut einen starken
Ruf, auf welchen sobald alle aufstehen und den Großen Geist loben und
preisen, daß Er sie einer solchen Gnade gewürdigt und ihnen einen eigenen erweckten [Erstausgabe: geweckten] Patriarchen gegeben hat.

[34.17] Nach der Verrichtung eines solchen Dank- und Bittgebetes wird
von den Saturnbewohnern erst [Erstausgabe: erst für den Saturnusbe-
wohner] zu der allerwichtigsten Arbeit geschritten, nämlich zur Anpflanzung eines Tempels, darin dem Großen Gott allein nur ein Ihm wohlgefälliges Opfer dargebracht werden darf.

*Ein wahrer Tempel wird auch auf dem Saturnus weniger für Gott, der
solches nicht nötig hat, sondern für die Saturnusbewohner errichtet.*

[34.27] Wenn die Mahlzeit vorüber ist, welche bei solchen Gelegenheiten wie auch hernach an den bestimmten Geistestagen allzeit nur am
Abend gehalten wird, ermahnt der Älteste sämtliche Familienglieder, sie
möchten ihren Willen mit dem Willen des Großen Geistes [Löschung: ,
den er ihnen kund giebt,] innigst vereinigen und sollen keinen andern

Willen nun haben, als daß die Ansaat des Tempels baldmöglichst wunderbar gedeihe.

Die Personalpronomen für Gott werden in der Erstausgabe nicht immer großgeschrieben. Da aber der Älteste seinen Angehörigen den Willen Gottes kundgibt und die Saturnusbewohner als indirekte Kinder Gottes nicht direkt von Gott, sondern von einem Lichtgeist aus Gott geleitet werden, bezieht sich das „er" hier sehr offensichtlich auf den Ältesten, weswegen die Löschung eine inhaltliche Verfälschung ist.

[35.2] Den Tempel haben wir gesehen, wie er angelegt wurde, und haben von der Möglichkeit <u>gehört</u> [Erstausgabe: <u>gesehen</u>], wie solche eine geheiligte Ansaat in wunderbarer Schnelligkeit dem Boden dieses Planeten entwachsen kann, und haben auch gesehen, wie diese Saturnbewohner alle ihre übrigen Bauten angelegt haben.

[35.13] Dann aber solle er unterrichtet werden in der Erkenntnis [Einfügung: <u>des allein geltenden Willens</u>] des Großen Geistes, und es solle solche Belehrung sieben Tage lang währen.

[36.8] Wenn ein Schmied bei euch zur Verfertigung einer Sichel die Zeit einer halben Stunde nötig hat, so verfertigt ein Saturnmensch wenigstens zehn in dieser Zeit, obschon eine ganz fertige Sichel im Saturn nach eurem Gewicht nicht selten <u>einen</u> [Erstausgabe: <u>hundert</u>] Zentner wiegt.

[36.10] Da aber alle <u>handwerklich im</u> [Erstausgabe: <u>in allem</u>] Erforderlichen erfahren sind, so hört dadurch auch jeder Schacherhandel auf; namentlich bei den Gebirgsbewohnern.

[36.16] Noch ein zweites Werkzeug, das bei euch die Elle heißt, ist dem Saturnbewohner fremd. <u>Es wird</u> [Erstausgabe: <u>; dem zu Folge hat er denn auch kein anderes Maß, als wie er hat die Waage, und wird daher</u>] nichts nach der Elle gemessen wie bei euch, sondern das Wort des Bruders nach dem Willen des Großen Geistes ist das für die Saturnmenschen alleruntrüglichste Maß, nach dem sie das bemessen, was ein oder der andere nachbarliche Bruder von ihnen sich erbittet.

[36.17] Ein solcher Handel und Wandel wäre auch auf eurer Erde viel besser [Löschung: als die unmenschlichen Korngesetze Englands, und auch viel besser] als alle Börsen und Banken und Wechselbuden und Kaufläden und Schankhäuser bei euch.

[37.1] Da wir diese Menschen soeben als Schmiede kennengelernt [Einfügung: und vernommen haben], wie sie im Notfall ihre Gerätschaften oder Fabrikate an einen andern Bruder „verkaufen", so wollen wir sie nun auch noch als Zeugmacher kennenlernen.

[37.11] Unser Oberleibmantel aber sei rot, wie da ist die Mähne des Tieres, daraus er verfertigt wird. [Einfügung: Unser Hut habe die Farbe des Strohes, daraus er verfertigt wird.] Und unsere Kniemäntel seien allzeit grün, wie die Wolle des Baumes und der Pflanzen ist, aus der sie verfertigt werden.

[38.2] [Löschung: Da wir schon durchaus vom minder Vollkommenen zum stets Vollkommneren geschritten sind, so wollen wir auch hier zuerst das Weib und sodann erst den Mann betrachten. Wie sieht demnach das Weib aus?]

[38.7] Der Hals ist weder zu lang noch zu kurz, sondern erhebt sich über die Schultern in dem schönsten harmonischen [Erstausgabe: runden] Verhältnis.

[38.9] Sondern wie es bei euch auf der Erde ist, so ist es auch dort, daß unter zehntausend Gesichtern nicht zwei anzutreffen sind, da eines aussieht wie das andere [Löschung: ; aber dessen ungeachtet ist, wie ihr zu sagen pflegt, ein Gesicht schöner wie das andere].

[38.15] Darauf legt er seine rechte Hand über ihren Leib [Erstausgabe: Bauch] und fixiert sie mit seinem Willen.

[38.21] Also ist die gerechte Form eines Mannes [Erstausgabe: Menschen], der da nicht sein solle so hart aussehend wie ein Fels, aber auch nicht so weich wie die Brust eines Weibes.

[39.3] Und mit der unbegreiflichen [Erstausgabe: unendlichen] Kraft seiner Weisheit erschafft und leitet Er alle Dinge.

[39.8] Wenn sie auf solche Fragen leider zuallermeist verneinende Antworten bekommen, so werden sie ganz traurig und beten sehr oft und sehr inbrünstig in ihren Tempeln, daß die Menschen eines so überhoch begnadeten [Erstausgabe: begnadigten] Weltkörpers doch einmal Denjenigen erkennen möchten, der ihnen eine solche [Löschung: große] Gnade erwies, vor deren Größe sie schon bei dem leisesten Gedanken durch und durch erschauern.

[39.11] Da aber ein solcher Geist das Materielle nicht schauen [Erstausgabe: leiden] kann, so schaut er die geistige Erde an und durch Entsprechungen von dieser aus auch die materielle. Wenn er aber die Menschen dieser Erde erkennt, da wird er traurig und verläßt bald [Löschung: wehklagend] wieder diesen Weltkörper.

[40.4] Seht, das ist ein politisches Gesetz, welches von Groß [Einfügung: und Gering], Alt und Jung beachtet wird.

[40.10] Was geschieht denn im Saturn mit den [Löschung: verstorbenen] Leibern der [Einfügung: verstorbenen] Menschen?

Genaugenommen sterben nicht die Menschen, denn der Mensch ist ja ein unsterblicher Geist, sondern ihre Leiber, die Kerker ihrer Geister. Siehe dazu auch den Vers 13 dieses Kapitels.

[40.21] Seht, die Beachtung dieser Regeln ist auch wieder ein solches „wichtiges Hausgesetz" [Erstausgabe: politisches Gesetz], welches allzeit streng und genau zu beachten ist.

[40.24] Darum denn auch ein solcher Brautwerber nie, so wie bei euch, einen sogenannten [Löschung: , Mir aber über Alles verhaßten] „Korb" bekommt.

[40.33] Das ist nun wieder eine Familien- [Erstausgabe: politische] Hausordnung!

[41.7] Für alle diese seine Mühe aber darf er ja nichts verlangen, außer nur das, daß eine solche Gesellschaft ihm die teuerste Versicherung geben muß, nachdem sie sich so wohl erquickt hatte an den [Löschung: großen] Herrlichkeiten des Großen Geistes, demselben allzeit in allem anzuhängen und ohne dessen ausdrücklichen Willen nie etwas zu unternehmen.

[41.11] Der Große Geist hat für die Erhaltung unserer Leibesgesundheit tausenderlei wohlheilsame Kräuter und Früchte in den Boden der Erde gelegt, damit sie da wachsen sollen zu unserer Stärkung, und hat erschaffen ein reines Wasser in der ganzen Welt [Löschung: <u>und hat gemacht allenthalben den überaus wohlthätigen Regenbaum</u>] und hat gesetzt riesengroße Bäume auf den Boden der Erde, damit sie an sich ziehen sollen alle verderblichen Dünste und sie umgestalten in eine wohlduftende, allerreinste Luft. So hat der Herr, der überaus wohltätig ist in aller seiner unendlichen Macht, am Firmament eine herrliche Sonne gestellt, deren Strahlen die heilsamste Kraft in der <u>Sternlilie</u> [Erstausgabe: <u>Steinlilie</u>] erwecken – die so heilsam ist, daß ihre Kraft so weit reicht wie der Strahl der Sonne.

[41.13] Darum ist es aber auch eine große Torheit, sich ein Mittel für ewiges Leben verschaffen zu wollen von einem Menschen, dessen Augen voll Truges sind, <u>da</u> [Erstausgabe: <u>darum</u>] er selbst ferne ist vom Leben des ewigen Geistes – die Mittel aber, die uns der Große Geist allenthalben [Einfügung: <u>so reichlich</u>] darbietet, als <u>unzulänglich</u> [Erstausgabe: <u>unzugänglich</u>] zu betrachten und sie daher auch nicht nach seinem Willen zu gebrauchen.

[41.21] Nach einer solchen <u>Belehrung</u> [Erstausgabe: <u>Erscheinung</u>] bessert sich ein solcher Widerspenstiger fast allezeit. Beharrt er aber in seinem Eigensinn, so geschieht es, daß er von einem solchen Strafengel entweder mit großen Leibesschmerzen, bei einem außerordentlichen Falle aber auch mit der <u>körperlichen</u> [Erstausgabe: <u>plötzlichen</u>] Vernichtung bestraft wird.

[41.27] Die Folge davon ist die sogleich stattfindende Verehelichung, auf welche dann jeder Bräutigam seine Braut nach Hause führen kann – es versteht sich von selbst,<u> nach allen bei der Verehelichung üblichen Freundschaftssitten und Gebräuchen, die euch schon</u> [Erstausgabe: <u>nach und mit allen den Regeln, die bei der Verehelichung</u>] bekanntgegeben worden sind.

[42.22] Auch sehen die Geister dieser Erde die Geister des Saturn nicht eher, als bis diese sich ihnen zeigen wollen. Der Grund [Einfügung: dieser Überlegenheit] liegt ebenfalls in der großen und wahren inneren Weisheit der Saturngeister.

[44.9] Wenn auch der zeremonielle Teil schon an und für sich ganz und gar geistig aussieht, so gibt es dennoch in der Religion der Saturnmenschen einen ganz außerordentlich starken „Äther" und in der Vereinigung seiner lieblichen [Erstausgabe: leiblichen] Lichtstrahlen eine für euch kaum begreiflich starke innere Wirkung.

[44.11] Die Menschen werden zuerst durch äußere Belehrung, durch Worte des Lehrers über Ihn (d.h. über das Wesen Gottes) [Erstausgabe: von Ihm] unterrichtet.

Da der echte Lehrer das transparente Medium Gottes ist, sind seine Worte über Gott gleichzeitig auch Worte von Gott, die Menschen werden also eigentlich von Gott unterrichtet. Wird „von Ihm" durch „über Ihn" ersetzt, geht die verborgene und tiefe Bedeutung dieses Satzes verloren.

[44.13] Es ist die eigentliche, selbständig tätige Freiwerdung des eigentlichen urgeistigen Wesens von der umgebenden [Erstausgabe: ihm umgebundenen] Materie.

[45.4] Wenn du diese Bedingungen vollkommen erfüllst, wirst du ohne Zweifel ein Virtuose. [Einfügung: Erfüllst du sie aber nicht, so kann aus dir wohl ein Stümper, aber nie ein vollkommener Virtuose werden!]

[45.9] Und das ist der spiritus rectificatissimus und ist die [Erstausgabe: der] alles materiell Schwerfällige und Sinnliche auflösende Brennkraft [Erstausgabe: Brennpunkt] der Strahlen seines Geistes – und ist somit für sich selbst genommen ein rein geistiger Kultus.

[47.4] Und es geschieht dann zuweilen, daß eben diejenigen Tiefenbewohner [Erstausgabe: Menschen], welche diese Menschen zur ewigen Verbannung verdammt haben, auf die Höhe gelangen und da Schutz, gastfreundlichste Aufnahme und Belehrung in der wahren Religion finden.

[47.9] So aber habt ihr kunstreiche [Erstausgabe: künstliche] Köche [Löschung: : diese sind privilegirte Fabrikanten der Krankheiten]; dann sogleich die Ärzte, dann die Apotheker mit ihrer noch kunstreicheren [Erstausgabe: künstlichere] Küche.

Künstlich bedeutet nicht kunstreich, sondern unnatürlich oder verfälscht.

[48.7] Je mehr aber solche Geister sich erfreuen [Erstausgabe: erfeuern] wollen, desto hartnäckiger werden sie von den Friedensgeistern gefangengenommen.

[50.15] Somit haben diese Geister beim Übertritt in den großen Ring auch noch eine Art materiellen Leib, welcher freilich viel leichter, zarter [Erstausgabe: purer] und reiner ist als der frühere auf dem Planeten.

[50.16] Diese Ringbewohner essen und trinken und leben auf den Ringen dann gerade also wie zuvor auf dem Planeten – nur sind alle Erzeugnisse in eben dem Verhältnis feiner und subtiler [Löschung: und substantiöser] – wie die Menschen selbst, die dahin gelangen.

[51.10] Aber für die Saturngeister, welche im großen Schöpfungsmenschen [Erstausgabe: Geistmenschen] ihren Sitz unter einem Knie haben, genügt solches nicht.

[51.11] Da also aber die Saturnbewohner einen allerwichtigsten Beinteil [Erstausgabe: Fußtheil] unter dem Knie des großen Schöpfungsmenschen [Erstausgabe: Geistmenschen] ausmachen, von welchem großen Geistmenschen ihr schon bei mancher anderen Gelegenheit näheres vernommen habt, so muß aus eben diesem Grunde, bei den Geistern der Saturnmenschen, und zwar bei jedem einzelnen darauf gesehen werden, welcher der sieben (Grund-)Geister (aus welchen jeder einzelne Geist besteht) am gefährlichsten daran ist.

Den Originaltext der Erstausgabe in ursprünglicher Rechtschreibung finden Sie unter www.jakob-lorber.cc